Carmen Rohrbach

MONGOLEI

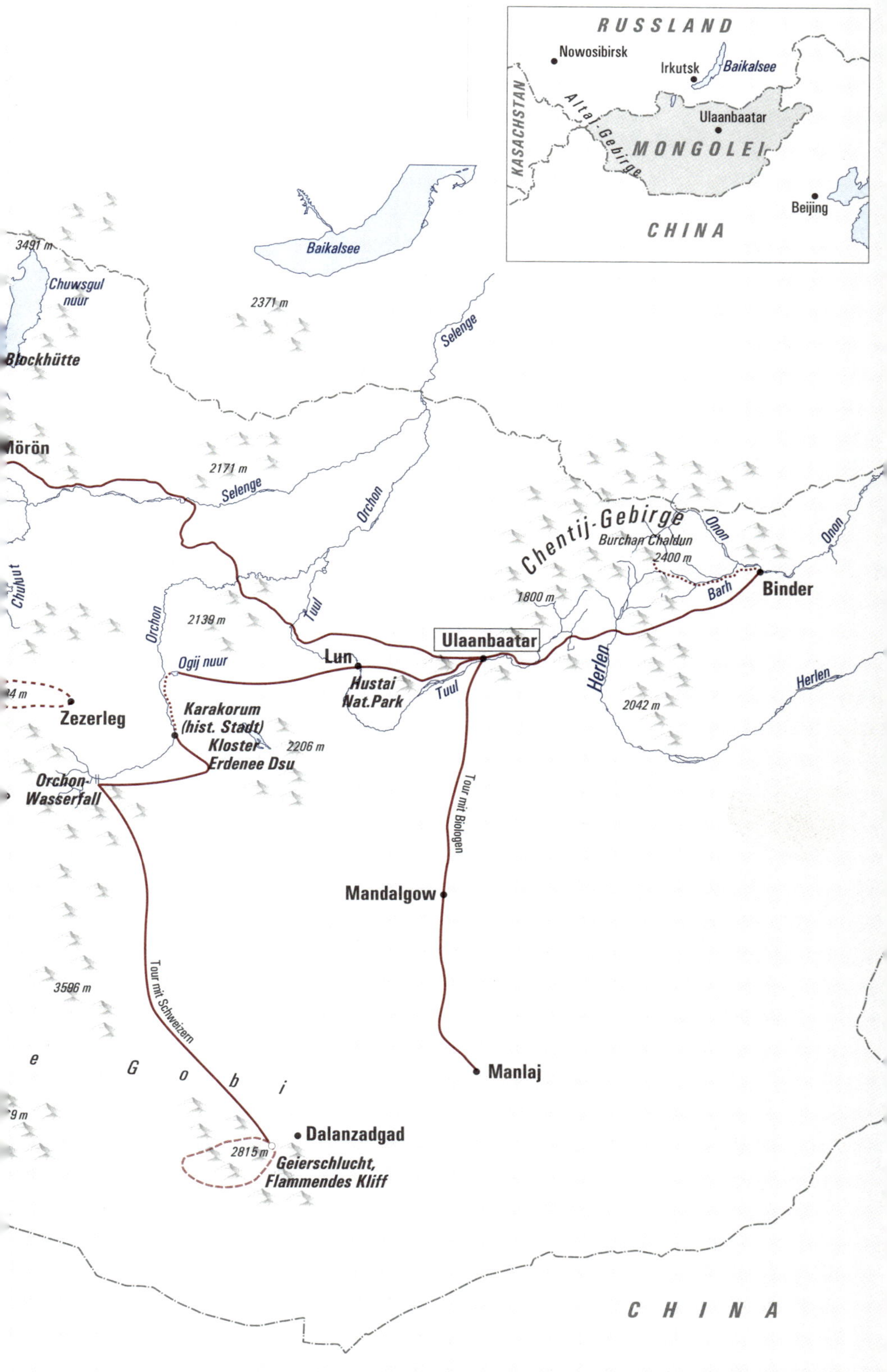

RUSSLAND
Nowosibirsk
Irkutsk
Baikalsee
KASACHSTAN
Altai-Gebirge
Ulaanbaatar
MONGOLEI
Beijing
CHINA
Baikalsee
3491 m
Chuwsgul nuur
2371 m
Selenge
Blockhütte
Mörön
2171 m
Selenge
Orchon
Chentij-Gebirge
Burchan Chaldun
2400 m
Onon
Onon
Binder
Barh
1800 m
Chuluut
Orchon
2139 m
Tuul
Ulaanbaatar
Lun
Ogij nuur
Hustai Nat.Park
Tuul
Herlen
Herlen
2042 m
Zezerleg
Karakorum (hist. Stadt)
Kloster Erdenee Dsu
2206 m
Orchon-Wasserfall
Tour mit Biologen
Mandalgow
3596 m
Tour mit Schweizern
Gobi
Manlaj
Dalanzadgad
2815 m
Geierschlucht, Flammendes Kliff
CHINA

CARMEN ROHRBACH

MONGOLEI

Zu Pferd durch das Land der Winde

FREDERKING & THALER

Inhalt

ANHANG

Prolog – Wie alles begann

»*Tschi jadarsan uu?*«, fragt Mandach.

»*Bi jadraagui.*« Nein, ich bin nicht müde, antworte ich, obwohl ich schon sehr gern vom Pferd gestiegen und eine Pause gemacht hätte. Inzwischen sind wir drei Stunden geritten, und meine Knie beginnen zu schmerzen. Warum ist das Reiten so anstrengend? Ich sitze doch gemütlich im Sattel, und das Pferd macht die ganze Arbeit. Vorsichtig rutsche ich mit dem rechten Fuß aus dem Steigbügel und versuche, das Bein zu strecken. Es tut höllisch weh, die verkrampften Muskeln dehnen sich nur langsam. Endlich hängt mein Bein gerade und locker herab. Wenn nun aber das Pferd in Panik davonpreschte, würde ich den Fuß nicht schnell genug zurück in den Steigbügel bringen, also winkle ich mein Bein wieder an. Doch nicht nur die Knie, auch Rücken, Hals, Bauch, Oberschenkel und selbst die Knochen senden Schmerzsignale in mein Gehirn.

Mandach, mein mongolischer Begleiter, weiß natürlich um meinen Zustand. Immer wieder fragt er fürsorglich, ob ich müde sei. Ich verneine jedes Mal. Es geht dir so schlecht, weil du Angst hast, werfe ich mir vor. Du hast nicht nur Angst zu stürzen und dir den Hals zu brechen, du fürchtest dich grundsätzlich: Hast Angst, die Sprache nicht gut genug zu beherrschen, Angst vor den halbwilden Pferden, den fremden Menschen, der extremen Natur, Angst, dir zu viel vorgenommen zu haben, Angst vor dem Unbekannten, Angst vor diesem riesigen, schier grenzenlosen Land Mongolei.

Nein, das stimmt nicht, widerspreche ich mir selbst. Ich bin kein ängstlicher Mensch, ich habe schon andere gefährliche Abenteuer gewagt und bestanden. Warum sollte ich diesmal Angst haben?

Du fürchtest dich, weil du in der Mongolei bist. Dieses Land bedeutet dir mehr als alle anderen. Du hast Angst zu versagen. Angst vor der

Enttäuschung, aber auch vor dem Erfolg. Denn was ist, wenn sich alle deine Wünsche erfüllen? Wie verkraftest du die Leere, die dann folgt?

Ach was, ich mache einfach das, was ich mir vorgenommen habe: Ich sitze auf diesem Pferd und reite durch die Steppe!

Genau – weil du deine Angst nicht ernst genommen und sie verdrängt hast, ist sie dir zur Strafe in die Knochen gekrochen und wird dich quälen, bis du gestehst, dass du Angst hast.

Na gut, dann ist es eben so – dennoch gebe ich nicht auf!

»Tschi jadarsan uu?« Wieder erkundigt sich Mandach, ob ich müde sei. Warum fragt er mich das? Er sieht doch, dass ich mich kaum mehr oben halten kann. Wie viele Stunden reiten wir eigentlich schon? Nein, ich werde erst vom Pferd steigen, wenn Mandach auch müde ist und mich auffordert abzusatteln. Irgendwann muss dieses Reiten ja ein Ende haben, so lange halte ich durch, irgendwie. Mandach hatte mich gewarnt, dass wir heute, an unserem zweiten Tag im Gobi-Altai, eine besonders weite Strecke zurücklegen müssten.

Meine Rettung sind Fliegen, Tiere, die ich neben Mücken und Bremsen, Wanzen und Flöhen am wenigsten mag. Der Morgen war noch kühl gewesen. Fünf Grad hatte mein Thermometer angezeigt, als ich aus dem Zelt herausgekommen war. Die Sonne stieg höher, schickte sengende Strahlen auf die ausgedörrte Erde und erwärmte die Luft auf 35 Grad, gemessen im Schatten meines eigenen Körpers. Jetzt am Nachmittag lastet eine stickige Schwüle über dem Land, und da sind sie – die Fliegen. In dunklen Wolken umschwärmen sie die Köpfe der Pferde, lecken die Augenflüssigkeit, kriechen in die empfindlichen Nüstern. Die gepiesackten Tiere versuchen, die Quälgeister abzustreifen, reiben ihr Maul zwischen den Vorderbeinen, ziehen es durch den sandigen Boden und schlagen fortwährend mit dem Kopf auf und nieder. Im Sattel werde ich durch die heftigen Stöße vor- und zurückgeworfen. Endlich habe ich einen Grund abzusteigen.

»Ene jalaa muuchaj baina.« Ich bin stolz, dass mir der mongolische Begriff *jalaa* für Fliege eingefallen ist. »Jetzt gehe ich lieber zu Fuß«, sage ich entschieden.

Mandach schaut mich ungläubig an. Wenn es sich vermeiden lässt, geht ein Mongole nie zu Fuß. Selbst die wenigen hundert Meter zur Jurte des Nachbarn legt er lieber reitend zurück. Mandach kämpft mit sich. Der Gewissenskonflikt spiegelt sich deutlich in seinem breiten, gutmütigen Gesicht. Auf keinen Fall möchte er zu Fuß gehen, aber unhöflich will er auch nicht sein – das wäre noch schlimmer.

»Setz dich wieder aufs Pferd, sonst muss auch ich absteigen«, bittet er.

»Ja, ist schon gut«, vertröste ich ihn und denke nicht daran, gleich wieder aufzusitzen. Frei und beschwingt schreite ich aus, den Blick auf den Horizont gerichtet, ich spüre, wie sich mein Körper bei jedem Schritt mehr aus der Verkrampfung löst. Am Führungsseil gehe ich meinem Pferd voran und habe keine Mühe, die Geschwindigkeit zu halten. Aus eigener Kraft laufe ich über die mongolische Erde, die trocken und hart ist. Unzählige braune, vom Wind geschliffene Steinchen bedecken sie.

Freude durchströmt mich – ja, ich bin angekommen. Das ist sie, meine Mongolei! So weit war der Weg, so viele Jahre vergingen, dass ich fast glaubte, sie sei unerreichbar für mich. Dabei war sie das allererste Ziel meiner Sehnsucht. Vor der Schulzeit schon entzündete sich meine Phantasie am Klang des Wortes »Mongolei«, als würde ich eine ferne, verführerische Melodie hören.

Das Leben war noch nicht mit Bildern überflutet. Ich hatte weder Fotos noch gab es Dokumentarfilme über dieses ferne Land. Aber mein Vater erzählte mir von Nomaden, die mit ihren Herden umherziehen und dort, wo sie Weide für die Tiere finden, ihre weißen Filzjurten aufstellen. Ich wusste sofort, das würde mir gefallen, das will ich auch, immer von einem Ort zum anderen wandern. Er beschrieb mir die Grassteppe, die Wüste Gobi, den weiten Horizont so lebhaft, dass ich alles bildlich vor mir sah. Das Wissen hatte Vater aus den Berichten von Sven Hedin über seine Reisen durch Zentralasien in den 20er Jahren des vergangenen Jahrhunderts.

Nachdem ich lesen gelernt hatte, gehörten Bücher wie »In geheimer Mission durch die Wüste Gobi«, »Großer Tiger und Christian«, »Fremde auf dem Pfad der Nachdenklichkeit«, »Mongolische Heimlichkeiten« von Fritz Mühlenweg, einem Teilnehmer der Sven-Hedin-Expedition, zu meiner Lieblingslektüre. Sie entfesselten einen Sog, dem ich nicht widerstehen konnte. Ich las die Bücher wieder und wieder, bis ich sie fast auswendig konnte. Sie nährten meine Sehnsucht nach einem fernen

Land, das mir schon so vertraut war, als wäre ich dort geboren. Meine Seele öffnete sich, wenn ich las: »Man war schnell daheim in der Wüste, weil alle schwierigen Dinge fehlten. Es gab überhaupt nichts als harten Boden zum Darauftreten und den Himmel zum Anschauen.« Oder: »Im Westen schwebte die Sonne über den Zackenrändern ferner Berge. Sie war groß und rot wie eine feurige Kugel, die über eine Welt rollte, von der man nicht glauben konnte, dass sie schon fertig sei.« Und der alte Mongole sprach mir aus dem Herzen, als ich las: »Nachdem eine Weile ausgiebig geschwiegen worden war, begann der alte Mann zu reden. Er sprach mit tiefer Stimme, ohne sie zu heben oder zu senken: Wie traurig muss es sein, nicht als Mongole geboren zu sein! Ein Unglück zwar, aber welch ein Glück für ihn, dass er den Weg zu uns gefunden hat.«

Ja, ich würde den Weg finden, dessen war ich mir ganz sicher. Warum auch nicht? Die Mongolei existierte schließlich nicht nur in Büchern, auch in der Wirklichkeit war sie vorhanden. Auf der Landkarte ging ich mit dem Finger spazieren und tupfte, nun doch etwas zaghaft, auf die elliptische Form, die wie ein schüsselförmiges Gefäß mitten im asiatischen Kontinent eingebettet liegt, umschlossen von China und Russland. Dorthin wollte ich, unbedingt. Aber wie? Ganz einfach: Ich werde Forschungsreisende wie Sven Hedin.

Aber die Zeiten hatten sich geändert, dieses Berufsbild gab es nicht mehr. Das am ehesten verwandte Gebiet schien mir Biologie zu sein, also entschied ich mich zu diesem Studium, obwohl mich die Ungeduld quälte und marterte. Wann endlich würde es so weit sein? Wann würde ich über die Steppen der Mongolei galoppieren?

Das Studium dauerte fünf lange Jahre und bereitete mich überhaupt nicht auf mein zukünftiges Leben in der Mongolei vor. Noch schlimmer, es gab keine Anzeichen, dass man als Biologe dort arbeiten könnte. Trotzdem trainierte ich das Ertragen von Entbehrungen, denn dass mich ein raues Land erwartete, das war mir klar. Nicht im Geringsten zweifelte ich, dass ich für das Leben dort geeignet sein würde. Nur eine Sorge plagte mich: Wovon sollte ich mich ernähren? Die Hauptnahrung der Mongolen besteht aus Fleisch. Es gibt kein Brot, keine Kartoffeln, keinen Reis, kein Gemüse, keinen Salat, einfach nichts, wovon ich leben könnte. Seit ich als Kind eine Fleischvergiftung hatte, an der ich beinahe gestorben wäre, reagiert mein Körper noch heute mit Abscheu und Übelkeit auf den Geruch von gekochtem Fleisch. Mit Gebratenem oder Gegrilltem habe ich dagegen keine Probleme.

Aber zunächst waren es keine Ernährungsfragen, die mich plagten, sondern die Befürchtung, keine Ausreisegenehmigung für die Mongolei zu bekommen. In meiner Verzweiflung schrieb ich einen Brief an die Universität in Ulaanbaatar und bat um eine Einladung – eine Antwort bekam ich nie.

Wie ein Fingerzeig des Himmels erschien es mir daher, als ich in einer wissenschaftlichen Zeitschrift den Bericht der Uni Halle über Expeditionen in die Mongolei las. Also hatte ich doch auf das richtige Pferd gesetzt: Biologen durften offenbar in der Mongolei forschen. Sofort bewarb ich mich in Halle an der Saale als Expeditionsmitglied – und erntete ein mitleidiges Lächeln. Bis heute weiß ich nicht den wirklichen Grund für die Ablehnung: Weil ich Verwandte in Westdeutschland hätte, könnte ich nicht Reisekader werden, sagte man mir. Die Unlogik passte zum System. Vielleicht äußerte ich meinen Wunsch auch zu nachdrücklich? Manchmal kann ein übermächtiges Wollen alles verderben. Jedenfalls war ich überzeugt, schon zu lange gewartet zu haben, fühlte mich gefangen in einem Land, dessen Grenzen hermetisch geschlossen waren. Wie zu hoch gestaute Wassermassen den Damm brechen, riss mich eine innere Flutwelle hinweg: Ich flüchtete aus meinem Land, verließ meine Heimat und Familie, riskierte mein Leben, weil mir die Mongolei versperrt blieb. Wer noch nie von einem so starken Wunsch besessen war, wird diese Entscheidung nur schwer verstehen, aber mir war es völlig ernst.

Später, im Westen Deutschlands, lernte ich die Freiheit schätzen, mir neue Ziele setzen und auswählen zu dürfen. Die Mongolei trat in den Hintergrund; sie verschwand zwar nicht aus meinem Bewusstsein, aber sie verwandelte sich von einem Land, das ich erforschen wollte, in einen Zufluchtsort für meine Seele. Die wirkliche Mongolei lockte mich nicht mehr, so glaubte ich. Doch das Unbewusste geht oft eigene Wege, andere als wir uns eingestehen wollen. Bei einem Fernsehinterview war es, als mir die beliebte Frage gestellt wurde: Und wohin reisen Sie als Nächstes? Diesmal wusste ich keine passende Antwort. Ein neues Buch war gerade fertig geworden, darauf hatte ich meine Energie und mein Denken verwandt. Im Augenblick wollte ich nirgendwohin, wollte mich erholen vom Schreiben, wieder ankommen in der Gegenwart. Der Moderator blickte mich erwartungsvoll an. Da hörte ich mich plötzlich laut sagten: »Mongolei! Mein nächstes Ziel wird die Mongolei sein.«

Erschrocken hielt ich inne, lauschte verblüfft dem Nachklang meiner Worte. Warum hatte ich das gesagt? Welcher Teufel hatte mir das auf die Zunge gelegt? Wie kam ich dazu, meinen Zufluchtsort öffentlich preiszugeben? Gleichzeitig war mir plötzlich bewusst: Jetzt ist für mich der richtige Zeitpunkt, in die Mongolei zu reisen. Ich musste mich endlich selbst davon überzeugen, ob meine Phantasie der Wirklichkeit standhielt.

Eine Wohnung in Ulaanbaatar

Von Deutschland aus gesehen wirkte die Mongolei verschlossen wie eine Auster. Die bei meinen anderen Reisen bewährten Kontakthilfen versagten. Weder über die deutsch-mongolische Gesellschaft, noch über Vereine und Organisationen gelang es mir, Adressen von mongolischen Familien zu erhalten. In einem Münchner Biergarten kam mir dann der Zufall zu Hilfe. Während ich auf Freunde wartete, las ich das Buch »Beim Großkhan der Mongolen«, das von der Reise des Franziskanermönchs Wilhelm von Rubruk nach Karakorum zu Mönghe Khan, dem Enkel von Dschingis Khan, handelt. Mein Gegenüber wurde auf die Lektüre aufmerksam, wir kamen ins Gespräch und tauschten Telefonnummern.

Fast hätte ich die Begegnung vergessen, als eines Tages das Telefon klingelte und mein Gesprächspartner aus dem Biergarten mir die Nummer einer Familie in Ulaanbaatar gab. »Ruf einfach an, die Tochter spricht Deutsch! Sie hat in Leipzig studiert und weiß, dass du dich melden wirst«, ermutigte er mich.

Ich zögerte. Ungeheuerlich der Gedanke, über diese unvorstellbare Entfernung zu telefonieren. Nach Amerika oder Australien – kein Problem, aber in die Mongolei? Und was sollte ich sagen, wenn zuerst mongolisch sprechende Menschen am Telefon sein würden? Ich legte den Sprachführer »Kauderwelsch« zur Hilfe neben mich und wählte mit klopfendem Herzen die Nummer. Die Leitung war frei, und schon hörte ich eine Stimme. Aufgeregt schrie ich meine mühsam einstudierte Begrüßung in den Hörer: »*Sain bajana uu? Bi Carmen baina, bi german.*«

»Hi Carmen! Wann kommst du?«, fragte mich jemand in perfektem Deutsch. »Wir warten schon ungeduldig.«

Vor Überraschung verschlug es mir den Atem. Dann erzählte ich von meiner Absicht, in der Hauptstadt eine Sprachschule zu besuchen und dann durch das Land zu reisen, am liebsten zu Pferde.

»Komm nur, wir helfen dir in allem. Unsere Nachbarin ist Lehrerin, die wird dich gern unterrichten. Du kannst in unserer Wohnung wohnen, wir selbst verbringen den Sommer auf dem Land«, ermunterte mich Enkhjargal. »Nenn mich einfach Enkhe«, sagte sie.

Ich legte den Hörer auf und konnte mein Glück kaum fassen – plötzlich war er da, der Schlüssel, mit dem sich die Mongolei für mich öffnen würde. Hatte ich erst einmal das Vertrauen einer Familie gewonnen, würde ich immer weitergereicht werden.

Mein Plan war, mich zunächst für drei Monate in der Hauptstadt Ulaanbaatar aufzuhalten, um die Sprache zu lernen. Nebenbei wollte ich verschiedene Erkundungstouren machen, erste Eindrücke vom Land gewinnen und Ideen entwickeln, die ich dann ein Jahr später bei einer längeren Reise versuchen würde zu verwirklichen.

Die mongolische Airline MIAT bringt mich von Berlin nach Ulaanbaatar. Nach einem Stopp in Moskau geht es weiter nach Osten. Es ist Nacht. Beim Blick aus dem Fenster leuchtet die russische Hauptstadt wie eine goldene Stickerei, dann Dunkelheit. Sehr selten kleine Lichternester inmitten des unermesslich großen, unbewohnbar wirkenden Landes.

Enkhe hatte versprochen, mich am Flughafen abzuholen. Da keine von uns weiß, wie die andere aussieht, halte ich nach einem Schild mit meinem Namen Ausschau. Vergeblich. Da trifft mein Blick den einer jungen Frau. In unseren Augen muss die gleiche Frage stehen, denn wie aus einem Mund rufen wir: »Enkhe?« – »Carmen?« Wir fallen uns in die Arme, als würden wir uns schon lange kennen.

Enkhe und ihre Tante Hauka sind mit ihrem Auto zum Flughafen gekommen. Enkhe, zu der ich sofort eine besondere Zuneigung empfinde, ist ungeheuer aufgeregt über ihren fremden Gast. Gleich auf der Fahrt will sie mir ihre Heimatstadt vorstellen.

»Sieh, diese Fabriken dort, da werden Teppiche, Schuhe und Kaschmirwaren hergestellt, dafür ist unser Land berühmt. Und dort, wo es raucht und qualmt, ist das Heizkraftwerk. Unsere Energie wird aus

Kohle gewonnen, drei Kohlekraftwerke versorgen die Stadt mit heißem Wasser und Strom. Und hier werden Tierhäute zu Leder verarbeitet, leider riecht es nicht gut, und ...« Enkhe bricht ab, beißt sich verlegen auf die Lippen. Sie weiß, der erste Eindruck ist prägend. Ihre Stadt möchte sie mir in einem schönen Licht zeigen und bemerkt wohl auf einmal die Löcher im Straßenbelag und fürchtet, das könnte mir missfallen. Aber sie braucht sich keine Sorgen zu machen, denn ich bin überzeugt, dass Ulaanbaatar nach dem vielen Negativen, das ich über diese Stadt gelesen habe, nur noch angenehme Überraschungen für mich bereithalten kann.

Lärm, Staub, Gestank und lebensgefährlicher Verkehr seien typisch für die mongolische Hauptstadt, heißt es. In hässlichen Plattenbauten würden alkoholkranke, ihrer nomadischen Lebensweise beraubte Menschen dahinvegetieren. Unkontrolliert wie ein Schwellkopf wuchere die Stadt, die zwischen Bergen in einem Hochtal mit geringer Luftzirkulation liegt. Sie wachse immer weiter, greife wie mit Fangarmen einer Krake in die sie umgebenden Täler.

Ja, das mag alles stimmen, und wer als Reisender nach Ulaanbaatar kommt und hier die Mongolei sucht, wird sie nicht finden und froh sein, schnell die Stadt verlassen und hinaus in die Steppe fahren zu können. Mir aber gefällt es in der »roten Heldenstadt«. Mich erstaunt das selbst am meisten, denn bisher hatte jede Häuseransammlung eine abschreckende Wirkung auf mich, und in Metropolen fühle ich mich verloren und überflüssig. In Ulaanbaatar hingegen entsteht in mir vom ersten Tag an ein Gefühl der Zugehörigkeit. Den eigenartigen Zauber dieser Stadt auf mich kann ich nicht erklären; ich spüre nur, dass sie mir auf geheimnisvolle Weise die Hand reicht. Nie befällt mich Unsicherheit, wenn ich sie nach allen Richtungen durchstreife. Kein Gedanke daran, dass ich mich verirren könnte. Als wäre der Straßenverlauf in meinem Kopf abgebildet, brauche ich keinen Stadtplan, um mich zu orientieren. Ulaanbaatar wird für mich zu einem Heimatort, zu dem ich nach anstrengenden Expeditionen durch Steppen und Wüsten gern zurückkehre und den köstlichen Gegensatz genieße zwischen dem Nomadenleben unter freiem Himmel und der quirligen, modern aufblühenden Hauptstadt.

Ulaan heißt rot, und *baatar* ist der Held. Der rote Held, sagt eine Legende, erlöse die Menschen von Leid und Unglück. Diesen Namen erhielt die Stadt erst 1924, als sich die Mongolen von chinesischer Herrschaft befreien konnten und die Mongolische Volksrepublik gründeten. Von da an wurde die Stadt sesshaft und »wanderte« nicht mehr wie in früheren Zeiten, als man sie mehr als zwanzig Mal verlagerte. Eine nomadisierende Stadt? Das war weder ungewöhnlich noch schwierig, denn selbst die Klöster waren anfangs in Jurten untergebracht. Im Jahr 1639 wurde das erste Kloster vom Oberhaupt der mongolischen Buddhisten in diesem Tal des Flusses Tuul gegründet. Die Nomadensiedlung, die um die Klosterjurte wuchs, erhielt den Namen *Örgöö*, Palastjurte. Die mit den Mongolen Handel treibenden Ausländer machten daraus *Urga*. Bald gab es Werkstätten, Lagerhäuser, Läden und Märkte. Die Siedlung entwickelte sich zum religiösen, wirtschaftlichen und administrativen Zentrum des Landes, doch selbst in der Stadt bevorzugten die Mongolen ihre Jurten.

Die einen Besucher beschrieben die Stadt als schmutzig, voll zerlumpter Bettler und sterbender Menschen, die im Abfall auf den Straßen lagen. Andere rühmten sie als reich, mit juwelengeschmückten Statuen, prächtigen Schreinen und goldenen Dächern, die in der Sonne leuchteten. Mehr als hundert kleine und große Tempel prägten das Bild des alten Urga, und 60 000 Lamas, in Seide und Brokat gehüllt, zelebrierten religiöse Riten. Heute erinnert nur wenig an die vergangene Zeit. Für die Hauptstadt des Nomadenvolkes begann 1954 eine neue Zeitrechnung. Eine sowjetisch-mongolische Planungskommission erarbeitete einen Generalbebauungsplan; es kam zu einem regelrechten Bauboom, der die Stadt völlig verwandelte. Wohnsilos entstanden mit in den Himmel ragenden Betonbauten nach sowjetischem Vorbild. Zum ersten Mal in ihrer Geschichte bezogen Mongolen feste Häuser mit Zentralheizung, elektrischem Herd, Wasserklosett und Dusche.

Mein neues Zuhause befindet sich in einem dieser Wohnblöcke, ganz oben im 9. Stock. Im Fahrstuhl sagt Enkhe: »Meine Mutter hat sich den Vormittag freigenommen, um dich zu begrüßen. Sie ist ziemlich aufgeregt, ob es dir bei uns gefallen wird.«

Lächelnd steht Njamsuren in der Tür. Eine schlanke Frau, die mit ihren fast sechzig Jahren erstaunlich jugendlich und resolut wirkt. Sie nimmt mich in die Arme und riecht an meinen Schläfen. »*Sajan baina uu, minij hüühen*«, sagt sie. Sei willkommen, meine Tochter. Wie selbstverständlich werde ich als neues Mitglied in die Familie aufgenommen. Obwohl ich die erste Ausländerin bin, die bei ihnen zu Gast ist, entsteht keine Verlegenheit. Die Beachtung, die sie mir schenken, ist so unaufdringlich und zurückhaltend, als gehörte ich schon immer dazu.

Wie viele Personen in der Wohnung tatsächlich leben, bleibt mir zunächst verborgen, denn außer Njamsuren, ihren Töchtern und Enkeln sitzen Cousinen, Tanten und Nichten in der Stube – alles Frauen. Männer bekomme ich keine zu Gesicht. Die Wohnung ist europäisch eingerichtet, und nichts erinnert daran, dass ich mich in der Mongolei befinde. Dafür wird ein typisch mongolisches Gericht aufgetischt: *buuds*, das sind Teigtaschen mit Fleisch gefüllt und in Wasserdampf gegart. »*Amttaj*!«, lobe ich, nachdem ich mich erkundigt habe, wie man ein schmackhaftes Essen würdigt.

Es klingelt, und eine Nachbarin kommt. Es ist Ojunaa, die Lehrerin. Sie fragt, wann ich mit dem Unterricht beginnen möchte. So schnell es geht, am liebsten morgen. »*Margasch*!«, sage ich, eines der wenigen Wörter, die ich außer der Begrüßungsformel bereits gelernt habe. Erwartungsvoll blicke ich meine zukünftige Lehrerin an. Sie lächelt nicht, vermeidet es, mir in die Augen zu sehen, und wendet sich statt einer Antwort an Enkhe. Ich verstehe kein Wort. Eine Weile zügle ich meine Ungeduld, um nicht unhöflich zu sein. »Enkhe«, frage ich schließlich »in welcher Sprache kann ich mich denn mit meiner Lehrerin unterhalten?«

»Ojunaa spricht nur Mongolisch.«

»Wie bitte? Das geht doch nicht!« Ich bin fassungslos.

»Kein Problem, Ojunaa hat ihre eigene Methode, mit der sie sogar Taubstummen das Sprechen beibringt. Auch Japaner haben bei ihr schon Mongolisch gelernt, ohne dass sie selbst ein Wort Japanisch spricht.«

Am nächsten Tag lasse ich es auf einen Versuch ankommen, doch der Unterricht macht für mich keinen Sinn. Ojunaa wendet die Zeigemethode an. Sie weist mit dem Finger auf Fernseher, Kühlschrank, Fenster, Heizung und nennt mir die mongolischen Bezeichnungen. Was soll ich mit diesen Wörtern? Sie spielen im Nomadenleben keine Rolle.

Wichtig sind Verben und Grammatik. Aber auf die kann man nicht zeigen, man muss sie erklären.

Ich gebe nicht auf und mache mich auf die Suche nach einer Sprachschule, habe aber kein Glück, denn es ist Ferienzeit. Universität und private Schulen sind geschlossen. Überhaupt wirkt Ulaanbaatar fast wie unbewohnt, denn die meisten Städter verbringen den Sommer auf dem Land bei ihren Verwandten oder in einem Ferienhaus, so wie meine Gastfamilie.

Vorher will Njamsuren zum Kloster, um dort zu beten, und lädt mich ein, mitzukommen. Ende der 1930er Jahre wurden die Klöster von den kommunistischen Machthabern zerstört. Einzig das Tschojdshin-Lamyn-Kloster entging den Exzessen, die von der mongolischen Regierung im Auftrag Stalins durchgeführt wurden; angeblich hatte Diktator Tschoibalsan es im letzten Moment von der Liste der zu vernichtenden Gebäude gestrichen. Heute kann jeder das ehemalige Kloster besichtigen.

Auch das größte und heute wieder aktive Gandan-tegtschinlen-Kloster, eine weiträumige Tempelanlage mit stillen Innenhöfen, wurde damals niedergebrannt, doch bald ordnete Tschoibalsan den Aufbau der Ruine an. Schon 1944 wurde das Gandan-Kloster neu eröffnet und durfte als »Alibi-Kloster« weiter existieren. Erlaubt war zwar das Lesen der tibetischen Ritualtexte, nicht aber das Studium der buddhistischen Philosophie. Die Staatssicherheit hatte zahlreiche Spitzel eingeschleust. Wer heimlich gegen die Vorschriften verstieß, wurde mit Gefängnis bestraft oder riskierte sogar sein Leben.

Mit dem Beginn von Demokratie und Religionsfreiheit im Jahr 1990 blühte der Buddhismus im Lande wieder auf, nach 60-jähriger Unterdrückung eigentlich ein Wunder. Ehemalige buddhistische Mönche, die Lamas, die damals nur deshalb nicht erschossen wurden, weil sie zu jung waren, eilten zu den Plätzen, wo früher Klöster gestanden hatten, und gingen als Greise daran, die heiligen Tempel zu erneuern.

Die Sonne glüht am wolkenlos blauen Himmel, und die Luft ist glasklar. Trotzdem fegt ein eisiger Wind durch die Häuserblocks Ulaanbaatars – mitten im Sommer. Njamsuren, meine Wirtin, und ich gehen zu Fuß zu der nur wenige Minuten entfernten Klosteranlage. An einer

Ampel bleiben wir stehen. »*Ulaan*«, sage ich. Um eine Sprache zu lernen, muss man die bekannten Wörter bei jeder sich bietenden Gelegenheit laut aussprechen. »*Nogoon*«, kommentiert Njamsuren das Grün beim Umschalten der Ampel. Sie lächelt mir zu, ich lächle zurück und bin doch verzweifelt: Grün und rot, damit ist nun wirklich kein Gespräch zu führen. Dabei möchte ich so viel wissen, sie fragen, wie es kommt, dass sie Buddhistin ist. Ob sie früher heimlich gebetet hat? Während ich stumm neben ihr gehe, schwirren mir Fragen über Fragen durch den Kopf. Neben uns stöckeln Mädchen über holprige Fußwege. Wie sie das nur können mit ihren bleistiftdünnen Absätzen? Trotz der Kälte sind sie spärlich bekleidet mit bauchfreien Tops, Miniröcken, Hotpants. Jede versucht, die andere in modischer Kleidung zu übertreffen.

Durch ein Tor betreten wir die weitläufige Klosteranlage mit ihren zahlreichen Tempeln, die hinter gelben Mauern verborgen liegen. Als Erstes fallen mir die Tauben auf. Froh, endlich wieder etwas sagen zu können, rufe ich laut: »*Tagtaa!*« Njamsuren schaut mich fragend an. Sie überlegt wohl, warum ich mich über die Vögel so freue. Ich kann ihr nicht erklären, dass ich nur Mongolisch übe.

Schon im Jahr 1809 stand hier ein Tempel aus Holz, von dem nichts erhalten geblieben ist. Die heutige Anlage geht auf das Jahr 1838 zurück. Der Baustil der Gebäude lässt deutlich den tibetischen Einfluss erkennen. Die Dächer sind an den Ecken nach oben gebogen, Drachen und Löwen bewachen die Eingänge, farbige Säulen und bunte Schnitzereien zieren das Innere der Tempel.

Die erste Begegnung der Mongolen mit dem Buddhismus ergab sich durch die Kriegszüge der Söhne und Enkel Dschingis Khans, die im 13. Jahrhundert Tibet eroberten und ihrem Großreich einverleibten. Buddhistische Mönche beeindruckten die religiös eher tolerante mongolische Oberschicht durch medizinische Kenntnisse und intellektuelle Fähigkeiten und bewegten einige Mitglieder der Fürstenfamilien zur Annahme des Buddhismus. Der mongolische Herrscher Kublai Khan ernannte den berühmtesten der tibetischen Lamas, Pags Pas, zu seinem Berater und sandte andere ins Zentrum des mongolischen Reichs, nach Karakorum. Sie gründeten zwar einige Klöster, aber es gelang ihnen nicht, breite Schichten der Bevölkerung zu bekehren, und nach weniger als einem Jahrhundert gerieten die in gelbe Kutten gekleideten Mönche in Vergessenheit.

Mitte des 16. Jahrhundert gab es eine neue, diesmal rigorosere Missionierungswelle. Innerhalb nur einer einzigen Generation wurde die Mehrheit der Mongolen buddhistisch, obgleich viele insgeheim weiter zu ihren Naturgöttern beteten, so wie es manche bis heute tun. Altan Khan, 1506–1582, ein Fürst vom Stamm der Tümed und weitläufig verwandt mit Dschingis Khan, wollte alle Mongolen vereinen und stülpte den rivalisierenden Stämmen die neue Glaubensphilosophie einfach über. Recht, Ordnung und Verwaltung sollten sich fortan an buddhistischen Grundsätzen orientieren. Die Anhänger des Schamanismus wehrten sich heftig gegen die gewaltsame Bekehrung, doch sie hatten keine Chance. Die Ausübung alter Bräuche wurde verboten. Wer das Gesetz missachtete, musste so viel Vieh abgeben, dass seine Existenz bedroht war. Den Schamanen erging es noch übler. Sie wurden mit Hundekot beschmiert und manchmal mitsamt ihrer Jurte verbrannt. Die *onggot*, kleine Götterfiguren aus Holz, Filz, Stoff oder Leder, die bis dahin in keiner Jurte fehlten, schichteten die buddhistischen Religionshüter zu großen Haufen und zündeten sie an.

Als der erste Widerstand gebrochen war, bediente man sich der raffinierten Methode der Umdeutung und Adaption. *Onggot*-Figuren ersetzte man durch ähnliche buddhistische Gottheiten. Schamanische Gesänge wurden durch lamaistische Gebete abgelöst und die Naturgötter der neuen Religion einverleibt. Das Verweben schamanischer und buddhistischer Traditionen war leicht, weil der gleiche Vorgang in Tibet bereits Jahrhunderte zuvor stattgefunden hatte. Damals ging die Naturgötter verehrende Bon-Religion im Buddhismus auf. Es gibt heute keine Religion der Welt, die unabhängig aus sich selbst schöpft; immer speisen sie sich aus älteren Quellen.

Der Buddhismus verbreitete sich zunächst entlang den Karawanenrouten, wo sich seine Anhänger bevorzugt bei den der Bevölkerung vertrauten schamanischen Heiligtümern niederließen. Allmählich wurde das dünn besiedelte Nomadenland mit einem Netz von Klöstern überzogen. Kaufleute gründeten in ihrem Schutz Handelsniederlassungen. Die Bedeutung der Klöster wuchs, sie brachten Bildung und Gelehrsamkeit ins Land. Lesen und Schreiben, handwerkliche und künstlerische Fähigkeiten wurden gefördert. Malerei, plastische Darstellung, Musik, Tanz, Erzählkunst fanden Einzug in den Alltag der Steppennomaden. Sie hielten engen Kontakt zu »ihrem« Kloster, und bald wurde es zur Regel, wenigstens einen Sohn Lama werden zu lassen. Die Mongolen wurden zum bestausgebildeten Nomadenvolk der Welt, waren aber in allen ihren Entscheidungen vom Kloster abhängig. Sie unternahmen keinen Schritt ohne die Konsultation und den Segen eines Lama. Er errechnete den günstigsten Zeitpunkt für Heirat, half bei Namensgebung, heilte Krankheiten und weissagte die Zukunft.

Diese enge Verflechtung, das fast symbiotische Verhältnis zwischen Kloster und Bevölkerung, wurde auf Befehl Stalins jäh zerrissen, und die meisten Mönche bezahlten mit ihrem Leben. 60 Jahre lang wurde Religionsausübung zuerst mit Tod, später mit langjährigen Gefängnisstrafen geahndet. Mit diesem Wissen im Hintergrund hatte ich erwartet, dass sich für den Buddhismus kaum noch jemand begeistern würde. Doch ich täuschte mich – das Gegenteil ist der Fall.

Wir schreiten von einem Tempel zum anderen. Njamsuren setzt Gebetsmühlen in Gang, ich tue es ihr gleich, und so senden wir die Gebetsformel *O mani padme hum* – O du Juwel im Lotos – tausendfach vervielfältigt in den Himmel.

Es ist noch früh am Morgen, und doch sind in den Räumen viele Gläubige. In einem haben Lama-Schüler übernachtet. Aufgeweckt vom Gongschlag und den hereindrängenden Menschen erheben sie sich schlaftrunken von den schmalen Holzbänken, wickeln ihre weinroten und gelben Tücher fester um den Körper, und ohne sich lange zu besinnen, beginnen sie mit der Litanei der Gebete. Auf und ab schwillt der Gesang. Im Haupttempel sitzen Mönche jeden Alters auf gepolsterten Bänken und blättern in den losen Seiten ihrer Gebetsbücher. Ein Zeremonienmeister unterbricht das Murmeln ab und zu durch lautes Ausrufen eines Mantras, dann wieder erschallt mit Getöse ein Gong oder der dumpfe Hall eines Muschelhorns.

Njamsuren und ich reihen uns ein in die Menge der Gläubigen, die sich im Uhrzeigersinn langsam um die Lamas in der Mitte bewegen. Auf einem schmalen Gang gehen wir an Vitrinen mit Bodhisattvas, den

Figuren von Heiligen, vorbei. Mit aneinandergelegten Händen, die dicht vors Gesicht gehalten werden, verbeugen wir uns vor den Erleuchteten. Auf Simsen, wo Butterlampen und Weihrauch brennen, liegt Geld. Auch Njamsuren fingert einen Schein aus ihrer Tasche. Dann nimmt sie meine Hand und bedeutet mir mit Zeichensprache, dass sie mir noch etwas Besonderes zeigen will. Sie zieht mich zum größten Tempel, der allein in der Mitte auf einer Anhöhe steht und Anfang des 20. Jahrhunderts unter dem letzten mongolischen Kirchenoberhaupt Bobd Gegeen erbaut wurde. Auf dem Weg dorthin sehe ich nicht nur Gläubige im traditionellen *deel*, einem wadenlangen, gesteppten und wattierten Mantel, der übereinandergeschlagen, seitwärts geschlossen und in der Taille mit einem orangefarbenen Seidenschal gegürtet wird, sondern auch junge westlich gekleidete Menschen, die sich vor Buddhastatuen und Stupas dreimal der Länge nach auf dafür vorgesehene Gebetsbretter niederwerfen.

Im dunklen Inneren des Tempels schimmert eine goldene Figur. Mein Blick gleitet nach oben. Sie reicht bis unters Dach und füllt den Tempel völlig aus. Ja, das muss sie sein, die fast 30 Meter hohe Statue des Megdshid Dshanraisig, des Schutzherrn Tibets, ein Bodhisattva, dessen Reinkarnation der Dalai Lama ist. Der von Tibet vertriebene, nach Indien geflüchtete und im Westen sehr beliebte Dalai Lama wird als die 14. Inkarnation dieses Bodhisattva angesehen. Das kostbare Original aus Gold und Silber haben die Russen im Jahr 1938 geraubt. Als die Sowjetunion sich auflöste, hofften die Mongolen, ihr Eigentum zurückzuerhalten, doch ihre Bitte blieb unerhört. Niemand weiß, ob die Figur noch irgendwo versteckt ist, vielleicht im Fundus der Eremitage, oder ob sie eingeschmolzen wurde. Nach dem Scheitern aller Bemühungen begannen die Mongolen, Geld zu sammeln – eine halbe Million Euro kam zusammen, viel für ein Nomadenvolk. Ich fühle mich an die Spendenaktion für die Frauenkirche in Dresden erinnert. Menschen brauchen eben Symbole, um sich ihres Daseins bewusst zu werden, vor allem in Umbruchzeiten nach leidvoller Unterdrückung.

In fünfjähriger Arbeit wurde eine exakte Kopie des Schutzheiligen geschaffen und im Oktober 1996 feierlich vom Staatspräsidenten und dem Abt des Gandan-Klosters eingeweiht. Die Figur ist 90 Tonnen schwer. Verarbeitet wurden fast 9 Kilo Gold, 25 Kilo Silber, 20 Tonnen Kupfer und 2100 Edelsteine.

»Meine Mutter hat für dich gebetet«, erzählt mir Enkhe, als wir zurück sind, »damit deine Reise in der Mongolei glücklich verläuft.«

Früher war Mutter Njamsuren nicht religiös, nur die Großeltern hielten an der Religion fest. Waren die Enkel in den Ferien zu Besuch, wurden sie beim Abschied ermahnt, nichts davon in der Schule zu erzählen.

»Wie kam es, dass deine Mutter Buddhistin wurde?«, frage ich meine Freundin.

»Sie war traurig über den Tod ihres Bruders, da hat sie sich dem Glauben zugewandt.« Enkhe ist die Einzige, mit der ich mich unterhalten kann, aber die Gespräche werden oft von ihrem Sohn Erdenee unterbrochen, der erst ein halbes Jahr alt ist, und von der einjährigen Naraa, deren Eltern in Korea arbeiten. Als endlich einmal beide Kinder gleichzeitig schlafen, erfahre ich mehr von der Familiengeschichte: Enkhes Vater verunglückte auf tragische Weise, stürzte eine vereiste Treppe hinab. Von einen Tag auf den anderen war Njamsuren allein mit vier schulpflichtigen Kindern, drei Töchter und ein Sohn. Es gelang ihr, allen eine gute Schulbildung zu geben und sie studieren zu lassen. Enkhe ist die Jüngste und das Sorgenkind der Mutter. Ihr Medizinstudium in Deutschland musste sie wegen der Schwangerschaft abbrechen, und dann trennte sie sich auch noch von ihrem mongolischen Freund, dem Vater ihres Kindes.

Trotz guter Ausbildung oder gerade deswegen haben ihre Kinder bisher in der Mongolei keine Arbeit gefunden. Es gibt einfach zu wenige Firmen und Betriebe mit qualifizierten Stellen. Wie seit dem Tod ihres Mannes vor 20 Jahren muss Njamsuren noch immer den Lebensunterhalt für die ganze Familie finanzieren. Sie ist Ingenieurin und arbeitet bei einer Baufirma. Einen Achtstundentag gibt es nicht, selten kommt sie vor 21 Uhr nach Hause. Sie arbeitet auch samstags und sonntags, freie Wochenenden und Urlaub kennt sie nicht. Der Lohn ist erschreckend gering, wenig über 100 Euro im Monat. Wenn Hochkonjunktur herrscht, gibt es einen kleinen Zuschlag, dafür muss sie im Winter, wenn bei über 40 Grad minus nicht gebaut werden kann, ohne Gehalt auskommen und ist dann schon glücklich, wenn der Baustopp nur die Monate Januar und Februar betrifft.

Allgemein sind die Löhne in der Mongolei sehr niedrig, im Durchschnitt 60 Euro im Monat. Das verdient zum Beispiel ein Lehrer, dabei kosten die Lebensmittel ungefähr so viel wie bei uns. Wenige Produkte werden in der Mongolei selbst hergestellt, fast alles wird aus Russland oder China importiert. Um zu überleben, mussten sich die Mongolen pfiffige Ideen und Strategien einfallen lassen: Wer Verwandte auf dem Land hat, kauft bei ihnen das Hauptnahrungsmittel Fleisch im Stück. Im Winter sieht man gefrorene Hammel- und Ziegenhälften auf den Balkonen hängen. Andere nehmen mehrere Untermieter auf und hausen mit der eigenen Familie in einem einzigen Zimmer, suchen sich Nebenjobs, fahren nach China, kaufen dort Waren und verkaufen sie im Land mit Gewinn.

Eigentlich wollte Njamsuren gar nicht Bauingenieurin werden. Graphische Darstellungen sind ihre Passion, und sie wäre gern technische Zeichnerin geworden. Aber sie konnte nicht wählen und frei über ihren Beruf entscheiden. In kommunistischer Zeit wurden Pläne aufgestellt, die erfüllt werden mussten. Die zierliche junge Frau wurde genötigt, einen harten Männerberuf zu ergreifen. In Wind und Kälte, Staub und Schmutz kletterte sie auf Gerüste, balancierte über gefährlich schwankende Bretter, erteilte den Arbeitern Anweisungen und kontrollierte deren Tätigkeiten. Njamsuren bewährte sich, bekam Auszeichnungen; die Anerkennung tat ihr gut. Sie empfand es nicht als Zumutung, selbst mit vier kleinen Kindern zu arbeiten. Arbeit war Pflicht. Nach der Geburt musste eine Frau das Kind schon nach 49 Tagen abstillen und es tagsüber in eine Kinderaufbewahrungsstation geben.

»So war es eben«, übersetzt Enkhe. »Außerdem wäre ich gar nicht gern zu Hause geblieben, ich arbeite viel lieber in meinem Beruf. Da war ich froh, dass mein Mann, dessen Arbeitszeit kürzer war, das Essen gekocht, die Hausarbeiten der Kinder kontrolliert und sie manchmal schon ins Bett gebracht hatte.«

Auf dem Rücken »wilder« Pferde

Seit Tagen bin ich allein in der Wohnung. Njamsuren mit Tochter Enkhe, den Enkeln und Großmutter Altanchimeg sind aufs Land gezogen. Sie leben dort nicht in einer Jurte, sondern in einem Holzhaus. Zahlreiche dieser buntfarbenen Häuschen füllen ein weites Tal, umgeben von sanft geschwungenen Hügeln, die mit Lärchen bewachsen sind. Ein Anblick, der eher an ein skandinavisches Land erinnert. Mit dem Bus ist dieses beliebte Sommerdomizil der Ulaanbaatarer Stadtbevölkerung in einer knappen Stunde zu erreichen. Manchmal besuche ich »meine« Familie, doch mir steht der Sinn nach freiem Nomadenleben. Da aus dem Sprachunterricht nichts geworden ist, habe ich viel Zeit gewonnen, die ich zum Erkunden des Landes benutzen will. Als Erstes möchte ich reiten und den Umgang mit den halbwilden mongolischen Pferden erlernen.

»Kein Problem«, hatte Enkhe gesagt, »Bazaar wird dich abholen. Er ist ein entfernter Verwandter, auf Deutsch sagt man Großonkel, glaube ich.«

Vom 9. Stock blicke ich hinunter und warte auf Bazaar, der mich in die Steppe bringen soll. Nomaden reisen möglichst nicht allein, weiß ich. Nicht weil sie sich fürchten, sondern weil man mit der Hilfe des anderen Probleme unterwegs besser bewältigen kann und es unterhaltsamer ist. Nomaden reden gern, das hatte ich im Jemen erlebt. Deshalb halte ich nach mindestens zwei Männern Ausschau. Die Wartezeit verbringe ich sinnvoll mit Vokabellernen und genieße dabei den Blick vom obersten Stockwerk auf die Stadt. Die weiß gekachelten Hochhäuser sind in Karrees angeordnet und lassen großzügig Raum für Parkanlagen und Kinderspielplätze mit Schaukeln, Wippen und Karussells. Die Kleinen üben ihre Geschicklichkeit an Klettergerüsten, schlittern vergnügt quietschend Rutschen hinunter und reiten auf bunt bemalten Tierfiguren, behütet von Geschwistern, Eltern oder Großeltern.

Für Erwachsene sind Fitnessgeräte aufgestellt, an denen sie ihre Arm-, Bein- und Bauchmuskeln trainieren und den Kreislauf in Schwung bringen. Am Straßenrand bieten Bäuerinnen in Kannen und Töpfen Milch, Joghurt, Frischkäse, Butter und Sahne zum Verkauf an, denn mitten in der Hauptstadt werden nicht nur Ziegen und Schafe, sondern auch Kühe gehalten. Fürsorgliche Väter und junge Mütter sitzen auf Parkbänken, halten fest gewickelte Babys im Arm, damit sie frische Luft atmen können. Kinderwagen sieht man so gut wie keine.

Plötzlich werde ich durch das Klingeln an der Wohnungstür aus meinen Beobachtungen aufgeschreckt. Wer kann das sein? Ich hatte niemanden das Haus betreten sehen. Verwirrt und doch gespannt öffne ich die Tür nur einen Spalt breit und erblicke eine attraktive Frau. Sie trägt einen engen Rock mit weißer Bluse, dazu hochhackige Schuhe. Ihre Haare glänzen wie schwarzer Lack. Resolut drängt sie mich beiseite, steuert das Wohnzimmer an und setzt sich aufs Sofa, als sei sie hier zu Hause. Staunend betrachte ich sie.

»Ich bin Durimaa! Wollen Sie gleich mitkommen?«

»Durimaa? Ich habe Bazaar erwartet.«

»Ach, Bazaar, das ist mein Bruder, er muss sich um die Pferde kümmern.«

Ich lächle. Wieder hat sich bestätigt, was ich schon seit meiner Ankunft beobachte: Frauen geben in der Mongolei den Ton an, und sie fallen durch exquisite Kleidung auf. Mongolinnen scheinen schneller in der neuen Zeit angekommen zu sein als die meisten Männer. In anderen Ländern sind es fast immer die Frauen, die alte Traditionen bewahren und sich länger den Änderungen verweigern.

Inzwischen habe ich im Selbststudium so viel Mongolisch gelernt, dass ich Durimaa mitteilen kann, dass ich gerne zwei Wochen bei Nomaden wohnen und an ihrem Alltagsleben teilnehmen möchte, wozu natürlich das Reiten von Pferden gehört. Sie ist einverstanden und will mich am nächsten Tag zu ihren Verwandten bringen.

Mit Sugarsuren, dem Sohn Durimaas, begegne ich tags darauf dem ersten männlichen Mitglied meiner Gastfamilie. »Mein Sohn spricht

Englisch. Er wird Sie aufs Land begleiten, damit Sie dort jemanden haben, mit dem Sie sich unterhalten können.« Sugarsuren ist 18 Jahre alt. Seit einem Jahr lernt er Englisch, hat seine Kenntnisse aber noch nie bei einem Ausländer anwenden können. Ich bin überrascht, wie gut er die Sprache schon spricht; zusammen mit meinem mongolischen Kauderwelsch können wir uns verständigen.

In ihrem weißen Wagen chauffiert uns Durimaa aus Ulaanbaatar hinaus. Bei einem *owoo,* einem heiligen Steinhaufen, mit Blick auf die große Stadt im Tal des Tuul, halten wir an, umrunden ihn dreimal im Uhrzeigersinn und legen drei Steine dazu. Diese Steinanhäufungen, die auf Bergen und Passhöhen errichtet werden, sind der sichtbare Ausdruck für den tiefverwurzelten Volksglauben, bei dem Naturgottheiten verehrt werden, die man mit Opfergaben günstig zu stimmen sucht, damit sie die Menschen beschützen.

Jeder, der an einem *owoo* vorbeikommt, tut gut daran, beim Umrunden drei Steine hinzuzufügen, und wenn er besonderer Fürbitte bedarf, opfert er Geld, früher auch Butter und Tee, Tierschädel und Jagdtrophäen. Während der kommunistischen Herrschaft galt solches Verhalten als volksverdummender Aberglaube, und viele *owoos* wurden zerstört.

Während Sugarsuren und ich vorschriftsmäßig unsere drei Runden drehen, macht Durimaa nur eine halbe. Für sie, die im Kommunismus aufwuchs und von ihm geprägt wurde, ist dies ein Zugeständnis an die neue Zeit, die uralte Traditionen wieder aufleben lässt. Statt Steinchen zu sammeln und auf den *owoo* zu legen, versinkt sie in Betrachtung der über die Berge ziehenden Wolken, welche die Sonne verdunkeln und zarte Schleier an den Horizont zaubern.

»Dort regnet es schon«, sagt sie und zeigt in die Ferne. »Das Gras wird wachsen, das ist gut für das Vieh. Dieses Jahr war es in den sonst regenreichen Monaten Juni und Juli zu trocken. Mitte August wird es Zeit, dass Regen kommt.«

Wir verlassen die asphaltierte nördliche Ausfallstraße. Auf sandigen Erdwegen geht es nach Südwesten, und ich lerne ein neues Wort: *els* – Sand. Ich hatte eine flache Steppe erwartet mit wehendem Gras, ein Meer von Gras, das sich von Horizont zu Horizont dehnt und sich bei jedem Windstoß wellenförmig bewegt. Doch das Land im Südwesten von Ulaanbaatar ist erstaunlich hügelig. Aus den grünen Erhebungen ragen entfernte Bergketten empor, die weder mit Bäumen noch Büschen bewachsen sind. Ab und zu sehe ich weiße Jurten, grasende Schafe, Ziegen und einen einsamen Hirten auf einem Pferd.

Irgendwo in dieser Weite gelangen wir zu fünf Jurten, die einen Halbkreis bilden. Vier Familien leben hier, das fünfte Filzzelt ist für Sugarsuren und mich reserviert. Bevor wir einziehen und uns bei den Nachbarn vorstellen können, kommt Bazaar angeritten, der älteste Bruder Durimaas, und erzählt etwas von einem Streit. Die Schwester steigt mit uns sofort in ihr Auto und fährt über die weglose Steppe, bis wir nach zwei, drei Kilometern auf eine Familie treffen, die ihre Jurte abbaut und auf einen Lieferwagen verlädt. Durimaa redet mit den Leuten. Der Tonfall fließt bei allen Beteiligten erstaunlich gleichmäßig dahin, keiner fällt dem anderen ins Wort. Nachdenkliche Pausen rahmen die Reden ein. Auch an den Gesichtern kann ich keine Gemütsbewegungen wie Ärger und Zorn, Wut oder Traurigkeit ablesen. Von Sugarsuren erfahre ich, es habe sogar eine Schlägerei gegeben, aber sein Englisch und mein Mongolisch reichen nicht aus, um zu erfahren, was genau passiert ist.

Zum ersten Mal in meinem Leben übernachte ich in einer Jurte, die in der Mongolei *ger* heißt. Das bei uns gebräuchliche Wort »Jurte« stammt aus dem Alttürkischen. Ein *ger* ist ein rundes Filzdeckenzelt. Seine Konstruktion ist so einfach wie genial. Als ich später beim Ab- und Aufbau helfe, begreife ich sein Geheimnis und verstehe, dass es keine vollkommenere Behausung für Menschen geben kann, die als Nomaden in einem Land mit extremen Klimaschwankungen leben. Das Filzzelt ist alles zugleich: wind- und regendicht, wärmend, Schatten spendend, transportabel und mit wenigen Handgriffen an wechselnde Temperaturen anzupassen. An heißen Sommertagen klappt man die Filzwände unten einen halben Meter hoch, so entsteht eine kühlende Zirkulation wie in einer Laube. An eisigen Tagen legt man mehrere Lagen Filz aufeinander.

Da sind zuerst die Scherengitter – Latten aus biegsamem Weidenholz, die beim Transport zu einem handlichen Bündel ineinandergeschoben und beim Aufbau wie eine Ziehharmonika mehrere Meter weit auseinandergezogen werden. Die einzelnen Latten werden nicht von Nägeln, sondern durch verknotete Lederstreifen gehalten. Diese können nicht rosten und sind so weich, dass das Holz nicht splittert oder ausbricht.

Fünf dieser Gitter werden zu einem Kreis gestellt. Dieser Gitterkreis bildet das Gerüst der Jurte. Es steht direkt auf dem Grasboden, der mit Holz oder mit einer Kunststofffolie abgedeckt wird, auf die man im hinteren Bereich Teppiche legt. In der Mitte des Kreises stehen zwei hohe Holzstelen, die den Dachkranz tragen. Der hat einen Durchmesser von etwa einem Meter und ähnelt einem Wagenrad. Zwischen seinen Speichen kann man den Himmel sehen und nachts die Sterne. Bei Regen oder zu großer Kälte zieht man ein Filzstück über die Öffnung.

Aber die Behausung ist noch nicht fertig, es fehlt das eigentliche Dach, nämlich die Verbindung zwischen dem Scherengitterkreis und dem Dachkranz, die aus etwa 80 Stangen gebildet wird. Mit einem Ende werden die Stangen in Öffnungen des Dachkranzes geschoben, mit dem anderen am Scherengitter mit Lederriemen festgezurrt. Jetzt ist das Holzgerüst fertig. Der Schönheit wegen wird weißes Leinen daraufgelegt, und darauf wiederum kommen graue Filzmatten. Im Winter, wenn vier oder mehr Filzschichten übereinanderliegen, erreicht man mindestens den Kälteschutz einer durchschnittlichen Ziegelwand. Das ist aber auch nötig, denn 40 Grad Kälte sind keine Seltenheit. Von außen schützt wiederum weißes Leinen den Filz vor Feuchtigkeit. Die Umhüllungen werden ringsum und übers Dach mit Seilen festgezurrt. Der Eingang der Jurte zeigt immer nach Süden und wird von einer bemalten Holztür verschlossen. Eine Familie braucht zum Zerlegen und Wiederaufbau ihres *ger* nur ein bis zwei Stunden. Die Scherengitter und Dachstangen passen auf zwei Kamele oder auf einen von Ochsen gezogenen Karren.

Das Geheimnis des mobilen Hauses der Mongolen ist die mehr als tausendjährige Entwicklung und Anpassung an extreme Lebensumstände und Klimabedingungen. Die Jurte ist vollkommen, an ihr gibt es nichts zu verbessern. Ein französischer Architekt wollte dies nicht glauben. Mit Geldern der UNESCO konstruierte er zwei Kugeln als getrennte Schlaf- und Wohnräume, die sich wie bei einer Acht berührten. In die

Überlappung baute der Architekt Bad und Toilette hinein. Mongolen, die dieses Modell sahen, hatten nur eine einzige Frage: »Kann man die Jurte zerlegen und wiederaufbauen?« Die Antwort lautete: »Nein!« Da schüttelten die Nomaden die Köpfe. »Unbrauchbar!«, war ihr Kommentar. »Wir müssen dorthin gehen, wo unsere Tiere Nahrung finden. An einem Ort können wir nicht dauerhaft bleiben. Und Toiletten und Bäder sind in der Steppe sowieso ungeeignet.«

In unserer Jurte, wie in allen anderen, steht in der Mitte unter dem Dachkranz und zwischen den zwei Stützsäulen ein eiserner Herd mit einem langen Ofenrohr, das oben durch die kreisrunde Öffnung geführt wird. Eine nicht brennbare Manschette aus Metall schottet es ab, denn beim Kochen wird das Rohr glühend heiß. Unsere Gastgeber haben einen Korb mit getrockneten Kuhfladen hingestellt, ich bin überrascht, wie leicht sich das Brennmaterial mit Hilfe einer Kerze entzünden lässt. Der Ofen zieht hervorragend, und der trockene, geruchlose Dung erzeugt mächtige Hitze. Lästigen Rauch gibt es so gut wie nicht.

Außer zwei Liegen und einem kniehohen Tischchen ist unser *ger* leer, in den Jurten der Nomaden hingegen reihen sich bunt bemalte Truhen, Schränkchen und Regale. Ich hänge Fernglas, Hut, Sonnenbrille, Zahnbürste, eben alles, was ich griffbereit haben möchte, an das Scherengitter oder klemme es zwischen die Dachstreben – was ich sehr praktisch finde.

Beim Einschlafen blinken Sterne durch die Öffnung über mir, und ich ahne die Kälte, die draußen alles Lebendige zittern lässt. Umgeben von dem Filz fühle ich mich wunderbar geborgen, so wie in der Kindheit, als ich mir unter dem Tisch eine Höhle aus Decken gebaut hatte. Das Feuer im Ofen knistert leise, ich kuschle mich in den Daunensack und versinke in traumlosen Schlaf.

Am frühen Morgen wache ich vom Hufschlag galoppierender Tiere auf. Der Boden unter meinem Lager vibriert. Ich weiß sofort, dass es Pferde sind, aber mein Bewusstsein ist noch benommen vom Schlaf. Wieso Pferde, und wo bin ich überhaupt? Einen Moment bin ich wie aus der Zeit herausgeworfen in eine andere Wirklichkeit.

Im fahlen Morgenlicht, das durch den Dachkranz fällt, erkenne ich die runden Wände der Jurte, höre den ruhigen Atem von Sugarsuren. Die

Tür öffnet sich leise, und ein Mädchen schlüpft herein. Es ist Gantsatsrai, der Name bedeutet »strahlendes Licht«. Die zierliche Zwölfjährige habe ich gestern schon kennen gelernt. Anmutig kniet sie am Ofen, schiebt trockene Kuhfladen hinein, und im Nu prasselt ein wärmendes Feuer. Als sie sieht, dass ich wach bin, wünscht sie mir fröhlich: *»Mend sajhan bainuu.«*

Stolz, die Höflichkeitsfloskeln zu beherrschen, antworte ich: *»Sain! Sain baina uu? Sonin sajan juu baina?«* – Guten Morgen! Geht es dir gut? Gibt es Neuigkeiten?

»Dsügeer, jumgui dee.« – Alles in Ordnung. Dann verabschiedet sich Gantsatsrai mit *»Bajartaj!«* – Auf Wiedersehen! Und huscht hinaus.

Mit bloßen Füßen gehe ich zur Tür, und obwohl ich klein bin, muss ich mich bücken, um hinauszusehen. Das Thermometer zeigt wenig über null Grad, die Kälte dringt mir bis auf die Haut und bringt mich vollends in die Wirklichkeit zurück. Die Sonne ist eben aufgegangen und steigt am Himmel hoch, über den sich ein weiter Regenbogen spannt.

Die Mädchen und Frauen unserer vier Gastfamilien sind mit Melken beschäftigt. Sie winken mir zu: »*Sain baina uu*!« – Guten Morgen! Komm her und hilf uns!

Von den Ziegen und Schafen, die über Nacht dicht bei den Jurten in einen Kral gesperrt waren, haben sie die Muttertiere herausgefangen und mit einem Strick aneinandergebunden, immer ein Kopf von links, der nächste von rechts, wie bei einem Reißverschluss. So gefesselt können die Tiere nur noch mit den Augen rollen, jämmerlich meckern und blöken. Ab und zu klatschen ihnen die Frauen mit der flachen Hand ans Euter, um den Milchstoß der Zicklein und Lämmer zu imitieren. Strahl um Strahl strullt in den Eimer und lässt die Milch schäumen. Die Frauen wissen, wie viel sie entnehmen dürfen, damit die Kleinen noch genug abbekommen. Als sie fertig sind mit Melken, zieht eine von ihnen am Ende der Kordel, und wie von Geisterhand lösen sich die verschlungenen Knoten. Befreit laufen die Muttertiere davon und suchen ihren hungrigen Nachwuchs.

Die Milch wird durch ein Tuch geseiht, um sie von Fellhaaren zu säubern, und in einem schalenförmigen Kessel gekocht. Dazu werden die

Metallringe vom Ofen genommen, damit der Kessel direkt über den Flammen hängt. Erst wenn die Milch einige Minuten gebrodelt hat, sind alle Krankheitskeime abgetötet. Die Frauen passen gut auf, dass nichts überkocht. Mit einer Kelle wird Milch geschöpft, die man aus einiger Höhe zurückfließen lässt, so dass sie ein wenig abkühlt. Auf ihrer Oberfläche bildet sich Schaum, der nach dem Erkalten, als dicke Sahneschicht abgehoben, eine nahrhafte Leckerei ist und Gästen stolz angeboten wird.

Milch ist neben Fleisch ein wichtiges Grundnahrungsmittel. Sie wird pur getrunken, mit Tee gemischt, zu Sahne, Joghurt, Trockenkäse und Butter verarbeitet oder zu süßem Milchreis, den wir zum Frühstück vorgesetzt bekommen. Sugarsuren, der davon nicht satt wird, lässt sich seine Schale mit Nudelsuppe und Fleischeinlage vom gestrigen Abend nachfüllen.

»Wo sind denn die Pferde?«, wende ich mich an Bazaar.

Mit weit ausholenden Handbewegungen sagt er: »Weit weg, hinter sieben Hügeln.« Ich wundere mich, dass sie so weit weg sein sollen, hatte ich doch am frühen Morgen noch Pferde gehört.

»Oh, schade, ich würde gern reiten!«, sage ich.

Bazaar blickt mich an und schweigt. Ich schweige auch. Er kennt jetzt meinen Wunsch, und ich überlasse es ihm, ob und wann er ihn mir erfüllt.

Sugarsuren vergnügt sich mit seinen Cousins beim Basketballspiel. Der Anblick der vier Jungendlichen, die sich inmitten dieser weiten Naturlandschaft gegenseitig den Ball abjagen und in einen Korb am Pfahl werfen, wirkt seltsam auf mich. Eine Weile schaue ich zu, dann wandere ich hinaus über das Weideland, gehe über harten Boden, der weniger mit Gräsern als mit Kräutern bewachsen ist. Bei jedem Schritt steigt mir der Geruch des Wermuts duftend in die Nase. Krächzend fliegen zwei Kolkraben über mich hinweg, und Heuschrecken zirpen ihr eintöniges Lied. Ewig könnte ich so dahingehen und doch nirgendwo ankommen. Ein Gefühl der Ohnmacht überkommt mich. Die Landschaft ist übersichtlich bis zum Horizont, und überall sieht sie gleich aus: Hügel, sanfte Täler, Bodenwellen. So weit ich auch gehe und welche Richtung ich einschlage, nirgendwo lockt ein geheimnisvolles Ziel, keine reizvolle Bergformation, kein dunkler Wald, keine versteckte Schlucht, nichts, was es zu entdecken gäbe. Alles liegt offen und übersichtlich ausgebreitet unter dem blauen Himmel. Noch nie zuvor war ich in einem Land, das mir keinen Weg und kein Ziel zu bieten schien.

Die Sonne steht hoch am Himmel, das Thermometer zeigt 30 Grad, und doch trage ich lange Hosen, ein langärmliges Hemd und darüber eine Jacke, weil der ständig wehende Wind die Kälte eines Schneegebirges mit sich trägt. Für die Mongolen allerdings ist Hochsommer. Sie sind mit kurzärmligen Shirts bekleidet, die Kinder gehen barfuß, und die Kleinsten, im kurzen Hemdchen, zeigen ihren nackten Po.

Bohog nennt man diese Gegend, wo unsere Gastgeber ihre Jurten aufgestellt haben. Als ich meine Schritte zurücklenke, nehme ich am Horizont eine Bewegung wahr. Dann sehe ich sie – Pferde! Es müssen mindestens hundert Tiere sein, die auf mich zu galoppieren, getrieben von einem einzelnen Reiter. Der Boden bebt unter ihren Hufen. Die kraftvollen Körper von Schwarz über Braun bis Gelb und Weiß flirren in der Bewegung, ein Anblick voller Zauber und wilder Schönheit.

Der junge Reiter umkreist die Tiere und bringt sie in der Nähe der Jurten zum Halt. Einer nach dem anderen kommen die Leute langsam heraus. Eine Weile betrachten sie ruhig die Herde, die sich jetzt zusammendrängt. Ohne Hast steigen Männer und Frauen auf ihre Reitpferde, nehmen Lassos in die Hand oder greifen sich die *urga*, eine drei Meter lange Stange, vorn mit einer Schlinge, und versuchen, zwei Pferde aus der Menge herauszufangen.

Durch ihre Anmut und Geschicklichkeit fällt mir die zierliche Gantsatsrai auf. Ohne Hilfe hat sich die Zwölfjährige in den Sattel geschwungen, galoppiert furchtlos hinter Ausreißern her und treibt sie zur Herde zurück. In der linken Hand hält sie die Zügel, in der rechten das Lasso. Ihr Vater Shara beobachtet seine Tochter mit Wohlgefallen. In der Mongolei werden Mädchen nicht benachteiligt, und bei der Erziehung der Kinder gibt es keine unterschiedlichen Maßstäbe. Zum Reiten wie zu allen anderen für Nomaden wichtigen Dingen, werden Jungen wie Mädchen ermutigt, aber nie gezwungen. Sie können selbst entscheiden, wie viel sie sich zutrauen. Die Eltern vermitteln ihnen Kenntnisse im Umgang mit den Pferden durch ihr tägliches Beispiel. Sie setzen ihre

Kleinen auf den Pferderücken, aber nicht, wie es heißt, sobald sie laufen, sondern sobald sie sitzen können, und halten sie dabei warm und sicher im Arm. Mit vier oder fünf Jahren reiten die Kinder dann selbständig.

Bazaar hat einen schwarzen Wallach für mich gefangen, sein Name ist Harr. Pferde werden nach der Farbe des Fells benannt. Sugarsuren sitzt auf Hürem, einem Braunen. Nun ist es so weit – zum ersten Mal in meinem Leben reite ich auf einem Pferd über die Steppe.

Mongolische Pferde sind gar nicht so klein, wie es immer heißt, aber mit ihrem nach vorn gestreckten Hals wirken sie niedriger, als sie sind. Im mongolischen Holzsattel fühle ich mich wie auf der höchsten Spitze einer Abschussrampe. Furchtsam presse ich die Beine zusammen und gewinne doch keine Sicherheit. Noch spüre ich den Körper des Tieres nicht, kann seinem Rhythmus nicht folgen. Mich dauert das arme Pferd, das einen verkrampften Sack wie mich tragen muss. Irgendwann wird es die störende Last abwerfen. Mir fällt ein, dass mongolische Pferde eine Abneigung gegen den Geruch von Europäern haben sollen, und mein Angstschweiß macht die Sache bestimmt nicht besser.

Sugarsuren wird das Im-Schritt-Gehen zu langweilig, er ermutigt mich zu traben. »Tschu! Tschu!«, treibt er sein Pferd an. Sugarsuren steht im Sattel. Ich versuche, die Stöße mit den Knien abzufangen und auf und nieder zu wippen. Eine Weile gelingt es, aber bald verlässt mich die Kraft, ich plumpse zurück in den Sattel und werde unschön durchgerüttelt. Während meiner Studienzeit in Leipzig hatte ich Reiten gelernt und damals nie Angst empfunden. Später widmete ich mich anderen Sportarten, ging Klettern, Bergsteigen und Skifahren. Jahrzehnte bin ich nicht mehr geritten, außer ein paar Mal in Spanien und Portugal. Ich hatte geglaubt, wie Radfahren verlernt man das Reiten nie ...

Bazaars Frau Altan hatte darauf bestanden, dass ich Stiefel von ihrem Sohn Ganaa anziehe, die mir viel zu groß sind, sodass ich den Schaft umschlagen musste. Beim Absteigen verhakt er sich am eisernen Sattelring. Mit einem Bein oben, den Kopf nach unten, hänge ich hilflos an der Seite des Pferdes. Es dreht sich wild im Kreis, schlägt panisch aus, trifft mich hart am Oberschenkel. Endlich löst sich durch mein Gewicht die Verankerung, und ich falle zu Boden. Sofort springe ich auf, halte das Pferd gerade noch am Zügel, bevor es davonpreschen kann.

Mein Blick fällt auf Sugarsuren. Bleich im Gesicht stöhnt er und presst die Hand auf sein Herz.

»Sugar! Was ist mit dir?«, rufe ich entsetzt.

»Mein Herz steht still«, flüstert er mit bebenden Lippen.

»Was ist passiert? Hast du was am Herzen?«

»Nein, mein Herz ist in Ordnung, aber das darfst du nie wieder machen! Ich habe dich schon tot gesehen!«

»Ach, Sugar, es war doch gar nicht so schlimm. Ich bin nur am Sattel hängen geblieben.«

»Hast du eine Ahnung, von wegen nicht schlimm! Pferde können töten. Meinen besten Freund habe ich letztes Jahr durch so ein Biest verloren, das halte ich nicht noch einmal aus.«

»Es tut mir sehr leid um deinen Freund, aber mir geht es bestens.« Dass ich einen Schlag abbekommen habe, verschweige ich lieber. Die Pferde tragen keine Hufeisen, aber mir ist klar, wenn es mich am Kopf, gar an der Schläfe getroffen hätte, wäre ich jetzt vielleicht wirklich tot. Für mich aber zählt, dass ich so geistesgegenwärtig war, gleich nach dem Sturz aufzuspringen und das Pferd festzuhalten – lebensnotwendig, wenn ich allein draußen in der Steppe wäre.

Der Unfall hat mir keinen Schock versetzt – und wenn, dann einen positiven. An meinem Bein spüre ich pochend den Abdruck des Hufs, er wird sich dunkelblau verfärben, und ich werde stolz auf ihn sein wie bei einem Ritterschlag. Meine Befürchtungen, diesen halbwilden Pferden nicht gewachsen zu sein, sind wie weggewischt. Jetzt will ich galoppieren!

»Los komm, Sugar!«, rufe ich und schwinge mich wieder auf meinen Schwarzen. »Tschu! Tschu!« Und schon presche ich los, Sugar hinterher. Er strahlt und hat sein stillstehendes Herz vergessen. Jubelnde Schreie ausstoßend lassen wir die Pferde um die Wette rennen.

Von Tag zu Tag werde ich sicherer im Umgang mit den Tieren. Ich reite auf grauen, braunen, fahlgelben, und jedes will anders behandelt sein. Bei manchen spüre ich, wie sich eine Beziehung aufbaut, wie das Pferd mit seinem auf meinen Körper reagiert, andere ertragen mich nur, wieder andere sind widerspenstig und zeigen mir, dass sie mich nicht mögen. Aufmerksam beobachte ich, wie die Nomaden mit ihren Pferden umgehen. Selten streicheln sie ein Tier, meist klopfen sie ihm nur mit Besitzerstolz die flache Hand auf die Flanke. Jedes Aufbegehren, jeder Eigensinn der an das freie Steppenleben gewöhnten Halbwilden wird unerbittlich gebrochen. Ein Reittier benutzen sie immer nur wenige Tage, in dieser Zeit muss es tadellos funktionieren, dann darf es wieder zurück zur Herde und leben, wie es will.

Ziel unserer täglichen Ausflüge sind die näher und weiter entfernten Jurten, deren Bewohner als Pächter für Durimaa arbeiten. Aber sie pachten nicht das Land, das steht allen frei zur Verfügung, sondern die Tiere.

Sugar hilft mir, die Nomadenwelt zu verstehen. Er kann mir vieles auf Englisch erklären, beantwortet meine Fragen oder übersetzt sie für unsere Gastgeber. Er ist fröhlich und offen, immer bereit, Neues zu lernen. Allerdings ist er in Ulaanbaatar aufgewachsen und von westlicher Lebensweise beeinflusst. Wenn ich es nicht besser wüsste, würde ich denken, er sei ein junger Amerikaner mit asiatischen Vorfahren. Als ich ihm dies einmal sage, ist er hocherfreut. Dabei war er noch nie im Ausland. Nur das Fernsehen und die Werbung haben sein Verhalten und seine Vorlieben geformt.

Und doch hat er seine nomadischen Wurzeln nicht verloren, denn als Kind war er während der Sommerferien immer bei seinen Verwandten auf dem Land. Er kennt ihre Arbeit, ihre Sorgen und Nöte und wird von ihnen als einer der ihren akzeptiert. Äußerlich unterscheidet er sich mit seinem feingliedrigen Körperbau und dem schmalen Gesicht von gleichaltrigen Nomadenjungen mit den breiten, von Wind und Wetter gezeichneten Gesichtern.

Nähern wir uns einer Jurte, ruft Sugar: *»Nohoj khor!«* Mit »Haltet den Hund!« meldet sich jeder Besucher an. Das Hüten der Herden ist nicht Aufgabe der Hunde; sie bewachen die Jurten und verteidigen sie im Winter gegen Wölfe. Um im Kampf zu bestehen, werden Hunde aggressiv erzogen. Deshalb muss man mit dem Absteigen warten, bis jemand aus der Jurte kommt und die Hunde festhält. Die großen, halbwilden Tiere, die jedem Fremden wütend bellend entgegenstürzen, lassen sich von Personen, die sie kennen, alles gefallen. Kinder klettern auf ihre Rücken, kneifen sie, zerzausen ihnen das Fell, ohne dass sie sich wehren. Will ich aber allein aus einer Jurte nach draußen gehen, versperren mir die

Gastgeber erschrocken die Tür: »Nein! Warte! Der Hund ist los!« Schnell schicken sie ein Kind hinaus, das die scharfen Hunde festhalten muss.

Sugar und ich binden unsere Pferde an eine lange Leine, die zwischen zwei Stangen gespannt wurde. Die Bewohner der Jurte stehen vor ihrer Behausung und bitten uns einzutreten. Ich ducke mich, um durch die niedrige Öffnung zu gelangen, und passe auf, dass ich nicht auf die Türschwelle trete. Sugar hatte mir geraten: »Am besten, du bleibst vor der Tür kurz stehen, steckst zuerst den Kopf durch und trittst dann mit dem rechten Fuß hinein, ohne die Schwelle zu berühren, dann machst du es richtig. Unter der Schwelle hausen nämlich Geister. Es bringt Unglück, wenn man ihre Ruhe stört.«

Die Frauen sind die Hüterinnen der Jurten; sie bestimmen, wer wo sitzt. Früher war die Sitzordnung genau geregelt und verdeutlichte die Rangordnung und Wertschätzung der Besucher. Im Norden, dem vom Eingang entferntesten Punkt, nehmen der Hausherr und die Ehrengäste Platz. Einst stand dort der Altar mit den *onggot,* den Ahnenfiguren, später dann buddhistische Heilige, und heute hängen dort Familienfotos.

Die Frauen sitzen im Osten des Raumes, die Männer lassen sich im Westen nieder. Diese alte Tradition ist noch im Bewusstsein gespeichert, wird aber nicht mehr sklavisch befolgt. Sugar setzt sich sofort. Um keinen Fehler zu machen, bleibe ich stehen, bis die Hausherrin mir einen kleinen Hocker entweder auf die Männer- oder Frauenseite stellt.

Kaum sitzen wir, überreicht uns die Gastgeberin eine Schale *tzee,* Milchtee. Höflich stützt sie dabei mit der linken Hand den Ellenbogen der darreichenden Hand. Mit gleicher Geste nehme ich die Schale entgegen. Sie stellt Leckerbissen auf ein niedriges Tischchen: *öröm*, süßen Rahm, *aruul*, getrockneten Quark in Plätzchenform, *boorzog*, in Öl knusprig gebackenes, fingerlanges Gebäck. Unhöflich wäre es, wenn ich nichts probieren würde, aber ich werde nie gedrängt. Die Gastgeberin beobachtet mich jedoch unauffällig. Als sie bemerkt, dass es mir schmeckt und ich mit Appetit kräftig zulange, ist sie stolz und schmunzelt still in sich hinein.

Diese selbstverständliche Bewirtung Fremder ist im jahrtausendelangen Kampf der Nomaden ums Überleben entstanden. Gewinnen konnten sie diesen Kampf nur gemeinsam. Wer in der Steppe unterwegs war, konnte sich darauf verlassen, in jeder Jurte übernachten zu können und verpflegt zu werden – und so ist es bis heute.

Aus Höflichkeit zügeln unsere Gastgeber ihre Neugier und warten, bis Sugar zu sprechen beginnt. Zuerst tauscht er mit den Leuten poetisch klingende Floskeln über Gesundheit und Wohlergehen aus: Ist Ihr Vieh gut genährt? Ist Ihre Gesundheit wie Wasser so klar? Sind Ihre Frau und die Kinder von Sonne beschienen? Je blumiger die Formulierungen, umso mehr Hochachtung erweist man seinem Gegenüber. Mit seinen höflichen Fragen wendet er sich an den Hausherrn und die Hausherrin gleichermaßen, die mit ebensolchen Floskeln antworten. Diese Begrüßung ist ein Ritual, bei dem nur positive und freundliche Worte ausgetauscht werden. Hat man etwas Negatives mitzuteilen, wäre es äußerst unhöflich, sofort wahrheitsgemäß zu antworten. Wie es wirklich um einen bestellt ist, hebt man sich für das anschließende Gespräch auf.

Inzwischen beherrsche ich Mongolisch einigermaßen und kann an einfachen Unterhaltungen teilnehmen. Unbefangen wenden sich die Gastgeber an mich. Sie stellen direkte Fragen, wollen meinen Namen wissen, mein Alter, meinen Beruf, wie viele Kinder ich habe, das Woher und Wohin, was ich in der Mongolei mache und wie es mir gefällt. Die herzliche Zuwendung zeigt mir, dass ich ein gern gesehener Gast bin, der Abwechslung in ihren Arbeitsalltag bringt.

Kraniche ziehen über die Jurte. Ich höre ihre rauen Rufe. Sie sind auf dem Flug nach Süden ins Winterquartier, denn Ende August hält der Herbst schon Einzug ins Nomadenland. Die zwei Wochen, die ich bei den Hirten verbringen wollte, sind um. Ich fühle mich sicherer im Sattel und habe gelernt, wie man sich als Gast in der Mongolei richtig verhält.

Inzwischen ist mein Plan gereift. Durimaa hat mich mit ihrem jüngsten Bruder Urtschi bekannt gemacht. Mit ihm zusammen will ich im nächsten Jahr mit vier Pferden, zwei Reit- und zwei Lasttieren, die Mongolei vom Pferderücken aus erkunden.

Durimaa holt ihren Sohn Sugar und mich ab und fährt uns nach Ulaanbaatar zurück. Mein Rückflug nach Deutschland ist erst in einem Monat. Die Zeit will ich für eine Rundreise durch die Mongolei nutzen und weiter die Sprache lernen.

Steinerne Krieger

Claudia und Christian wollen ein Jahr lang um die Welt reisen. Mit der Transsibirischen Eisenbahn sind sie von Russland nach China gefahren mit Zwischenstopp in Ulaanbaatar. Die beiden Schweizer lerne ich im Büro von Extratours kennen, wo sie per Internet eine Reise durch die Mongolei gebucht haben. Sie sind sofort einverstanden, dass ich sie begleite. Ich freue mich über die Chance, bei einer dreiwöchigen Tour mit dem Auto einen Eindruck von einem Teil des Landes zu bekommen. Außer uns dreien sind noch Zola dabei, die hervorragend Deutsch spricht und Mitbegründerin von Extratours ist, sowie ihr Bruder Badrach, der den Furgon fährt, einen strapazierfähigen russischen Kleinbus. Bevor wir starten, kaufen wir mit Zola in einer Markthalle Lebensmittel ein.

Die katastrophale Versorgungslage nach der Wende ist vergessen – der Wechsel vom Kommunismus zur Demokratie wird auch in der Mongolei mit *ergelt* bezeichnet, dem mongolischen Wort für »Wende«. Im Chaos der ersten Jahre nach 1990 war die Wirtschaft völlig zusammengebrochen, und die Bevölkerung konnte kaum noch mit Lebensmitteln versorgt werden. Meine Freundin Enkhe war damals noch ein Kind, aber sie erinnert sich genau. Die fünfköpfige Familie erhielt pro Woche ein Kilo Mehl, ein Kilo Fleisch und eine Flasche Wodka. Den Wodka mussten sie kaufen, obwohl weder Kinder noch Mutter Alkohol tranken. Er war trotzdem wertvoll, konnte er doch gegen Nahrungsmittel eingetauscht werden. Dennoch reichte es nicht hin und nicht her. Njamsuren musste sogar die Scheiben des selbst gebackenen Brotes für ihre Kinder abzählen.

Diese schlimme Zeit, als eine ganze Stadt hungerte, spiegeln auch Reiseberichte wider. Der englische Journalist und Korrespondent in

Peking, Jasper Becker, erzählt in seinem Buch »The Lost Country«, wie er Ulaanbaatar im Jahr 1990 erlebte: »Es gibt keinen Markt, nichts wird auf den Straßen verkauft, Einkaufsläden und Restaurants existieren nicht. Vor den staatlichen Ausgabestellen für Lebensmittel bilden sich lange Schlangen von Menschen mit grauen Gesichtern. Selbst Wasser wird rationalisiert.«

Heute hat sich das Bild völlig verändert. Entlang der Gehwege bieten mobile Händler, meist Frauen, Waren an, die sie mit LKWs oder mit der Bahn aus China hergeschafft haben. In Geschäften, Läden und mehrstöckigen Kaufhäusern breitet sich die Glitzerwelt einer Konsumgesellschaft aus. Bei einem Spaziergang durch die Stadt frage ich Enkhe: »Wer kauft das alles nur?« Sie lacht: »Ich nicht!« Sie fühlt sich weder verführt noch belästigt von dem Überangebot. »Erinnere dich, was ich dir von den Hungerjahren meiner Kindheit erzählt habe. Damals gab es nichts für den Magen und nichts, was das Herz erfreute. Wie schön ist es jetzt. Jeder kann selbst entscheiden, was er mit seinem Geld macht.«

Das Einkaufen in der Markthalle ist einfach. Es gib alles: Müsli, Honig, Marmelade, Joghurt, sogar in den uns bekannten Verpackungen. Zola weiß genau, was und wie viel eine fünfköpfige Gruppe für drei Wochen benötigt. Mir ist Gemüse wichtig. »*Songino* und *sarmis* müssen wir noch kaufen«, sage ich, Zwiebeln und Knoblauch, und will Zola mit meinen mongolischen Sprachkenntnissen beeindrucken. »Das heißt *songin* und *sarms*«, verbessert sie mich. Ich seufze, wieder einmal habe ich nicht bedacht, dass die kurzen Vokale nicht gesprochen werden. Diese Sprache ist schon schwierig genug, und dann schreiben sie auch noch Buchstaben, die sie nicht aussprechen!

Am Nachmittag fahren wir los, der untergehenden Sonne entgegen. Ihre warmen Strahlen vergolden die grüne Steppe. Pferde stehen am Straßenrand, weiter entfernt weiden Ziegen und Schafe, beaufsichtigt von einem Hirten. Auf den Masten der Telegrafenleitungen hocken Steppenbussarde und Falken.

Die westliche Ausfallstraße ist asphaltiert, trotzdem reiht sich Loch an Loch. Nie zuvor habe ich einen derart zerstörten Straßenbelag gesehen. Im Winter gefriert der Boden metertief, dabei verformt sich die starre Asphaltplatte und zerbricht im Frühjahr, wenn die Erde auftaut.

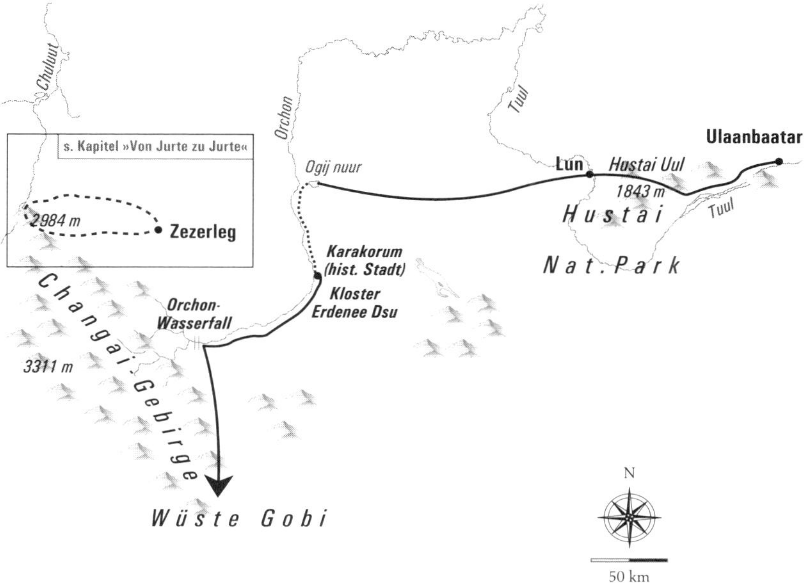

Badrach gelingt es meist, den Löchern auszuweichen. Im Gegensatz zu seiner Schwester, die Russisch, Englisch und Deutsch gelernt hat, spricht er nur Mongolisch und kann sich deshalb nicht an unseren Gesprächen beteiligen.

Zola weist auf einen hügligen Berg in Fahrtrichtung und sagt, der Besitzer des Berges liebe Wodka und sie wolle ihm eine Flasche spendieren. Ich stelle mir vor, dass dort ein alter Mann, ein Eremit vielleicht, einsam in seiner Hütte lebt und sich über ein Schlückchen freut. Als wir aussteigen, ist auf dem kahlen Hügel weit und breit keine menschliche Behausung zu sehen. Nur ein großer Steinhaufen, ein *owoo.* Wir umrunden ihn drei Mal und beschenken ihn außer mit Steinen auch mit ein paar Spritzer Wodka. Dann nimmt jeder von uns einen kräftigen Schluck auf das Wohl des »Besitzers des Berges«.

»Es ist heute Nacht zu kalt zum Zelten«, meint Zola. »Besser wir übernachten bei Nomaden.« Keiner von uns hat Bedenken wegen der Kälte, doch die Chance, das Nomadenleben hautnah zu erleben, ist für meine Schweizer Freunde eine neue Erfahrung. Obwohl wir uns heute zum ersten Mal begegnet sind, verstehen wir uns wie alte Bekannte. Claudia ist Lehrerin und 28 Jahre alt. Christian, gerade 29 geworden, arbeitete als Produktmanager. Sie hatten gezögert, ob sie das Risiko eingehen sollten, ihre sicheren Arbeitsstellen zu kündigen. Das magische Alter von 30 Jahren rückte näher, und gleichzeitig war da der alte Traum von einer Weltreise. Den Ausschlag gab wohl, dass Christian mit seinem Arbeitgeber nicht mehr so zufrieden war und sich etwas Neues suchen wollte. Perfekt, dachten sie, jetzt oder nie! Für mich sind sie die idealen Reisegefährten, neugierig und offen, unkompliziert und immer guter Laune – selbst am frühen Morgen.

Zola hat eine bestimmte Nomadenfamilie im Sinn und dirigiert ihren Bruder quer über die weglose Steppe zu einer Jurte. Diesmal können wir uns den Ruf »Haltet den Hund!« sparen, denn das Motorengeräusch lockt die Bewohner vor die Tür.

Die heißen Schalen mit gesalzenem Milchtee in den Händen erfahren wir, dass sie morgen schon ins Winterquartier aufbrechen. Es ist noch nicht einmal September, doch sie fürchten die kalten Herbststürme und wollen sich rechtzeitig in die Nähe schützender Berge begeben. Es sind immer die gleichen angestammten Plätze, die sie aufsuchen. Mit 300 Ziegen, 200 Schafen und 30 Pferden zählen sie nicht zu den wohlhabenden Hirten; es reicht gerade zum Überleben, falls keine Krankheiten oder Wetterunbilden den Tierbestand vernichten.

»Das Leben als Nomade ist immer unsicher«, sagt Zola. »Nie weiß man, was die Zukunft bringt, deshalb hat es auch keinen Zweck, vorauszuplanen. Die Kraft und Energie reicht gerade dafür, die Gegenwart zu bewältigen. Mit allen seinen Fähigkeiten und Kenntnissen reagiert der Nomade auf die Härten der Natur, und in der Not helfen wir uns gegenseitig.«

Die jüngste Tochter, sieben Jahre alt, hat sich mit heißer Milch verbrüht. Die Mutter wendet ein uraltes Heilmittel an, das früher auch die Bauern bei uns kannten: Sie legt frischen Kuhdung zur Kühlung auf die gerötete Haut.

Als die Sonne gegen 21 Uhr am Horizont versinkt, stehen wir draußen und bewundern das Panorama. Wohin wir auch blicken, ringsum goldgrüne Weiden. Von den letzten Sonnenstrahlen beleuchtet nähern sich Pferde, eins hinter dem anderen, mit nickenden Köpfen. Der karamellfarbene Hengst trabt heran, beschnuppert die Stute, die gesattelt neben der Jurte steht, dann zieht er mit seiner Herde hinaus in die beginnende Nacht. Wir haben das Gefühl, etwas Einmaliges zu erleben, eine Freiheit, die es so nur noch an wenigen Orten unserer Erde gibt. Zugleich verspüren wir eine unbestimmte Wehmut. Claudia spricht es aus: »Trotz des harten Überlebenskampfes, von dem Zola erzählt hat, ist es traumhaft schön hier. Aber wie lange wird es das noch geben?«

Eine Kerze erhellt die Jurte, als wir mit Fleisch und Innereien gefüllte *buuds*, das sind in Wasser gegarte Teigtaschen, serviert bekommen. Im nördlichen hinteren Bereich des Raums werden Teppiche ausgerollt, auf denen wir mit unseren Schlafsäcken liegen. Auf einem kaum einen Meter breiten Bettgestell schläft der Mann mit seiner Frau und der jüngsten Tochter. Auf der rechten Seite liegen die zwei erwachsenen Töchter in einem ebenso schmalen Bett.

Als ich nachts wegen des reichlich getrunkenen Milchtees nach draußen muss, leuchten mir im Schein meiner Taschenlampe die Augen von dreihundert Ziegen entgegen, die dicht gedrängt in einem Kral die Nacht verbringen. Die Vielzahl der glühenden Augenpunkte wirkt auf mich wie ein auf die Erde gefallener Sternenhimmel.

Mit einem Gastgeschenk aus Obst und Süßigkeiten verabschieden wir uns am nächsten Morgen. Es ist grau und regnerisch. Der zersplitterte Asphalt hört plötzlich auf, und wir fahren weiter auf einer Erdpiste. Tiefe Rinnen und Buckel rütteln uns durch wie Figuren in einer Blechschachtel. Die Steppe ist steinig, dazwischen wächst spärlich Gras. Auf einmal – Badrach hat die Piste verlassen und fährt querfeldein – blicken wir von einer Kuppe hinunter auf eine spiegelnde Fläche, den See Ogij Nuur. Wie ein blaues Auge schimmert er inmitten des Weidelands. Er gilt als fischreich, aber kein Boot oder Kahn stört seine Ruhe, kein Angler steht auf einem Steg, und keine Bäume säumen seine Ufer. Geologen schätzen, dass er mindestens 10 000 Jahre alt und ein Überbleibsel der letzten Eiszeit ist. Zola sagt, dieser See habe eine Besitzerin, die es nicht mag, wenn Frauen in ihrem Wasser baden. Ohnehin steht weder Claudia noch mir der Sinn danach. Das Wasser ist nicht wärmer als 10 Grad, dazu weht ein scharfer Wind.

Bei den Jurten am Ufer des Ogij Nuur wiederholen sich die inzwischen bekannten Zeremonien der Gastfreundschaft. Außer Milchtee reicht man uns auch *airag,* vergorene Stutenmilch. *Airag* ist weiß und schmeckt wie flüssiger Joghurt; den Alkohol spürt man nicht. Erst nach mehreren Schalen knicken die Beine beim Aufstehen ein, heißt es.

Zola verhandelt mit dem Familienältesten, der uns Pferde leiht und zwei seiner Söhne mitgibt, damit sie die Tiere später zurückbringen. Mit den Pferden wollen wir vom Ogij Nuur nach Karakorum reiten, eine Strecke von 45 Kilometer Luftlinie. Wir brauchen drei Tage, folgen den Windungen des Orchonflusses und besichtigen historische Stätten.

Der Orchon, der im Changai-Gebirge entspringt, ist einer der längsten Flüsse der Mongolei. 1124 Kilometer fließt er in nördlicher Richtung, bis er in die Selenge mündet, die den Baikalsee wässert. In dem breiten, fruchtbaren Tal des Orchon lebten zahlreiche Völker, schlossen Bündnisse, bekriegten sich, löschten sich gegenseitig aus, gaben den Weg frei für einen neuen, mächtigen Clan, der wieder andere unterwarf. Eine verwirrende Vielfalt, weil für uns die mongolische Geschichte erst mit Dschingis Khan beginnt, der 1206 von seinen Fürsten zum Oberhaupt gewählt wurde. Er war Zeitgenosse von Heinrich dem Löwen, der München gründete, von Friedrich I., genannt Barbarossa, von Richard Löwenherz und dem Stauferkaiser Friedrich II. Wie ignorant wäre es, wenn wir die europäische Geschichte erst ab diesem Zeitpunkt kennen würden.

Zola weiß: Als Gletscher den Changai und fast das ganze Land bedeckten, lebten schon Menschen während der warmen Zwischenperioden hier. Höhlenmalereien, Pfeilspitzen, Werkzeuge wurden im Altai und im Bajanchongor-*aimak* zwischen dem Changai und der Gobi gefunden. Das Alter der Fundstücke wurde auf 75 000 Jahre bestimmt. Im Orchon-Tal stammen die frühesten Spuren aus der Bronzezeit.

»Was für Spuren?«, fragt Claudia.

»Wartet, bis wir da sind.«

Schon von weitem sehen wir sie: eine schlanke, mehr als zwei Meter hohe Steinstele. Während wir auf sie zu reiten, habe ich das eigentümliche Gefühl, mich in einer Zeitreise zu bewegen, denn in Tausenden von Jahren hat sich nur wenig verändert. Die Landschaft ist gleich geblieben, ungestört und unbebaut, weder Straßen noch Städte oder Industriebetriebe sind entstanden. Damals wie heute windet sich der Orchon durch die Steppe mit ihren harten Gräsern und duftenden Kräutern.

»Das ist ein Hirschstein«, erklärt Zola. »Seht – hier die eingravierten Motive, leider ziemlich verblichen. Steht ja auch schon Jahrtausende in Wind und Wetter. Stilisierte Hirsche mit überlangen Hälsen und Beinen sind dargestellt, das Geweih übertrieben groß und vielfach verästelt. Hirsche galten als heilig, wahrscheinlich hatten diese Stelen rituelle Bedeutung.«

Wir reiten weiter, und bald taucht in der Ferne eine mächtige Ansammlung von Steinen auf. Sie überragen die niedrige Vegetation um zwei bis drei Meter. Auf den ersten Blick sieht man, dass sie von Menschenhand in einer bestimmten Ordnung zusammengestellt wurden. Wir steigen ab, fesseln die Vorderbeine unserer Pferde, damit sie nicht weglaufen können, und besichtigen die Steine. Sie ähneln den Dolmen, wie ich sie aus Frankreich und Spanien kenne. Tonnenschwere Steinplatten wurden senkrecht zu einem Rechteck aufgestellt und mit einem Deckstein abgeschlossen. Diese gewaltigen Bauwerke, die älter als 4000 Jahre sind, werden auch Megalithen genannt – griechisch für »große Steine«. Für uns ist heute kaum vorstellbar, wie Menschen der Bronzezeit nur mit Muskelkraft die riesigen Steine aus dem Steinbruch brechen, transportieren, aufrichten und übereinanderlegen konnten. Rätselhaft ist auch der Zweck der Dolmen. In einigen fand man menschliche Überreste, dennoch bezweifeln Forscher, dass die Megalithen Begräbnisstätten waren.

»Chinesische Chronisten berichteten von den Xiong-nu«, erzählt Zola, »einem wilden Nomadenvolk aus dem Gebiet der heutigen Mongolei, das plündernd und mordend immer wieder in China einfiel.«

»Xiong-nu? Noch nie gehört«, sagen wir.

»Doch, ihr kennt sie, man nennt sie auch Hunnen!«

»Meinst du etwa *die* Hunnen, deren König Attila die Kriemhild aus der Siegfriedsage geheiratet hat?«, fragt Christian erstaunt.

»Kriemhild? Na ja, da weiß man nicht, ob sie wirklich gelebt hat. Sie ist vielleicht nur eine Gestalt der Phantasie, aber Attila ist durch historische Dokumente belegt.«

»Woher weißt du das bloß alles?«, wundere ich mich. »Das ist immerhin frühe europäische Geschichte, die nicht einmal bei uns jeder kennt.«

»Mich interessiert das, denn ohne die Vergangenheit kann man die Gegenwart nicht verstehen. Zum Beispiel warum die Große Mauer in China gebaut wurde – nämlich wegen der Überfälle der Hunnen. Schon um 400 vor Christus entstanden einzelne Wälle, und es dauerte nur 200 Jahre, bis das fast 3000 Kilometer lange und bis acht Meter dicke Bollwerk vollendet war. Und heute, nach 2000 Jahren, können wir die Mauer immer noch besichtigen und auf ihr entlanglaufen. Sie ist zwar nicht ganz so alt wie die Pyramiden, doch es sind die einzigen Bauwerke, die man vom Weltraum aus sehen kann.«

»Toll! Aber hat die Mauer was genützt?«, fragt Christian.

»Wenig, vielleicht war ihre Wirkung eher psychologischer Art, ähnlich der Haustür, die wir abschließen, während die Einbrecher durchs Kellerfenster einsteigen. Die Hunnen, die ein Verband verschiedener Stämme waren, zogen schließlich von der Mongolei nach Westen. Niemand schien sie aufhalten zu können«, schlägt Zola den Bogen zum Ausgangspunkt unseres Gesprächs.

»Wie bei Dschingis Khan«, werfe ich ein.

»Nicht ganz, Geschichte wiederholt sich nämlich nicht wirklich. Es gab zur Zeit der Hunnen kaum Städte wie später bei Dschingis.«

Zahlreiche Stämme aus Skandinavien wanderten damals umher und suchten nach neuem Siedlungsland. Die Ost- und die Westgoten zum Beispiel waren zum Don und Dnjepr gezogen, ins heutige Russland. Das anstürmende Reiterheer der Hunnen zwang sie zur Flucht. So lösten die Hunnen die Große Völkerwanderung der Germanen aus – Vandalen, Sueben, Goten und wie sie alle hießen.

Unter ihrem Khan Rua stießen die Hunnen weiter und weiter nach Westen vor. Als Khan Rua im Jahr 434 starb, hinterließ er seinem Neffen Attila ein gewaltiges Vielvölkerreich. Der oströmische Kaiser musste sich den ultimativen Forderungen der Hunnen beugen und hohe Tribute zahlen. Attila fühlte sich als vom Himmel eingesetzter Herrscher, dem es vorbestimmt war, die ganze Welt zu regieren. Doch dem römischen Feldherrn Flavius Aetius gelang es mit westgotischen Hilfstruppen, die Hunnen zu besiegen. Es gab viele Tausende Tote, vor allem Germanen, Ost- und Westgoten, die auf beiden Seiten gegeneinander kämpften. Das Schlachtfeld lag in Frankreich bei der heutigen Stadt Troyes, in der südlichen Champagne. Attila überlebte die Niederlage um zwei Jahre. Nach seinem Tod brach das hunnische Großreich zusammen, das römische übrigens ebenfalls, und Flavius Aetius starb nur ein Jahr nach seinem hunnischen Widersacher. Attila oder Etzel, wie er auch genannt wird, aber lebt in der Erinnerung fort, verklärt und mythologisiert in Sagen und Legenden.

Den Tag über war es trüb und kühl gewesen. Jetzt am späten Nachmittag bricht die Sonne durch ein Wolkenfenster. Im hellen Licht erscheinen auf einer glatt geschliffenen Steinplatte wie bei einem Vexierbild Linien, Ranken und Kreise. Die Handwerker, die diese Muster in die harte Oberfläche geschlagen haben, sind längst vergessen und mit ihnen ihre persönliche Geschichte, ihre Sorgen und Nöte, ihre Freuden, Wünsche und Hoffnungen. Gräser wachsen zwischen den Gräbern, biegen sich im Wind und rascheln leise. Über uns schraubt sich ein Falke hoch in den Himmel. Wir binden die Pferde los, schwingen uns in die Sättel und reiten weiter.

Auf einer flachen Uferbank des Orchon bauen wir unsere Zelte auf. So nah am Wasser ist das Gras saftig. Unsere Pferde, kaum abgesattelt und an die lange Leine gelegt, stürzen sich gierig darauf und heben nicht einmal die Köpfe, um ihre Artgenossen am anderen Ufer zu begrüßen. In der Ferne leuchten weiße Jurten, weiden Ziegen, Schafe und Rinder. Der Orchon fließt ruhig dahin, der blaue Himmel und schneeweiße Wolken spiegeln sich in seinem Wasser.

Am Rastplatz treffen wir Badrach, der das Auto hierher gefahren hat, und die beiden Nomadenjungen, die am Ende unserer Pferdetour die Tiere zu ihrer Familie zurückbringen werden. Zola kocht, und wir schnippeln das Gemüse. Es dauert länger, als ich es von anderen Ländern kenne, bis wir Besuch bekommen; unter Mongolen gilt es als unhöflich, seine Neugier zu zeigen. Sie nähern sich vereinzelt und wie zufällig, begrüßen uns und fragen, ob wir Hilfe benötigen. Als Erste kommt eine Frau, natürlich beritten, die eine Pferdeherde zum Tränken an den Fluss geleitet. Schüchtern hockt sie sich neben unser Lagerfeuer. Bald muss sie zu ihrer Jurte zurück, und Zola schenkt ihr Äpfel und Kekse für die Kinder. Zwei Männer reiten heran; auch sie setzen sich nur kurz zu uns, bis sie erfahren haben, wer wir sind, woher wir kommen und wohin wir wollen.

Die Sonne geht glühend unter und wirft einen kupfergoldenen Schein auf das Wasser. Da kommt ein alter Nomade durch den Fluss geritten, in der Hand einen Topf mit gekochtem Murmeltierfleisch. Er habe heute zwei Tiere geschossen, eins davon schenkt er uns. Hunderte von Schafen, Ziegen, Rindern und Pferden nennt er sein Eigen. Das reicht, um zu leben, sagt er und lädt uns für den nächsten Morgen zum Frühstück in seine Jurte ein.

Zola erklärt: »Wir müssen den Topf zurückbringen und ihn mit Reis, Zucker oder Süßigkeiten füllen, sonst beklagt sich der Topf: Oh, ich war bei schlechten Leuten zu Gast, geizig und unhöflich waren sie und haben mir nichts gegeben.«

Das wechselnde Farbenspiel am Himmel zieht uns in seinen Bann. Langsam weicht der rote Streifen am westlichen Horizont der Nacht. Kaum ist es dunkel, da steigt der Vollmond im Osten auf.

Claudia sagt: »Wenn ich ein Wolf wäre, würde ich jetzt heulen.«

Unsere Gespräche sind verstummt. Zola greift nach ihrer Gitarre und stimmt melancholisch klingende Lieder an. Ihr schönes Gesicht wird vom Schein des Feuers beleuchtet. »Das ist ein Lied über die Steppe«, erklärt sie. Danach folgt eines über die Pferde. Die meisten Lieder handeln von der Mutter, denn ohne sie gäbe es kein Leben und keine Liebe.

Am Morgen werde ich vom Trillern der Uferläufer geweckt, doch dann mischt sich das Blöken der Schafe in die Vogelrufe. Neben unseren Zelten weidet eine Herde. Beim Frühstück ziehen wieder Kraniche über uns hinweg.

»Kraniche brüten am Boden inmitten des Weidelandes«, sagt Zola. »Nomadenkinder wissen, dass sie sich dem Kranichnest nicht nähern dürfen. Denn wenn der Schatten eines Menschen auf die Küken fällt, denkt die Mutter: Oh wie schmutzig sind meine Kleinen, nein, diese will ich nicht!, und fliegt davon.«

Wir reiten durch den Orchon, bringen dem Mann seinen Topf zurück, mit ein paar Überraschungen gefüllt. Seine Frau bewirtet uns mit Milchtee und *aruul.* Auch bei der Pferdehirtin, die uns gestern als Erste besuchte, halten wir an, geben ihr Schmerzmittel und Verbandzeug für ihren Schwiegersohn, der in der Nacht mit dem Motorrad verunglückt ist.

Beim Weiterreiten wirkt das Orchontal wie ein riesiges Museum. Es ist seltsam, in der Weite der Landschaft steinerne Zeugen aus früherer Zeit unter freiem Himmel zu finden, die sonst nur in Museen zu besichtigen sind. Manche sind stark verwittert, andere von Menschenhand beschädigt, doch immer haben sie eine starke Wirkung, stellen einen direkten Bezug her von damals zum Heute. Sie stehen einfach so da in der Steppe: Steinstatuen in Menschengestalt. Meist männliche Figuren mit runden Gesichtern, Schnurrbart und der noch heute typischen Nomadenkleidung, dem mantelartigen *deel,* weiten Hosen und einem Gürtel, an dem Tabakbeutel und Messer hängen. In der rechten Hand halten sie ein Gefäß, mit der linken greifen sie nach Schwert oder Dolch. Mit ernsten Gesichtern bewachen diese Steinmänner seit Jahrhunderten die Steppe. Sie heißen *baba,* ein volkstümlicher Name, der Vater oder Vorfahr bedeutet.

»Das sind Begräbnisfiguren aus der Turkzeit«, erklärt Zola. »Nach den Hunnen wechselten sich hier viele Völker ab: Xianbi, Ruan-Ruan, Toba und Alttürken.

»Türken sind bis in die Mongolei gekommen?«, wundert sich Christian.

»Nein, umgekehrt, türkische Stämme waren ehemals im Altai beheimatet. Ab dem 6. Jahrhundert bildeten sie riesige Steppenreiche, bauten sogar Städte wie Karabalgasun, die schwarze Stadt. Ihre Ruinen sind hier am Orchon gefunden worden.«

»Und diese Steinskulpturen? Warum hat man sie aufgestellt, mitten im Nirgendwo?«, fragt Claudia.

»Sie erinnern an die Herrscher der Turkvölker, die Khane, und ihre Feldherren. Man kam hierher, um der Toten zu gedenken, und hielt

Opferrituale ab. Gefäße aus Silber wurden gefunden, Aschereste, Tierknochen von Schafen und Pferden. Es waren reine Gedenkstätten, denn die Toten bestattete man nicht hier, sondern an Orten, die geheim gehalten wurden. Es heißt, manchmal wurde über die Grabstätte sogar ein Fluss geleitet, oder sie wurde von den Hufen einer Pferdeherde eingeebnet. Kommt, wir reiten weiter. Ich will euch das Denkmal des Köl Tegin zeigen.«

Der mächtige Monolith ist viele Tonnen schwer, weit über zwei Meter hoch und einen halben Meter dick. Seit 1000 und mehr Jahren steht das Denkmal, der Witterung ausgesetzt, in der freien Steppe, doch die in die polierte Oberfläche eingravierten Schriftzeichen sind noch immer zu erkennen.

»Die hatten schon eine eigene Schrift? Weiß man, was das heißt?«, fragt Christian.

»Dem dänischen Sprachforscher Vilhelm Thomson gelang im Jahr 1892 die Entzifferung dieser runenartigen Zeichen. Auf dem Stein steht, dass Köl Tegin ein erfolgreicher Feldherr war und im Jahr 731 gestorben ist. Die Inschrift rühmt seine Verdienste. Ich hab mir die Übersetzung auf einen Zettel notiert:

»Weil der Himmel gnädig ist, weil ich Segen habe, weil ich Mitleid habe, belebte ich das sterbende Volk, habe ich das nackte Volk mit Kleidung versehen, habe ich das arme Volk reich gemacht, habe ich das geringe Volk zahlreich gemacht, habe ich die Völker in den vier Himmelsrichtungen alle befriedet und feindlos gemacht. Alle gehorchen mir.«

Der letzte Lagerplatz unserer dreitägigen Reittour liegt an einer Biegung des Orchon geschützt unter Baumskeletten. Ein außergewöhnlicher Anblick, denn in den Steppen der Mongolei sind Bäume selten. Die hohen Stämme und die breiten Kronen zeigen, dass sie viele Jahrzehnte gewachsen sein müssen, bis ein Hochwasser sie vernichtet hat. Sie wurden nicht entwurzelt und weggeschwemmt, sondern standen so lange unter Wasser, bis die Wurzeln verfaulten. Struppig ragen die entlaubten Äste in den blauen Himmel. Auf einem hockt ein Roter Milan. Die lärmenden Elstern im Gestrüpp haben ihn noch nicht entdeckt. Zola sagt, die Nomaden freuen sich über diese auffälligen schwarzweißen Vögel, weil sie gute Nachrichten verkünden.

Die Sonne neigt sich schon dem Horizont entgegen, doch die beiden 14- und 17-jährigen Nomadenjungen, die in Badrachs Auto mitgefahren sind, wollen zu ihrer Familie zurück. Auch in der Dunkelheit fänden sie den Weg, behaupten sie tapfer, und wenn sie müde seien und Hunger hätten, würde man sie in jeder Jurte willkommen heißen.

Mir fällt es nicht leicht, von meinem Pferd Abschied zu nehmen. Ich schaue den Reitern hinterher, sehe, wie das Wasser hoch aufspritzt, als sie den Fluss durchqueren. Als sie dann über die Steppe galoppieren, beschleicht mich ein leises Gefühl von Wehmut.

Unser Lagerfeuer brennt hell. Diesmal müssen wir keine Kuhfladen sammeln, sondern haben trockenes Holz im Überfluss. Der Himmel lodert blutrot und dunkelviolett, ein Lichtspektakel in knalligen Farben. Die Luft ist erfüllt von den rauen Rufen der Kraniche. Tausende sind auf dem Herbstzug. Bevor man sie sieht, hört man ihr: »Kroaau! Kroaau!« Schon sind sie mit ohrenbetäubendem Lärm direkt über uns. In immer neuen Ketten ziehen die Vögel am rot glühenden Sonnenball vorbei. In der Dunkelheit geht der Zug weiter, und sogar beim Einschlafen höre ich ihre Flügelschläge und ihr Trompeten.

Sie sind es auch, die mich in aller Frühe wecken und aus dem kuscheligen Schlafsack treiben. Während die Sonne den Himmel erst in helles Rot taucht und dann vergoldet, streife ich durch das Ufergebüsch, lausche dem zwitschernden Gesang einer Bachstelze, beobachte Bergfinken, Kormorane, Elstern und Milane. Eifrig hämmern Spechte auf das tote Holz und holen fette Maden heraus. Der Orchon windet sich eilig zwischen abgestorbenen Bäumen hindurch, fließt sanft gerundeten Bergen entgegen, die mit Lärchen bewachsen sind.

Die erste Woche unserer gemeinsamen Reise mit der Anfahrt zum See Ogij Nuur und der dreitägigen Pferdetour ist zu Ende, die folgenden zwei Wochen werden wir mit dem Auto unterwegs sein. Heute wollen wir die Ausgrabungsstätte von Karakorum und das Kloster Erdenee Dsu besichtigen, die beide nur wenige Kilometer von unserem Lagerplatz entfernt sein sollen.

Am Fuß des Changai-Gebirges entstand im 13. Jahrhundert eine blühende Stadt: Karakorum. Dort, wo einst die prachtvolle Hauptstadt des mongolischen Reiches stand, ist heute die Siedlung Charchorin, eine Ansammlung von Jurten und Holzhäusern. Nichts erinnert hier an die ruhmreiche Vergangenheit.

Das breite Tal des Orchon mit genügend Platz für große Reiterscharen war ein beliebter Lagerplatz von Dschingis Khan und seinen Truppen, deshalb schien ihm dieser Ort bestens geeignet für die Hauptstadt seines Reiches. Es ist nicht so ungewöhnlich, wie es klingt, dass Nomaden Städte gründeten. Viele Steppenvölker, wie Hunnen, Alttürken und Uiguren, errichteten im Orchontal ihre Herrschaftszentren. 1220 gab Dschingis Khan den Befehl zum Bau von Karakorum, aber erst 15 Jahre später und acht Jahre nach seinem Tod verwirklichte sein Sohn und Nachfolger Ögödei Khan die Pläne seines Vaters.

Nur 32 Jahre lang blieb Karakorum Hauptstadt des mongolischen Großreichs, denn Enkel Kublai Khan zog es vor, seine Residenz mitten im eroberten China bauen zu lassen, dort, wo heute Peking liegt. Karakorum behielt trotzdem seine Bedeutung als kosmopolitisches Zentrum, wo die Anhänger der drei Weltreligionen – Buddhismus, Islam und Christentum – in ihren Gotteshäusern predigten und sich gelehrte Dispute lieferten. Zahlreiche Handwerker, Künstler und Gelehrte lebten und wirkten in Karakorum. Täglich kamen bis zu 500 Ochsenkarren, hoch beladen mit Lebensmitteln aus China. Ohne die Erträge des Ackerbaus aus dem eroberten chinesischen Nachbarland wäre die Ernährung so vieler Menschen an einem Ort mitten in der Steppe unmöglich gewesen. Geschätzt wird, dass 30 000 Einwohner versorgt werden mussten.

Die Stadt umgab eine Mauer mit Stadttoren in jeder Himmelsrichtung, die durch breite Straßen kreuzförmig miteinander verbunden waren. Unser Wissen über das Leben in der Metropole stammt von Wilhelm Rubruk, einem Franziskanermönch, der 1253 sechs Monate am Hof Möngke Khans weilte und einen detaillierten Reisebericht verfasste.

Es war Frankreichs König Ludwig IX., der Heilige, der Rubruk den Auftrag erteilte, zu den Mongolen zu reisen, um die Lage vor Ort zu erkunden. Von Händlern und Flüchtlingen hatte er von wilden Reiterhorden im fernen Osten gehört, gegen die jeder Widerstand zwecklos sei. Wie eine Flutwelle wälzten sich die Mongolen westwärts, kamen bedrohlich näher. Gleichzeitig gab es Gerüchte, dass im Reich der Mongolen Christen lebten, sogar der Khan selbst sei zum Christentum übergetreten. Der französische König gedachte, die Mongolen im Kampf gegen den Islam – es war die Zeit der Kreuzzüge – als Bündnispartner zu gewinnen.

Zu Fuß, mit Ochsenkarren und auf Pferderücken machte sich der Mönch mit einem Mitbruder und zwei Begleitern auf eine zwei Jahre dauernde Reise. Ausgestattet mit Geleitschreiben reiste die Gesandtschaft auf ausgebauten und damals sicheren Handelsstraßen von einem Fürsten zum nächsten. Nie zuvor und nie mehr danach war es möglich, so gefahrlos zu reisen wie während des mongolischen Weltreichs: *pax mongolica* wird diese Zeit genannt. Die Reisenden konnten an den einzelnen Stationen die Pferde wechseln, sich mit Lebensmitteln versorgen, übernachten und sich von einheimischen Führern leiten lassen. Dennoch war die Reise nicht ohne Strapazen, die Rubruk anschaulich zu schildern wusste.

Endlich in Karakorum angekommen, wurden sie zwar von Christen der nestorianischen Kirche herzlich willkommen geheißen. Großkhan Möngke aber, obwohl den Gästen wohlwollend gesinnt, dachte nicht im Entferntesten daran, Christ zu werden. Erstaunlich, dass der Franziskanermönch am liebsten für immer in der Mongolei geblieben wäre, aber Möngke Khan befahl ihm, nach monatelangem Aufenthalt abzureisen.

Der Mönch hatte Freundschaft mit Guillaume Boucher geschlossen, den er Meister Wilhelm nannte. Boucher war ein Goldschmied aus Paris, dessen Sohn des Mongolischen mächtig war und ihm wertvolle Übersetzerdienste leistete. Vater und Sohn weilten nicht freiwillig am Hof des Khan, sondern waren von den Mongolen als Kriegsbeute hierher verschleppt worden. In seinem Bericht beschreibt Rubruk detailliert den Wunderbaum, den Meister Wilhelm für den Khan geschmiedet hatte: An seiner Wurzel lagen vier Löwen aus Silber, während sich um den silbernen Stamm vier goldene Schlangen wanden. Im Inneren des Baumes befanden sich Rohre, durch die Traubenwein, alkoholhaltiger Honig, vergorene Stutenmilch und chinesischer Reiswein flossen. Auf der Spitze des Baums stand eine Engelsstatue mit Trompete. Wurde eine versteckte Vorrichtung betätigt, blies der Engel die Trompete, und die vier verschiedenen Getränke begannen aus dem Rachen der Schlangen zu fließen.

Lange wusste niemand, wo sich die sagenhafte Stadt der Mongolen überhaupt befunden hatte, denn schon 136 Jahre nach ihrer Gründung wurde Karakorum im Jahr 1371 von einem chinesischen Heer der Ming-Dynastie unter General Chang Yuchun zerstört. Jahrhundertelang bedeckte Flugsand die Ruinen. Erst 1889 entdeckte der Russe Jadrincev als erster Europäer ein ausgedehntes Ruinenfeld. Wenig später leitete der Berliner Turkologe Radloff die russische Orchon-Expedition. In seiner Niederschrift von 1892 vermutet er, dass unter dem Sand Karakorum liege, doch Grabungen fanden lange nicht statt. Erst 1949 begann der Russe Sergej Kiselev mit seinem Team den Schutt beiseitezuräumen und stieß bald auf Fundamente eines großen Gebäudes mit Säulenfragmenten. Er glaubte, den Palast des Khans gefunden zu haben. Die zahlreichen buddhistischen Fundstücke passten allerdings nicht in sein Konzept.

Während der kommunistischen Herrschaft ruhten die Ausgrabungen, denn es galt als nationale Verirrung, sich auf Dschingis Khan zu besinnen. Der verehrte mongolische Nationalheld wurde zur Unperson erklärt, und wer es wagte, den ideologischen Richtlinien der Partei zu widersprechen, riskierte sein Leben, besonders in den Jahren, als Stalin seine mörderischen Gelüste auf die Mongolei mittels williger mongolischer Helfer ausdehnte.

Kaum hatten sich die Mongolen von sowjetischer Bevormundung befreit und einen demokratischen Staat geschaffen, trat Dschingis Khan wieder ins Bewusstsein. Ein Volk, das sieben Jahrzehnte zwangsweise seine Geschichte verleugnen musste, brauchte dringend eine Identitätsfigur. Auf der Suche nach den Wurzeln spielte nun Karakorum, die Hauptstadt des einstigen Weltreichs, eine zentrale Rolle. Mongolische Wissenschaftler bemühten sich um eine Zusammenarbeit mit dem Bonner Archäologischen Institut. Im Sommer 2000 begannen die Grabungsarbeiten. Solange Gelder zur Verfügung stehen, könnte die Ausgrabung für die Bonner Forscher zur lebenslangen Aufgabe werden.

Archäologen lassen sich offensichtlich nicht gern über die Schulter schauen und sperren das Grabungsgebiet weiträumig ab. Wir stehen am Rand und recken neugierig die Köpfe. Immerhin wurde das Gebiet 1990 von der UNESCO zum Weltkulturerbe erklärt, doch außer einem Zaun deutet nichts auf Außergewöhnliches hin. Wir sehen mit spärlichem Graswuchs bedeckte Bodenwellen, flache Hügel, niedrige Wälle. Auf den ersten Blick würde man nicht vermuten, dass unter dem Boden die Reste einer historischen Stadt verborgen liegen. Die Grabungen sind zu weit von uns entfernt, als dass wir etwas erkennen könnten. Wir nehmen nur wahr, dass es keine tiefen Einschnitte gibt, sondern die Oberfläche nur wenige Meter abgetragen ist. Vor Ort ist es schwierig, mit Archäologen ins Gespräch zu kommen, und so muss man sich an ihre Publikationen halten oder Ausstellungen besuchen.

Die mongolischen Erwartungen jedenfalls haben die Forscher bisher enttäuscht, denn bei der freigelegten Säulenhalle handelt es sich nicht um den Khanpalast, wie angenommen wurde, sondern um ein buddhistisches Heiligtum. Während die Ausgrabung des Palastes noch auf sich warten lässt, hat man über die Wohn- und Lebenssituation der damaligen Bevölkerung schon ein gewisses Bild herausgearbeitet. Für den Bau der Häuser verwendete man Adobe, ungebrannte, luftgetrocknete Ziegel. Der chinesische Baustil war vorherrschend, wie an den geschwungenen Dächern und dem Bauschmuck zu erkennen ist. Überraschenderweise waren die Wohnungen mit Fußbodenheizung ausgestattet. Heiße Luft wurde von einem Ofen außerhalb des Hauses durch Rohre in ein Kanalsystem geleitet, das mit Ziegeln ausgekleidet und mit Kalksteinplatten abgedeckt war. Nach dem gleichen Prinzip gab es beheizbare Ofenbänke und Betten.

Entlang den damals schon gepflasterten Straßen reihten sich Schmieden, Töpfereien, Silber- und Goldschmiedewerkstätten, Webereien, Handels- und Speicherhäuser. Karakorum muss eine belebte Stadt gewesen sein mit Märkten, Bazaren, Moscheen, Kirchen und Tempeln. Das meiste liegt noch unter dem Sand begraben.

Karakorum verbirgt sich zwar unseren Blicken, dafür erregt Erdene Dsu unsere Aufmerksamkeit. Die buddhistische Klosteranlage befindet sich direkt neben dem Ausgrabungsgelände und wurde, wie Inschriften beweisen, aus den Trümmern der zerstörten Hauptstadt errichtet. Erdene Dsu ist das älteste und größte Kloster der Mongolei. Abtaj Khan, der es im Jahr 1586 erbauen ließ, förderte die Verbreitung des lamaistischen Buddhismus aus Tibet, um der Zersplitterung sich bekämpfender, mongolischer Stämme entgegenzuwirken.

Wir stehen vor einer weißen, hohen Mauer, die ein geschlossenes Geviert bildet, jede Seite ist exakt 420 Meter lang. Erwartungsvoll ziehen wir eine schwere Holztür auf, deren Knauf ein Löwenkopf ziert, und blicken uns verwundert um. Innen ist das Geviert fast leer. Der Blick fällt auf die umgebenden blendend weißen Mauern, auf kniehohes Gras und einige Steine mit Inschriften. Von den ehemals 60 Tempeln sind nur drei wieder aufgebaut.

Wie fast alle Klöster wurde auch Erdene Dsu aus ideologischen Gründen zerstört. Nicht allein die Gebäude, auch kostbare Kultgegenstände und religiöse Schriften wurden für immer vernichtet. Erstaunlich, wie viel dennoch mit Hilfe der mongolischen Bevölkerung gerettet werden konnte. Unter Lebensgefahr versteckten sie, was sie konnten, manchmal sogar unter Dunghaufen.

Unseren ersten Eindruck, eine völlig verlassene Klosteranlage zu besichtigen, müssen wir bald berichtigen, denn in einem der drei wiederaufgebauten Tempel findet gerade eine Zeremonie für mongolische Besucher statt. Nomadenfamilien sind von weit her angereist, beten und setzen Gebetstrommeln in Bewegung, auch Kinder sind ernsthaft damit beschäftigt.

Die Tempel beherbergen Statuen, Glocken, Kupferkessel, edelstein- und korallengeschmückte Gewänder, Musikinstrumente, in Brokat und Seide eingeschlagene Bücher. Mich fesseln vor allem Gemälde verschiedener Gottheiten des tibetisch-lamaistischen Buddhismus. Diese farbenfrohen Thangkas kenne ich von meinen Reisen in Nepal; sie wirken immer wieder fremdartig auf mich. In der Mitte der Darstellung steht meist eine Figur, die Gliedmaßen wie im Tanz gebogen, der Oberkörper entblößt mit unwirklichen Hautfarben: dunkelblau, tannengrün, feuerrot. Es sind ikonographische Abbildungen – die Farben, die Haltung der Hände und Füße, alles hat Symbolcharakter. Die Buntheit täuscht jedoch, es sind keine harmlosen Bilder. Schaut man genau hin, stecken sie voller grausamer Details. Da ist der Kriegsgott Begtse, der zähnefletschend das herausgerissene Herz eines Feindes verspeist. Ein anderer trinkt Blut aus einer menschlichen Hirnschale, sich windende Opfer werden mit stampfenden Füßen zertreten. Die tibetische Mythologie ist alles andere als friedlich. Sie ist aggressiv auf die physische Vernichtung des Gegners ausgerichtet. Wer aber sind die Feinde? Warum müssen sie so furchtbar bestraft, ihnen die grässlichsten körperlichen Qualen zugefügt werden? Herzen herausreißen, Haut abziehen, zerstückeln, in Öl braten, in Kesseln kochen – dieses Szenario erinnert an die Höllenqualen eines Hieronymus Bosch unseres Mittelalters. Oder ist dies die symbolisch überhöhte Darstellung der negativen Aspekte, die jeder Mensch in sich selbst bekämpfen muss?

Buddha wie auch Jesus waren die Schöpfer friedfertiger Lehren, doch die Religionen ließen sich nicht ohne Gewalt durchsetzen. In Tibet stieß der Buddhismus auf einen potenten Gegner, die schamanistische Bon-Religion. Die Schamanen konnte nur entmachten, wer auch ihre Gottheiten besiegte. Der Buddhismus verwandelte die Bon-Götter in Dämonen und integrierte sie in sein eigenes System. Jetzt tanzen sie als dämonische Schutzgottheiten auf den Bildern und verbreiten Angst und Schrecken. Beeinflusst von dem Bon-Schamanismus und dem indischen Tantrismus, einer religiösen Strömung, bei der die Erlösung mittels magischer Rituale angestrebt wird, wurde aus der Lehre Buddhas der Lamaismus, der von Tibet in die Mongolei importiert wurde.

»Was bedeuten für dich eigentlich diese Bilder?«, frage ich Zola, die mit uns die Tempel besichtigt.

»In meiner Kindheit habe ich überhaupt nichts von Religion gehört«, antwortet sie. »Auch in der Schule kein Wort. Erst nach der Wende, als Erwachsene, habe ich mich damit beschäftigt. Das hier zum Beispiel ist Lcham, eine weibliche Gottheit. Ihre Aufgabe war es, einen Dämonen zu töten, der alles Böse in sich vereinigte. Hätte sie es geschafft, wäre das Böse für immer aus der Welt verschwunden. Erbittert kämpften sie gegeneinander. Lcham spürte, dass ihrer beider Kräfte gleich stark waren und sie den Dämon nicht besiegen konnte. Da besann sie sich auf eine weibliche List: Sie verführte den Bösen und beraubte ihn seiner Kraft. Nun war es ein Leichtes für sie, ihm den Kopf abzuschlagen und die Haut abzuziehen. Siehst du, da hängt die schlaffe Haut des Dämons auf ihrem Rücken. Was aber verbirgt sie unter ihrer Zunge? Schau genau hin! Es ist ein Kind, ihr eigenes Kind, das sie von dem Dämon empfing. Sie brachte es nicht fertig, es zu töten. Das Kind vereinte in sich das Böse des Vaters und das Gute der Mutter. Bei ihrer Rückkehr versteckte sie das Neugeborene in ihrem Mund. So blieb das Böse in der Welt und kann nie mehr verschwinden, weil es untrennbar mit dem Guten verbunden ist.«

In einer Vitrine bemerke ich eine Flöte. Kein Zweifel, das bräunliche Material ist nicht Holz, sondern ein Knochen. Zola weiß auch dazu eine Geschichte: Ein junger Nomade liebte ein wunderschönes Mädchen. In dieser Zeit erbat der Fürst des Landes den Rat eines Lama, weil die Fürstin keine Kinder bekam. Für seine Hilfe forderte der Lama das Schienbein des jungen Mädchens, um eine Flöte daraus zu schnitzen. Der Fürst tötete die Schöne. Der Lama nahm den Beinknochen, verzierte ihn mit Silber und besaß nun ein Musikinstrument für die heilige Tempelmusik. Der Geliebte des getöteten Mädchens schwor Rache und ermordete den Fürsten. Danach floh er, wurde aber von den Anhängern des Fürsten gefangen und in eine blutige Kuhhaut genäht. Unter der glühenden Sonne schrumpfte die Haut, und der junge Mann starb langsam und qualvoll.

»Glaubst du wirklich, das ist die Flöte?«, frage ich entsetzt.

»So habe ich es gehört. Du siehst ja, es ist ein menschlicher Knochen.«

Mich verstört nicht allein die Grausamkeit, sondern die fatalistische Schicksalsergebenheit. Wie bei einer klassischen Tragödie beginnt die Geschichte mit zwei Liebenden. Sinnlos wird das Mädchen geopfert und der gegen diese Ungerechtigkeit Aufbegehrende auf furchtbare Weise umgebracht. Eine archaische Denkweise wird sichtbar, bei der unsere heutigen Vorstellungen von Richtig und Falsch keine Rolle spielen, sondern eine von den Göttern gegebene Ordnung hingenommen wird.

»Eigentlich sind nicht die Menschen das Wichtige in dieser Geschichte«, sagt Zola, »sondern das Musikinstrument, denn die Melodie, gespielt auf der Flöte aus dem Knochen eines schönen Mädchens, trägt Zauberkraft in sich.«

Beim Verlassen der Klosteranlage begegnen wir doch noch einem Relikt aus Karakorum – einer Schildkröte. Sie ist aus Stein. Ein wahrhaft imposantes Geschöpf, einen Meter hoch und fast drei Meter lang. Seit 800 Jahren trotzt sie Wind und Wetter und ist alles andere als ein sanftes Wesen. Sie hat muskulöse Beine mit scharfen Krallen an den Füßen, und in dem großen Maul drohen spitze Reißzähne. Zwar sind Schildkröten zahnlos – doch diese ist schließlich ein mythologisches Tier und braucht ein kräftiges Gebiss. Eigentlich müssten es vier Schildkröten sein, die alle Himmelsrichtungen anzeigen. Gleich hinter der Klostermauer liegt die erste, eine zweite befindet sich im Ausgrabungsgebiet nahe der großen Säulenhalle. Um zur dritten Schildkröte auf einem Berg südlich über dem Kloster Erdene Dsu zu gelangen, müssen wir das Auto benützen. Auf dem Weg begegnet uns noch ein ganz anderes Monument, ein steinerner Penis, wie ein schlafendes Tier von einem Käfig umgeben. Das Phallussymbol misst mindestens einen Meter und ist naturgetreu nachgebildet. Zola weist auf eine V-förmige Einsenkung am Berg, die weibliche Entsprechung zum männlichen Symbol. Die Landschaftsstruktur ähnelt tatsächlich verblüffend dem Schoß einer Frau. Als sei es die Mutter Erde selbst, die ausgebreitet auf ihre Befruchtung wartet.

Am Gipfel treffen wir auf die dritte Schildkröte, eine vierte wurde nie gefunden. Neben der Schildkröte erhebt sich ein mächtiger *owoo,* bei dem zehn Pferdeschädel aufgereiht liegen. Nein, geopfert habe man sie nicht. Erst nachdem diese berühmten Rennpferde, allesamt Sieger beim alljährlichen Naadam-Fest, gestorben waren, habe man die Köpfe abgetrennt und zu dieser heiligen Stätte gebracht.

Der Blick reicht weit über das Tal mit dem sich schlängelnden Orchon bis hin zu den sanften Hügelketten. Direkt unter uns liegt das weiße Viereck von Erdene Dsu, und weiter links sehen wir die rostbraunen Holzhütten und Bretterzäune von Charchorin, dem heutigen Karakorum.

Verwöhnt von spektakulären Wasserfällen in den Alpen, braucht es einige Überzeugungsarbeit Zolas, uns für den nur 20 Meter hohen Orchon-Wasserfall zu begeistern. Er sei der größte und berühmteste und liege in landschaftlich reizvoller Gegend im Changai-Gebirge.

Wir sind den ganzen Tag Richtung Westen unterwegs, brauchen für 85 Kilometer vier Stunden reine Fahrzeit, werden gerüttelt und geschüttelt. Die wilde Piste führt über Steine und Felsen, ist von Furchen, Löchern und Rinnen zernarbt. Beim Überqueren der Pässe öffnen sich uns weite Ausblicke. Immer wieder halten wir an, setzen uns auf Felsvorsprünge, lassen die Gebirgslandschaft auf uns wirken, blicken weit hinunter in das grüne Flusstal, das bunt gesprenkelt ist mit Schafen, Ziegen, Pferden und Yaks. Die Vergangenheit ist weiterhin gegenwärtig: Grabhügel, Steinkreise, Stelen gehören so selbstverständlich zur Landschaft, dass wir sie kaum noch wahrnehmen.

Umso mehr erregen die Ziesel unsere Aufmerksamkeit. Zahlreich bevölkern die anmutigen Erdhörnchen die Almwiesen. Breitbäuchig liegen sie auf Steinen, lassen sich die Sonne auf den Pelz brennen. Sobald sie uns bemerken, machen sie »Männchen«, stoßen schrille Warnpfiffe aus und sausen davon in ihre manchmal ziemlich weit entfernten Löcher. Einer will dabei schneller als andere sein, überholt mit den Hinterbeinen die vorderen, überschlägt sich und kugelt mit Purzelbäumen talwärts.

Die 30 Zentimeter großen Ziesel haben eine graubraune Fellfärbung und ein kurzes, dünn behaartes Schwänzchen. Obwohl sie in Kolonien zusammenleben, beansprucht jedes einzelne Tier eine Erdhöhle für sich ganz allein. Sie sammeln Vorräte wie unsere Alpen-Murmeltiere und verbringen den Winter im Schlaf. Seit die Gletscher nach der letzten Eiszeit verschwanden, haben sich Ziesel weit über die Steppen Eurasiens verbreitet. Vor wenigen Jahrzehnten konnte man einige Kolonien sogar im östlichen Erzgebirge Deutschlands beobachten.

Als die Sonne an diesem Abend spektakulär in Rot, Orange und Violett untergeht, erreichen wir endlich den Wasserfall. Bevor es dunkel wird, müssen wir uns einrichten: auspacken, Zelte aufbauen, Essen kochen. Wir sind ein eingespieltes Team. Jeder weiß, was zu tun ist. Im Schein von Windkerzen genießen wir, was Zola gekocht hat. Sie trifft immer unseren Geschmack und verwendet, anders als in der Mongolei üblich, Gemüse und Gewürze. Nomaden benutzen nur Salz, nicht einmal Pfeffer kennt die mongolische Küche.

Am nächsten Morgen wasche ich mich im Fluss. Das Wasser ist eisig kalt, und die Lufttemperatur beträgt nur drei Grad über Null. Es wird einige Stunden dauern, bis die Septembersonne die Luft einigermaßen erwärmt hat. Ein rauchgrauer Vogel flattert von Stein zu Stein. An seinem rotbraunen Schwanz erkenne ich ihn als Hausrotschwanz. Entgegen seinem häuslichen Namen fühlt er sich auch in einsamen Felsregionen wohl. Als ich mich trocken reibe, ertönt hinter meinem Rücken ein schnalzendes »Tschau! Tschau!«. Erstaunt drehe ich mich um – und sehe einen Steinrötel. Der knapp amselgroße Vogel ist dekorativ gefärbt wie ein Kunstobjekt: Rücken blau, Bauch fuchsrot. Erst wenige Male hatte ich das Glück, einen Steinrötel zu sehen, in den Alpen in 3000 Meter Höhe. Scheu flog er jedes Mal davon. Der mongolische Steinrötel lässt sich Zeit und mustert mich ausgiebig.

Es ist der Ulaan gol, ein Nebenfluss des Orchon, der hier 20 Meter in die Tiefe fällt. Steile Wände umgeben den Wasserfall ähnlich einem Amphitheater. In Jahrmillionen haben die Wassermassen den Felskessel aus dem Gestein gewaschen. Von einem Plateau aus, das sich auf gleicher Höhe mit der Abbruchkante befindet, genießen wir das Naturschauspiel.

Ich will versuchen, einen Abstieg in den Canyon zu finden, und folge zunächst auf dem Plateau dem Flusslauf. Von oben blitzt das Wasser nur selten durch die dichten Laubkronen der Ulmen, die im Morgenlicht lindgrün leuchten. Nach einigen hundert Metern mündet der Ulaan gol in den Orchon. Eine günstige Stelle, um in den Canyon abzusteigen.

Jede Schlucht hat ihre eigene Atmosphäre, als sei man in eine Welt voller Geheimnisse und Überraschungen eingedrungen. Kaum ein Windhauch bewegt die Blätter der Bäume. Am rauschenden und in der Sonne glitzernden Wasser gehe ich zurück Richtung Wasserfall. Zitronengelbe Gebirgsstelzen, weißbäuchige Kleiber, Steinrötel, Hausrotschwänze, Elstern, Enten und Kormorane beleben das Tal.

Dann stehe ich direkt vor dem Wasserfall. Weiß gischtet das Wasser und ein Regenbogen aus Tausenden Wassertröpfchen wölbt sich über dem schwarzen Basaltkessel. Wie komme ich jetzt hier hoch? Abgegriffene Steine zeigen mir, dass ich nicht die Erste bin, die es wagt, hinaufzuklettern. Als ich mich an einem vorstehenden Stein hochziehe, habe ich das prickelnde Gefühl, angestarrt zu werden. Ich wende den Kopf und blicke in kohlschwarze Augen. Greifbar nah hockt ein Pfeifhase in einer Felsnische. Ein kuscheliges, graubraunes Etwas, mit Ohren wie ein Teddybär und einem Köpfchen wie ein Zwergkaninchen. Schnuppernd wackelt der Kleine mit seinem Näschen, dabei muss er wohl eine kräftige Duftbrise von mir abbekommen haben. Der Pfeifhase macht seinem Namen alle Ehre und lässt mit einem durchdringenden Laut mein Trommelfell erzittern. Ich zucke unwillkürlich zusammen, beinahe hätte ich den Halt verloren, und schon ist der kleine Pfeifer in einer Felsspalte verschwunden.

Dinosaurier in der Wüste

800 Kilometer Pisten liegen vor uns, bis wir unsere Ziele erreichen: singende Dünen, flammende Felsen und die Schlucht der Geier. Die Landschaft sieht aus, als würden Steine aus der Erde wachsen. Je weiter südwärts wir kommen, umso flacher und zugleich karger wird es. Die Vegetation dünnt sich aus, vereinzelt wächst spärliches Gras, zuletzt nur noch Kieswüste. Das Land der Heuschrecken.

Alle zwei bis drei Stunden halten wir an, um unserem Körper eine Erholung vom Rütteln und Schütteln zu gönnen. Die Ebene, die uns umgibt, ist gleichmäßig mit kleinen Steinsplittern bedeckt. Es macht Spaß, die vom Wind glatt geschliffenen, bunten Steinchen zu sammeln und Abertausende von Heuschrecken zu beobachten. Grünlich, bläulich, rötlich, gelblich marmoriert – wunderschöne Geschöpfe. Kommt man ihnen zu nahe, fliegen sie auf, dann leuchten ihre Unterflügel feuerrot oder nachtblau. Was machen diese Massen von Heuschrecken hier nur, und vor allem, was fressen sie? Ab und zu sprießt am Boden ein Hälmchen, das muss ihre Nahrung sein.

In der Gobi leben noch weniger Menschen als in den übrigen Gebieten der Mongolei. Mit Ziegenherden und Kamelen ziehen sie umher, auf der Suche nach Futter für die Tiere. Siedlungen sind rare Überbleibsel aus kommunistischer Zeit, als man die Mongolen zu sesshafter Lebensweise zwingen wollte.

Mitten in der Wüste, wie ein Nest in einen Felsen gebaut, liegt das Kloster Ongiin Khird, ein schlichter Holztempel. Kaum noch wahrnehmbar entdecken wir am Berghang Überreste von Gebäuden und Tempeln. Einst lebten hier über hundert Mönche, eine Gedenktafel zählt ihre Namen auf. Sie alle wurden erschossen. Bis in die äußersten Ecken des Landes kamen die Mörder und töteten Menschen, von denen sie behaupteten, sie seien Ungeziefer, weil sie ihr Leben der Religion widmeten.

Ein junger Lama, die Kappe der Gelbmützen auf dem Kopf, zeigt uns den neuen Tempel, der mit Spendengeldern der Nomaden errichtet wurde. Zola bittet den Lama, unsere Reise unter seinen geistlichen Schutz zu stellen. Er rezitiert aus einem tibetischen Buch und lässt ein qualmendes Weihrauchgefäß dreimal um jeden von uns kreisen. Der 20-Jährige ist nur im Nebenberuf Lama: Im Sommer unterrichtet er Kinder in der buddhistischen Lehre, im Winter kümmert er sich um seine Herden.

In der Nähe des Tempels gräbt ein alter Mann einen Brunnen. Zola kommt mit ihm ins Gespräch und übersetzt für uns: Der Alte, in seinem 77. Lebensjahr, fühle sein Ende nahen. Bevor er sterbe, möchte er etwas Positives tun, mit einem guten Werk seine schlechten Taten tilgen. Das Wasser aus seinem Brunnen würde Menschen das Überleben in der Wüste ermöglichen. Das sei das Wichtigste, was er in seinem Leben noch vollbringen wolle.

Woher er wisse, dass es an dieser Stelle Wasser gibt?

Er sei früher schon einmal hier gewesen, übersetzt Zola seine Geschichte. Jetzt sei er zurückgekommen, um gutzumachen, was damals geschehen sei: Er war erst fünf Jahre alt, als ihn seine Eltern in die Obhut der Gelbmützen gaben. Das war so üblich, denn jede Familie schickte mindestens einen Sohn ins Kloster. Ihm hat es dort gefallen, weil er nicht hart arbeiten musste wie Nomadenkinder sonst. Mit den anderen Zöglingen konnte er spielen, solange er wollte. Das Lesen der tibetischen Texte fand er aber eher langweilig, lieber tobte er draußen herum. Eines Tages kamen die Mörder. Alle Erwachsenen wurden auf der Stelle erschossen, auch der Bruder seines Vaters. Nur die Kinder ließen sie laufen. Später arbeitete er als Lastwagenfahrer. Den Brunnen gräbt er jetzt im Gedenken an die vielen Ermordeten.

Es erstaunt immer wieder, wie ein bisschen Wasser das Leben in der Wüste verändern kann. Den etwa 50 Familien eines Jurten-Dorfes war es gelungen, eine Quelle anzuzapfen. Sie leiteten das kostbare Nass auf ihre Felder, wo sie in gemeinschaftlicher Arbeit Gemüse anbauen und ernten. Unter der heißen Wüstensonne gedeihen in großen Mengen Tomaten, Gurken, Paprika, Melonen, Zwiebeln, Kartoffeln und Mohrrüben. Wir decken uns reichlich mit dem knackigen Gemüse ein.

Nicht nur klimatische Bedingungen und karger Boden sind der Grund, dass es in der Mongolei kaum Ackerbau gibt, sondern uralte religiöse Verbote. Die Mutter Erde durfte nicht mit Pflügen und Hacken verletzt werden. Ihren großen Respekt vor der göttlichen Erde bekunden Mongolen auch mit den hochgebogenen Spitzen ihrer Stiefel. So vermeiden sie, versehentlich mit der Schuhspitze den Boden zu ritzen. Deshalb durften für die Toten auch keine Gräber geschaufelt werden. In ein Tuch gehüllt legte man sie auf den Steppenboden nieder und gab so den Körper dem Kreislauf der Natur zurück. Unter dem rigorosen Diktat der Sowjetunion wurden die Mongolen dazu gezwungen, gegen ihre traditionellen und religiösen Überlieferungen zu verstoßen. Die Toten mussten fortan begraben werden, und in aufwändigen Kampagnen wurde die Steppe umgepflügt und Kartoffeln, Kohl, Rüben, sogar Weizen angebaut. Nach der Wende ging der Ackerbau rapide zurück; heute gibt es ihn nur noch in wenigen Gebieten, so im fruchtbaren Tal der Selenge.

Der Himmel wölbt sich in durchsichtiger Klarheit über einer Ebene, die so weit reicht wie der Blick zum Horizont. Mir kommen wieder die Worte des Schriftstellers Mühlenweg in den Sinn: »Alle schwierigen Dinge fehlten. Es gab überhaupt nichts als harten Boden zum Darauftreten und den Himmel zum Anschauen.«

Eigentümlich, dass gerade das Eintönige und Lebensfeindliche bereichernd wirkt. Das Fehlen der Strukturen erweitert die Wahrnehmung. Das Große und das Kleine werden gleichermaßen erfasst und als wesentlich empfunden.

Jeden Tag fahren wir tiefer in die Wüste hinein, sind bezaubert von ihrer Ödnis. Die Gobi wirkt, als sei sie immer so gewesen, eine Steinwüste fast ohne Leben. Doch wir wissen es besser. Einst gab es Seen und Sümpfe, und riesige Tiere stampften donnernd über die Erde – die Dinosaurier.

Plötzlich bricht die Ebene ab, fällt in die Tiefe. Wir steigen aus und gehen bis an den Rand des Plateaus. Unten liegt ein Panorama roter

Felsformationen, ein unerwartetes Farbspektakel und gleichzeitig der größte Saurierfriedhof der Welt.

Der Amerikaner Roy Chapman Andrews war der Entdecker der Fossilien, die an mehreren Stellen der Gobi unter dem Sand verborgen liegen. Im Jahr 1918 fuhr er das erste Mal mit seinem Dodge durch die Wüste, die noch nicht kartographiert war und nur als weißer Flecken auf der Karte existierte. Er war überzeugt, die Gobi sei der Garten Eden, wo alles Leben begann. Obwohl er anfangs noch keine Fossilien gefunden hatte, sagte ihm sein Spürsinn, er werde welche finden, wenn er nur Zeit und Geld für Grabungen hätte.

Nach seiner Rückkehr erntete Andrews Hohn und Spott. Die wissenschaftliche Welt versagte ihm die Anerkennung. Einer, der nicht studiert und anfangs sein Geld als Laufbursche bei einer Taxifirma verdient hatte, durfte in ihren Augen nicht ernst genommen werden. Am Ende zahlte er es den Akademikern heim: Er wurde Präsident des American Natural History Museum in New York. Doch bevor es so weit war, reiste er wieder in die Gobi, bestand Kämpfe mit Banditen, überlebte Sandstürme – aber Spuren erster Menschen fand er nicht. Dafür entdeckte er gänzlich Unerwartetes: Eier – ein Nest voller Sauriereier! Was für ein Fund! Gibt es etwas Berührenderes als Eier im Sand, die nach 70 Millionen Jahren noch immer auf das Schlüpfen warten? Die Zeit hatte sie zwar längst zu Stein verwandelt, in den versteinerten Schalen aber lagen unversehrt die Embryonen. In einem anderen Nest waren die Saurierbabys gerade beim Schlüpfen. Einige steckten noch in der Schale, andere hatten sie schon abgestreift, manche Eier zeigten erste Risse, oder ein Köpfchen schaute bereits neugierig heraus. Im Zentral-Museum Ulaanbaatars kann sich jeder Betrachter von dieser Szene anrühren lassen.

Natürlich wurden auch erwachsene Saurier ausgegraben. Am meisten aber waren die Wissenschaftler begeistert von einem kleinen Schädel, der einem spitzmausartigen Tier gehörte, also einem Vertreter der ersten Säugetiere. Der Schädel bewies, dass Säugetiere zur gleichen Zeit wie die Saurier auf der Erde herumtrippelten. Die Saurier starben aus, die spitzmäusigen Kreaturen überlebten. Befreit von der Konkurrenz der Reptilien begann nun ihre Blütezeit. Sie entwickelten sich weiter, und eine Linie führte geradewegs zum Menschen, als sei das geplant gewesen. Das sieht aber nur scheinbar so aus, aus dem Blickwinkel des Endprodukts Mensch.

Die Funde in der Gobi zeigen, dass die Evolution auf kein vorgefasstes Ziel hinsteuert, denn Saurier waren höher entwickelt, als man bis dahin gedacht hatte. Einige besaßen leistungsfähigere Gehirne als heutige Reptilien, andere waren wahrscheinlich bereits warmblütig. Die Evolution hatte die Giganten nicht in eine Sackgasse geführt, denn neben den Donnerechsen gab es kleine Saurier, deren Entwicklung weitergegangen wäre. Wo hätte sie hingeführt, wenn nicht der Einschlag eines Meteors eine dauerhafte Katastrophe mit Kälteschock ausgelöst hätte, den die hochspezialisierten Reptilien nicht überleben konnten?

Die Säugetiere hingegen leisteten der Klimakatastrophe Widerstand, gerade weil sie nicht besonders gut an die damals herrschende Umwelt angepasst waren und im Kosmos der Reptilien nur eine Rolle als Beutetiere spielten. Hätte der Brocken aus dem Universum die Erde verfehlt, wären die Säugetiere vielleicht auf der Stufe der Spitzmäuse stehen geblieben oder wieder verschwunden – wie so viele andere Lebensentwürfe. Nur weil die Saurier ausstarben, bekamen die Säugetiere eine Chance. Die ganze Erde gehörte jetzt ihnen: Luft, Wasser und Land. Sie besetzten die frei gewordenen Nischen, entwickelten neue, nie zuvor gesehene Formen. Ziemlich sicher ist: Ohne den Zusammenstoß mit dem mörderischen Himmelskörper würde es uns Menschen nicht geben, hätte sich nie ein Wesen entwickelt, das sich seiner selbst bewusst ist – es sei denn, dieses Bewusstsein säße im Kopf eines Reptils.

Die Gobi erzählt uns die Geschichte einer nicht verwirklichten Möglichkeit des Lebens, von hoch entwickelten Tieren, deren Zukunft jäh abgeschnitten wurde. Die roten Felsen in ihrer fremdartigen Schönheit geben Zeugnis von Auslöschung und unverschuldetem Tod.

»Die Geierschlucht, auf Mongolisch ›Jolym am‹, ist etwas Besonderes«, sagt Zola. »Dort gibt es mitten im Sommer noch Eis, und das in der Wüste.«

Ihren Namen trägt sie zu Recht – über der Schlucht kreisen zahllose Geier, auch Steppenbussarde und verschiedene Falkenarten. Wir wandern in die Schlucht hinein. Zuerst ein weites Tal mit Blumenwiesen, durch die sich ein Bach schlängelt, doch dann verengt sich die Geierschlucht zwischen senkrechten, 200 Meter hohen Felswänden. Der Sommer muss diesmal wärmer als sonst gewesen sein, denn das Eis ist bis auf spärliche Reste weggeschmolzen. Markierungen an den Wänden zeigen, wie hoch das Eis in einzelnen Jahren reichte: bis zu zehn Meter.

Ein rotes Aufblitzen weckt meine Aufmerksamkeit. Ich schaue genauer hin und entdecke einen Mauerläufer, einen mausgrauen, kleiberartigen Vogel. Wie sein Name verrät, läuft er an Mauern und Felsen hinauf und hinunter. Dabei flattert er wie ein Schmetterling, wobei seine leuchtend roten Flügel sichtbar werden. Wenn er sie öffnet, scheint eine rote Blume aufzublühen, aber nur kurz; schon verbirgt er sie wieder unter dem grauen Gefieder.

Für mich wird die Geierschlucht wegen eines ganz anderen Tieres zu einem einprägsamen Erlebnis. Es ist die Begegnung mit Meriones, der Mongolischen Wüstenrennmaus. Ich kenne sie sehr gut, aber zum ersten Mal sehe ich die Rennmaus in ihrer natürlichen Umgebung. Jahrelang beobachtete ich im Forschungslabor ihr Verhalten, spürte den intimsten Geheimnissen ihres Familienlebens nach und verdanke ihr meinen Doktortitel. Ihr Sexualverhalten wird durch Geruchsstoffe, Pheromone, gesteuert. Wenn ein Weibchen trotz erfolgreicher Paarung in die Nähe eines fremden Männchens kommt, sodass es seinen Geruch wahrnimmt, wirft es keine Jungen, sozusagen »Abtreibung durch die Nase«. Die bereits befruchteten Eier, selbst heranwachsende Embryonen, werden zurückgebildet. Normalerweise kommen Weibchen aber nicht in Kontakt mit fremden Männchen, da sie in Familiengruppen zusammenleben. Doch hin und wieder vermehren sich Rennmäuse so stark, dass sie neue Gebiete besiedeln, in andere Kolonien einbrechen oder von fremden Rennmäusen bedrängt werden. Ein Weibchen mit Nachwuchs wäre beim Kampf um den Lebensraum benachteiligt, wahrscheinlich würde sie ihre Jungen sowieso verlieren, deshalb hat es die Natur sinnvoll so »eingerichtet«, dass sie, gewarnt durch den Geruch unbekannter Männchen, in einer noch sehr frühen Phase die Trächtigkeit beendet.

Es ist ein seltsames Gefühl, »meine« Tiere als scheue Wildtiere wiederzusehen. Ich versuche, mich so nah wie möglich heranzuschleichen.

Als mich eine Rennmaus entdeckt, huscht sie vor Schreck in das erstbeste Loch. Die Höhle ist aber schon von einem Pfeifhasen besetzt. Der Pfeifhase, viel größer als meine kleine Maus, wirft sie in hohem Bogen hinaus. Entsetzt flitzt sie davon, findet endlich den eigenen Höhleneingang. Vorwitzig erscheint bald darauf ihr Köpfchen. Sie macht Männchen, putzt sich und blickt sich um, als wollte sie sagen: »Uff, was ist das heute nur für ein aufregender Tag.«

Die »Drei Schönen«, so heißt auf Deutsch die Gurwan-Sajan-Gebirgskette. Sie ist über 2000 Meter hoch und zieht sich von Ost nach West durch die Gobi. Zola sagt, wir müssten sie weiträumig umfahren, wenn es ihrem Bruder Badrach nicht gelänge, einen steilen Pass zu überwinden. Wir steigen aus, und mit drei Anläufen und sensiblem Fahrgeschick steuert Badrach tatsächlich seinen Furgon nach oben. Der Pfad, den wir zu Fuß hinaufgehen, ist so steil, dass wir trotz des kräftigen Windes ins Schwitzen kommen. Dennoch genießen wir die Bewegung, denn sie ist wie eine Massage für den vom langen Sitzen verkrampften Körper. Wie auf jedem wichtigen Pass steht auch hier ein *owoo,* ein besonders imposanter. Auf die Spitze hat ein Jäger seine Opfergabe gelegt, das Schneckengehörn eines Argali-Wildschafs. Ein Glück bringender Chadag-Schal ist um die Trophäe gebunden, in seine Schleife kuschelt sich ein Pfeifhase. Er blickt mich aus schwarzen Augen herausfordernd an und behauptet seinen Thron hoch oben auf dem *owoo.*

Nachdem der Pass glücklich bezwungen ist, fährt Badrach durch eine Schlucht, deren Wände noch enger zusammenstehen als in der Geierschlucht. Wir steigen vorsichtshalber aus und beobachten, wie der Wagen mit wenigen Zentimetern Spielraum die Engstelle passiert. Als die Schlucht sich wieder weitet, machen wir Rast und stärken uns mit einer kleinen Mahlzeit. In der Stille vernehmen wir auf einmal ein Trippeln und Trappeln. Aber keine Wildtiere ziehen durch den Canyon, sondern eine Ziegenherde.

Beim Weiterfahren sehen wir bald die ersten Ausläufer der Sanddünen, und spätabends erreichen wir erschöpft von der langen Fahrt die Jurte von Enkhbat und seiner Familie.

Kamelzüchter Enkhbat gilt als reichster Mann der Region, denn er besitzt 60 Kamele. Jedes Kamel habe seinen eigenen Namen, auf den es auch höre, sagt er. Die vielen Tiere könne er alle auseinanderhalten. Ihre Gesichter seien völlig verschieden, wir bräuchten nur mal richtig hinzuschauen. »Überhaupt, Kamele sind nicht dumm«, klärt er uns auf. »Sie wissen vor allem, wo Wasser zu finden ist. Sogar eine Tagesreise entfernt können sie es wahrnehmen. Dem gefährlichen Treibsand, in dem man wie in einem Sumpf versinkt, weichen sie mit sicherem Instinkt aus. Und sie sind besonders gute Mütter. Eine Kamelstute, die ihr Junges verliert, umkreist tagelang jammernd das tote Baby, bis der Hunger sie überwältigt. Aber sie wird auch später immer wieder zu der Stelle zurückkehren, wo ihr Kleines gestorben ist.«

Das »Weinende Kamel«, den Film der mongolischen Regisseurin Byambasuren Davaa, der in Deutschland viele Menschen begeistert hat, kennt er nicht, jedoch die zugrunde liegende Geschichte bestätigt er. Es stimme, dass Tiermütter, vor allem wenn sie eine schmerzvolle Geburt hatten, ihre Babys verstoßen. Nähert sich das Fohlen, wird es getreten und gebissen. Die Mongolen machen der Stute keinen Vorwurf, es ist nicht ihre Schuld. Sie kann nicht anders. Mitfühlend und geduldig streicheln sie das Tier – und singen zu Herzen gehende Melodien. Hilft alles Streicheln und Singen nicht, holen sie jemanden, der auf der Pferdekopfgeige, der *morin chuur,* spielen kann, dem mystisch-legendären Instrument mit zwei Saiten aus Pferdehaaren, die mit dunklem, warmem Klang schwingen. Betört von der Musik bricht meist der Widerstand der Stute, sie lässt ihr Kind ans Euter – und nicht nur das: Sie adoptiert dann sogar fremde Fohlen. Warum die Musikzeremonie diese Wirkung hat, kann Enkhbat nicht sagen. Er weiß aber, alle Tiere, mit denen er zu tun hat, nicht nur Kamele, auch Pferde, Ziegen, Schafe, Rinder, Hunde haben Gefühle, die durch Musik beeinflusst werden können.

Sein Leben als Nomade begann erst nach der Wende. Vorher arbeitete Enkhbat als Mechaniker. Eigentlich wollte er schon damals lieber Kamelzüchter sein, ihn hatte aber die sozialistische Planwirtschaft mit ihren Kontrollen, vorgeschriebenen Abgaben und Strafen bei Nichterfüllung des Solls abgeschreckt. »Die Kontrolleure verlangten immer größere Herden, mehr Milch und Fleisch musste produziert werden. Sie nahmen weder Rücksicht auf die Bedürfnisse der Menschen noch auf die der Tiere. Die Natur lässt sich aber nicht befehlen, und sie erfüllt keine Pläne!«, übersetzt Zola, und in den Worten spürt man noch immer tiefe Verbitterung. In seinem vom Wetter zerfurchten Gesicht leuchtet aber sogleich wieder ein Lächeln auf. Jetzt sei er sein eigener Herr, treffe selber alle Entscheidungen und könne den Lohn seiner Mühen ernten. Er habe acht Kinder, wovon die Jüngste schon 16 Jahre alt sei. Drei seiner Kinder wollen das Nomadenleben fortführen.

Seine Frau Tzetzeg bewirtet uns mit Milchtee, Dickmilch und vergorener Kamelmilch. An den Jurtenstreben trocknet in Streifen geschnittenes Fleisch vom Kamel. Im Herd glimmt Kamelkot, und im Kessel köchelt Kamelfleisch. In der Nähe seiner Jurte bauen wir unsere Zelte auf. Morgen will Enkhbat mit uns zu den Sanddünen reiten.

Wir schlafen unter dem Sternenhimmel der Gobi. In den Zelten verstauen wir nur das Gepäck und legen uns mit unseren Matten und Schlafsäcken auf den harten Wüstenboden. Die Sterne glitzern und funkeln; eigentlich ist es schade, diese Pracht zu verschlafen. Doch müde vom anstrengenden Tag fallen uns bald die Augen zu. Um Mitternacht erwache ich, der Mond geht auf. Obwohl nur ein Halbmond, erhellt er mit seiner Leuchtkraft die Dünen in der Ferne. In geheimnisvolles Licht gehüllt schimmern sie verführerisch. Kein Laut ist zu hören, als wäre alles Leben erloschen vom eiskalten Hauch der nächtlichen Wüste. Tief kuschle ich mich in meinen Schlafsack und erwache erst wieder, als sich der Morgen im Osten ankündigt. Rosa Wolken schweben am Horizont, die sich schnell auflösen. Am Horizont steigt die Sonne groß und golden empor. Jeder Stein, jeder Grashalm, alles leuchtet wie aus kostbarem Edelmetall geschmiedet.

Zwei Hunde streunen vorbei. Scheu springen sie davon, als sie mich wahrnehmen. Senkrecht steigt der Rauch über der Jurte in die Luft, einer der seltenen windstillen Momente. Nomadenfrauen stehen immer als Erste auf, feuern den Ofen, bereiten Milchtee. Dann sehe ich Enkhbat aus der Jurtentür treten. Sein erster Blick gilt dem Himmel, der zweite den Kamelfohlen, die geschützt im Kral die Nacht verbracht haben. Mit überlangen Beinen staksen sie unruhig im Kreis herum und jammern. Es klingt, als würden Kinder weinen.

Plötzlich höre ich von Ferne ein merkwürdiges Dröhnen. Die Stuten kommen! Eine junge Reiterin treibt 20 Kamele vor sich her, die grollende Töne ausstoßend in Richtung der schreienden Fohlen laufen. Ein tierischer Wechselgesang zwischen Mutter und Kind. Bevor die durstigen Kleinen an die Reihe kommen, werden die Stuten gemolken. Tzetzeg greift sich einen hölzernen Eimer, und schon fließt die Milch ins Gefäß. Auf einem Hocker kann sie dabei nicht sitzen, denn Kamele sind einfach zu hoch. Sie muss im Stehen melken, wie ein Storch auf einem Bein, während das andere, über den Oberschenkel geschlagen, den Eimer auf dem hochgezogenen Knie balanciert.

Acht bis zwölf Liter Milch produziert eine Kamelstute am Tag, aber nur zwei Liter werden früh und abends abgemolken, damit genug für die Kamelbabys übrig bleibt und sie gesund und stark heranwachsen. Endlich ist Tzetzeg fertig, und die Fohlen sind an der Reihe. Ein Jungtier schnappt sich eine Zitze, fängt an, gierig zu saugen. Wollüstige Töne entweichen dem kleinen Körper. Die Stute steht ruhig da, die braunen Augen blicken gelassen in die Ferne.

Enkhbat hat vier Kamele gesattelt für Zola, Claudia, Christian und mich. Zwischen die zwei Höcker legt er ein teppichartiges Polster und befestigt es mit einem Bauchgurt. Die Zügel hängen am Nasenpflock, den Reitkamele bekommen, wenn sie drei Jahre alt sind. Mit fünf werden sie geritten, mit sechs sind sie geschlechtsreif, zählt Enkhbat auf. Ihre Lebensspanne dauert, ähnlich wie bei Pferden, ungefähr 30 Jahre.

Mit einhöckrigen Kamelen, den Dromedaren, habe ich schon bei meiner Expedition im Jemen Bekanntschaft gemacht, bin bei Beduinen in die Lehre als Kamelführerin gegangen und mit Al Wasim, meinem Dromedar, monatelang durchs Land gezogen. Das Baktrische Kamel oder Trampeltier mit den zwei Höckern habe ich bisher nur aus sicherer Entfernung beobachtet. Das Herz schlägt mir schneller, als ich jetzt so nah vor diesem riesigen Tier stehe und auf seinen Rücken steigen soll. Mehr als zwei Meter ist es hoch und drei Meter lang. Welch ein Gigant! Ich sehe tellergroße Füße, aus denen zwei große Klauen herausragen. Wenn mir das Tier jetzt einen Tritt versetzt ... misstrauisch blicke ich es an. Das Kamel schaut gleichmütig geradeaus. Ich habe den Eindruck, dass Trampeltiere, obwohl auch ihnen die hochmütige Kopfhaltung der Kamelfamilie zu Eigen ist, gutmütiger, williger und dem Menschen zugeneigter sind als die meist missgelaunten Dromedare – ausgenommen natürlich mein unvergessener Al Wasim.

Enkhbat hilft uns auf den hohen Sitz. Er selbst, obwohl schon über 60, schwingt sich ohne Mühe allein hinauf. Los geht es! Ich spüre die Bewegungen des kräftigen Körpers unter mir, die Schrittweite ist enorm, der Boden scheint unter den schweren Tritten zu dröhnen. Wahrlich passend der Name Trampeltier. Ich schaukle im Passgang wie in einer Schiffschaukel. Der dünne Lederriemen, der zum Nasenpflock führt, scheint mir nicht zuverlässig genug. Nach Halt suchend umklammere ich den runden, haarigen Buckel vor mir. Er fasst sich fest an. Der zweite Höcker stützt meinen Rücken. Allmählich fasse ich Zutrauen, genieße den bequemen Sitz, das beruhigende Schaukeln und den Blick von hoch oben. Der Geruch des Tieres kitzelt meine Nase, eine angenehme Mischung aus sonnenwarmem Fell, gärendem Gras und salziger Erde.

Auf einem jungen, erst vier Jahre alten Kamel sitzt Enkhbat, das er bei dieser Gelegenheit einreiten will. Es bleibt hin und wieder stehen, gibt schrille Töne von sich. Mit beruhigender Stimme und der Führungsleine dirigiert er das verängstigte Tier. Einmal scheut es ähnlich wie ein Pferd, wirft den Kopf hoch und rast davon. Unsere Tiere bleiben stehen, beobachten die Szene, kommentieren sie mit rollenden und kollernden Tönen, die mich an die Stimmäußerungen von Elefanten erinnern. Die Herrschaft über das junge Kamel hat Enkhbat schnell wiedererlangt. Er zeigt uns, was es in Schrecken versetzt hat: Eine Bodenwelle wirft einen Schatten, der wie eine sich windende Schlange aussieht. Ich erinnere mich, dass auch Al Wasim vor Schatten die größte Angst hatte und ich ihm manchmal die Augen verbinden musste, damit er sich an schattenwerfenden Steinen und Felsen vorbeiführen ließ.

Der Himmel ist azurblau. In der Mittagsglut zittert der Horizont. Staub liegt auf unserer Haut, verklebt alle Poren. Weißgelb leuchten uns die Dünen entgegen, über denen ein Adler seine Kreise zieht. Als wir sie erreichen, sind wir müde von der Sonne und dem Wüstenwind. In einem Sandkessel steht ein dorniger Baum, der etwas Schatten spendet. Dort packen wir unseren Proviant aus. Die Kamele rupfen hüfthohe Binsen ab. Schwaden ihrer würzigen Ausdünstung wehen zu uns herüber.

Wohlgefällig ruht Enkhbats Blick auf seiner kleinen Kamelherde. Wir ahnen das Gefühl, das Enkhbat mit seinen Tieren, den *temee*, verbindet. Sie bedeuten für ihn Nahrung, Reichtum, Zufriedenheit, Zukunft. Doch da ist noch mehr – eine wechselvolle Beziehung, eine Art Symbiose zwischen Mensch und Tier, eine Gemeinschaft, die in der Jungsteinzeit vor 8000 Jahren begann und die beiden erlaubt, eine der lebensfeindlichsten Gegenden unseres Planeten zu bewohnen. Sie ertragen zusammen die Sandstürme des Frühlings, die über 50 Grad Hitze des Wüstensommers, sie überstehen den klirrenden Frost der Wintermonate, wenn die Temperaturen auf 48 Grad unter den Gefrierpunkt fallen.

Wir haben mit Anfang September eine günstige Zeit getroffen. Mit 35 Grad ist es erträglich, zumal jetzt ein kräftiger Wind Kühlung bringt. Wie heiß es tatsächlich ist, erfahren wir erst beim Aufstieg auf einen Sandberg – zu Fuß, denn Enkhbat will seine kostbaren *temee* schonen. Sie dürften sich nicht anstrengen, weil sie ihre Fettreserven dringend für den nahenden Winter benötigen, begründet er seine Entscheidung. Immer wieder rutschen wir beim Steigen im lockeren Sand zurück. Da haben es die Trampeltiere mit ihren breitflächigen, gepolsterten Fußsohlen besser. Endlich erreichen wir keuchend und schwitzend den Dünenkamm. So weit der Blick reicht, reihen sich sanfte Wogen aneinander. Wieder im Sattel werden wir im Wiegeschritt durch ein Meer von Sand getragen.

Während Claudia und Christian mit der Transsibirischen Eisenbahn weiter nach Peking reisen, fliege ich nach Deutschland zurück, wo ich meine mongolischen Sprachkenntnisse im Selbststudium vervollkommnen und mich auf meine zweite Mongolei-Expedition vorbereiten werde. Ich will mit meinem Begleiter Urtschi, dem jüngsten Bruder Durimaas, und mit vier Pferden durch den Gobi-Altai reiten, möchte zur Forschungsstation der Wildpferde, zu Schamanen und den Adlerjägern. Insgesamt will ich mindestens ein halbes Jahr in der Mongolei verbringen, von Mai bis November, um alle Jahreszeiten zu erleben.

Ein Jahr später

Meine mongolische Familie empfängt mich herzlich wie eine heimgekehrte Tochter. Wieder stellen sie mir ein eigenes Zimmer in ihrer kleinen Wohnung in Ulaanbaatar zur Verfügung. Erdenee, der Sohn meiner Freundin Enkhe, den ich als Säugling kannte, versucht die ersten wackeligen Schritte, und bald werde ich mit ihm zum Spielplatz gehen können, schaukeln und im Sandkasten spielen. Die kleine Naraa versucht sich schon im Sprechen. Ihre Mutter Monhoo, die Schwester Enkhes, ist aus Korea zurück. Ein drittes Kleinkind krabbelt und trippelt durch die Wohnung. Es ist Namun, die zweijährige Tochter von Enkhes Bruder Jara. Vier Erwachsene und drei Kinder – dennoch haben sie von ihren drei Zimmern eines für mich frei gemacht.

Am Tag meiner Ankunft rufe ich den mongolischen Schriftsteller Galsan Tschinag an, den ich vor Jahren bei einer Lesung in Landsberg kennen gelernt und mehrmals persönlich getroffen habe. Wie ich hatte er in Leipzig studiert, dort sind wir uns aber nie begegnet. Bei unserem letzten Gespräch fragte ich ihn, ob wir zusammen sein Volk, die Tuwa, im äußersten Westen der Mongolei besuchen könnten. Er hatte nicht wirklich zugesagt, mir aber Hoffnungen gemacht, indem er mich aufforderte: »Melden Sie sich gleich bei mir, sobald Sie angekommen sind!« Leider hat er inzwischen seine Meinung geändert und will sich nicht einmal Zeit für ein kurzes Gespräch nehmen. Deshalb beschließe ich, meine Pferde-Expedition sofort zu organisieren. Zuerst aber muss Urtschi gefunden werden. Ihn habe ich während meiner ersten Reise kennen gelernt und vorsorglich Zelt und Schlafsack bei ihm gelassen. Meine Freundin Enkhe teilt mir völlig überraschend mit: »Urtschi ist gar nicht in der Mongolei, er hat Arbeit im Ausland gefunden.«

Sie lacht, als sie mein langes Gesicht sieht: »Mach dir keine Sorgen! Wir haben für Ersatz gesorgt. Mandach wird dich begleiten. Er ist Urtschis älterer Bruder.«

Ein Glück, dass es in dieser Familie so viele Brüder gibt, denke ich. Doch ich hatte mich schon auf Urtschi gefreut, der mir gleich sympathisch war.

»Mandach wird dir noch besser gefallen. Lern ihn erst einmal kennen«, sagt Enkhe.

Schon am Nachmittag sitze ich ihm gegenüber. Er sieht seinem Bruder ähnlich, ist aber mit 1,90 Meter außergewöhnlich groß. Mit seiner wilden, schwarzen Haarmähne wirkt er exotisch und fremd auf mich. Als jedoch ein Lächeln sein Gesicht mit den breiten Backenknochen und den schräg stehenden Augen erhellt, ist die Fremdheit wie weggewischt, und ich spüre, dass ich mir keinen verlässlicheren Begleiter wünschen könnte.

Njamsuren, Enkhes Mutter, lässt ihre Kontakte spielen, und fünf Tage später halte ich die Flugtickets nach der 1000 Kilometer entfernten Provinzstadt Altai in der Hand. Doch plötzlich wird »meine« Familie von Angst befallen. Sie, die Ulaanbaatar und Umgebung kaum verlassen haben, malen sich aus, was mir unterwegs Schlimmes passieren könnte. Um sie zu beruhigen, erzähle ich von meinen Abenteuern in Südamerika, Jemen und Afrika. Zu spät bemerke ich, dass die glücklich überstandenen Gefahren, die ich farbig und drastisch schildere, die Furcht bei meinen Freunden erst recht schüren.

Wieder weiß Njamsuren Rat: Sie schickt mich mit Enkhe zu einem Lama des Gandan-Klosters, den ich um seinen Segen bitten soll. Wir warten lange auf den Heiligen. Er komme erst am Abend, sei außerhalb der Stadt, heißt es. Ich bin einverstanden, als Enkhe vorschlägt, nach Hause zu gehen. Wenn wir gute Gedanken hegen, helfen diese auch Unheil abzuwenden, sagt sie.

Njamsuren ist anderer Meinung. Sie will das Beste für mich und erfährt, dass ein Lama, der wegen seiner Weissagungen berühmt sei, gerade in Berlin weilt. Er prophezeit telefonisch, meine Expedition werde sehr hart und schwierig sein, doch ich werde sie lebend überstehen. Um gute Energien auf mich zu lenken, bestimmt er, welche heiligen Bücher die Lamas im Gandan-Kloster für mein Wohlergehen lesen sollen. Diese Schriften sind durch Nummern gekennzeichnet. Es ist eine lange Zahlenreihe, und ich gebe Enkhe einige Tugrik, wie das mongolische Geld heißt, damit sie die Mönche beauftragt, die vorgesehenen Bücher lesen zu lassen. Ich selbst werde zu diesem Zeitpunkt schon im Flugzeug sitzen.

Njamsuren tut ein Weiteres für mein Wohlergehen und entzündet Weihrauch. Ein Rauchgefäß mit qualmendem Baumharz dreht sie dreimal um die Mitte meines Körpers, nimmt mich dann fest in die Arme und küsst mich.

Trotz der Fürsorge schlafe ich nur schlecht. Ich stelle den Wecker auf vier Uhr, bin jedoch längst wach, als er klingelt, und habe das Gefühl, gar nicht geschlafen zu haben. Der Fahrstuhl ist so früh noch nicht in Betrieb, und so schleppe ich den ersten Sack neun Stockwerke hinunter. Bevor ich den zweiten holen kann, ist Mandach da und übernimmt das Tragen. Ich war leise, trotzdem ist Njamsuren aufgewacht, verabschiedet mich sorgenvoll und ermahnt Mandach ein ums andere Mal, gut auf mich aufzupassen.

Da ich sonst unabhängig und selbst verantwortlich bin, belastet es mich, andere Menschen in Aufregung und Unruhe zu versetzen. Zugleich bin ich aber dankbar, denn ohne die Hilfe »meiner« Familie hätte ich in diesem Land kaum etwas zuwege gebracht.

Mandachs Frau Nergüj begleitet uns zum Flughafen. Sie und den achtjährigen Sohn hatte ich beim Einkauf unserer Verpflegung kennen gelernt. Pünktlich zwei Stunden vor Abflug kommen wir an. Kein einziger Schalter ist geöffnet.

»Was bedeutet das?«, frage ich. »Fällt der Flug aus?«

Mandach zuckt ratlos die Schultern. Schon redet Nergüj aufgeregt auf mich ein. Ich verstehe nur: *»Möng! Möng!«* und glaube, mit dem Flugzeug sei etwas passiert. Vielleicht abgestürzt? Auf seine ruhige Art unterstützt Mandach seine Frau. Mit tiefer, rollender Stimme sagt auch er: *»Möng!«*

Ich durchforsche fieberhaft mein Gehirn. Das Wort kommt mir irgendwie bekannt vor. *Möngö* bedeutet Silber, weiß ich. Zwar haben die meisten Flugzeuge eine silberweiße Farbe, aber was ergibt das für einen

Sinn? Was wollen sie nur von mir? Immer drängender wird ihr »*Möng! Möng!*« Auf einmal fällt bei mir der Groschen im wahrsten Sinne des Wortes: Sie meinen tatsächlich Silber, so wie Münzen, Kohle, Kröten, Moneten! Mit *möngö* war ich auf der richtigen Spur, nur hatte ich wieder einmal vergessen, dass der letzte Vokal kurz ist und deshalb nicht gesprochen wird.

»Mandach, warum habt ihr nicht Tugrik gesagt? Das hätte ich gleich verstanden. Also Geld, aber wozu braucht ihr das?«

Sie müssen den Bekannten bezahlen, der uns mit seinem Wagen zum Flughafen gefahren hat. Er möchte 10 000 Tugrik, weniger als zehn Euro, ein moderater Preis.

Und nun wird auch der Schalter geöffnet. Plötzlich geht alles sehr schnell. Wir verabschieden uns von Nergüj, und bald schon sind wir in der Luft. Die Sonne geht gerade auf. Von meinem Fensterplatz blicke ich hinaus auf eine graubraune Ebene bis zum Horizont, menschenleer, einsam, wie auf dem Mond. Flüsse, die kein Wasser führen, einige erloschene Vulkane, dann ein entfernter See, kobaltblau wie das Versprechen eines Wunders.

Um mich während des Fluges mit Mandach unterhalten zu können, habe ich aus dem Wörterbuch geeignete Begriffe herausgesucht und in mein Vokabelheft geschrieben. Ein Satz gefällt mir besonders: *Üeemdsch baigal sajhan bain* – Eine schöne Aussicht ist das! Doch ich kann ihn nicht an den Mann bringen. Mandach holt den versäumten Schlaf nach. Ich aber verspüre keine Müdigkeit, bin hellwach, beginnt doch jetzt mein einmaliges und großes Abenteuer. *Üeemdsch baigal sajhan bain*, murmle ich unaufhörlich vor mich hin.

Zwei Stunden dauert die wolkenfreie Sicht, und ich drücke mir die Nase am Fenster platt. Dann setzt das kleine Flugzeug zum Sinkflug an, plumpst hinab in eine leere Steppe in der Mitte von Nirgendwo, holpert über die Kiespiste, steht endlich still. Die Passagiere, 20 oder 30 an der Zahl, drängen nach draußen. Dort empfängt uns ein kräftiger Wind, der ungezügelt über die kahle Fläche jagt. Rings um uns ödes, verlassenes Grasland.

Wir gehen über das gelbe Gras des Flugfelds bis zu einem Bretterzaun. Dahinter wartet eine größere Menschenmenge auf die Ankömmlinge. Eine auffallend attraktive Frau hat sich zur schmalen Pforte durchgedrängt und mustert uns fragend, doch schon hellt sich ihr Gesicht auf.

»Mandach!«, ruft sie. Nachdem auch er kurz gezögert hat, umfängt er sie mit seinen starken Armen.

»Das ist Burmaa, meine Cousine«, erklärt er mir. »Vor zwanzig Jahren haben wir uns zuletzt gesehen, da war ich zwölf.«

Lächelnd reicht Burmaa mir die Hand: »Willkommen bei uns im Altai!« Sie hat sich sorgfältig geschminkt: Make-up, korallenrote Lippen, Lidstrich und getuschte Wimpern. Mit ihrem engen Rock, der schicken Bluse mit dekorativem Schwarz-Weiß-Muster und den Pumps wirkt sie unpassend in dieser windzerzausten Naturlandschaft, wo weit und breit nichts anderes zu sehen ist als Himmel und karger Boden. Der Anblick ihrer Tochter Ajusch jedoch verschlägt mir den Atem. Die 17-Jährige trägt eine knallenge, modische Hüfthose, die den nackten Bauch frei lässt, dazu ein hautenges, fast durchsichtiges Top, das weit über dem Bauchnabel endet. Ajusch mustert mich ratlos. Wahrscheinlich hat sie sich einiges von dem fremden Gast aus dem fernen Europa versprochen, jedenfalls mehr Modebewusstsein. Mit meinen grünlichen Hosen und dem graugrünen Anorak bin ich zwar farblich der Steppe gut angepasst, ähnle aber eher der einfachen Nomadenbevölkerung, die neben uns auf ihr Gepäck wartet. Nur der *deel,* der wattierte mongolische Mantel, und die Reitstiefel fehlen mir noch. Ich vergleiche meine klobigen Wanderschuhe mit den eleganten Riemchensandalen von Ajusch. Mir wird klar, das Mädchen muss maßlos von mir enttäuscht sein.

Es dauert, bis das Gepäck ausgeladen und an den Zaun gekarrt wird. Unter den verschnürten Pappkartons und Säcken mit Mehl und Reis leuchten meine gelben Säcke hervor. Burmaa will nicht dulden, dass ich das Gepäck trage, das solle Mandach tun. Sie ergreift meinen Arm und will sich bei mir einhaken; ich bin überrascht über die spontane, freundschaftliche Geste und freue mich darüber. Doch Mandach kann beim besten Willen nicht alles allein tragen, das muss selbst Burmaa einsehen. Sie hat ein Taxi organisiert, das uns nach Altai-Stadt bringt. Obwohl der Ort Verwaltungszentrale der Gobi-Altai-Region ist, gibt es nur wenige öffentliche Gebäude aus Stein. Die Menschen leben auch hier in Jurten, die von Palisadenzäunen umgeben sind.

Das Zuhause von Burmaa ist ebenfalls eine Jurte, hell und geräumig. Die Utensilien der Nomaden wie Sättel, Zaumzeug, Milchkannen fehlen jedoch in ihrer Behausung. Da sie mit ihren Habseligkeiten nicht mehrmals im Jahr umziehen muss, kann sie sich ein gemütliches Sofa leisten, ein schweres Holzbett und einen massiven Kleiderschrank. Die Scherengitter sind wohnlich mit gewebten Wandbehängen geschmückt, auf denen Pferde abgebildet sind und das Porträt von Dschingis Khan.

Burmaa hat vier Kinder. Ajusch ist die Älteste, der Bruder ist zwölf Jahre alt, die zwei Schwestern sind vierzehn und fünf. Meine Gastgeberin ist Witwe; ihr Mann starb, bevor die jüngste Tochter geboren wurde. Sie steht allein da mit ihren vier halbwüchsigen Kindern, ohne Arbeit, ohne Einkommen. Wovon sie denn lebe, frage ich sie. Die Verwandten helfen und vom Staat erhalte sie ein bisschen Geld, sehr, sehr wenig, sagt sie und macht eine resignierte Handbewegung. Ich spüre, dass ihr das Thema peinlich ist, und dränge nicht weiter in sie. Die todschicke Kleidung haben Mutter und Tochter gleich ausgezogen und tief im Schrank verstaut.

Mit meinen Gastgeschenken komme ich gut an, wie ich an ihren freudigen Reaktionen merke. Für Burmaa habe ich ein Seidentuch und eine Bluse mitgebracht, für die größeren Töchter Kosmetiktäschchen und Glitzerohrringe, für den Jungen ein Taschenmesser, und die Kleine bekommt ein Kettchen.

Ajusch knetet aus Mehl und Wasser einen Teig, der platt gewalzt und in dünne Streifen geschnitten wird. Die so entstandenen Nudeln werden zusammen mit getrocknetem Fleisch gekocht. Diese Nudelsuppe ist, wie ich letztes Jahr erfahren habe, die Hauptnahrung der Menschen auf dem Land.

Am Nachmittag kaufen wir ein, um unseren Reiseproviant zu ergänzen. Während wir zum Markt gehen, hakt sich Burmaa wieder freundschaftlich bei mir ein. In Holzbuden gibt es, nach Art von Tante-Emma-Läden, eigentlich fast alles. Die Mangelwirtschaft, vor der selbst in aktuellen Reiseführern noch gewarnt wird, gehört auch in der Provinz der Vergangenheit an.

Doch ich wollte kein Risiko eingehen und habe das Wichtigste aus der Hauptstadt mitgebracht. So kaufe ich jetzt nur noch Kartoffeln, Zwiebeln, Knoblauch, Kohl, Paprika, Tomaten, Zucchini und Gurken ein. Allerdings ist das Angebot in den so genannten *supermarkets*, die sich in festen Häusern befinden, mager und beschränkt sich meist auf Waschpulver, Kosmetika, Wodka und Konserven.

Am nächsten Tag schon soll es losgehen zu Ganbaatar, dem Schwager von Burmaa, der mir Pferde leihen will. Skeptisch blicke ich zum Himmel. Tief hängen die Wolken herab, es sieht nach Regen aus. Und tatsächlich, gegen Morgen höre ich Regentropfen auf die Jurte prasseln, und es regnet noch immer, als ein Verwandter mit einem Geländewagen kommt und wir alle einsteigen. Burmaa will die Gelegenheit nutzen, ihre Schwester Nurmaa zu besuchen.

Altai-Stadt wirkt im Regen noch trostloser. Auf den Wegen stehen Pfützen, und die Bretterzäune triefen vor Nässe. Der Ort liegt 2180 Meter hoch, die Jahresdurchschnittstemperatur beträgt minus 1,8 Grad, im Januar wird es kälter als 40 Grad unter null, und selbst im Juli steigt das Thermometer nur auf 14 Grad im Durchschnitt. Ich wusste es ja, die Mongolei ist ein raues Land, und doch werden in Büchern und Liedern der »ewig blaue Himmel« und die »strahlende Sonne« gerühmt. Kälte würde mir weniger ausmachen, aber dass es ausgerechnet jetzt regnet, wo ich mit meiner Pferdetour beginnen will, ist schon ärgerlich. Sind erst einmal Zelt und Schlafsack durchnässt, macht das Ganze keinen Spaß mehr.

»Wenn der Himmel so aussieht wie jetzt, wie lange wird es dann noch regnen?«, frage ich Burmaa. Natürlich kann ich mich mongolisch nicht so gewählt ausdrücken, sondern reihe die Wörter einfach aneinander: *»Cheden ödör boroo bas?«* – Wie viele Tage Regen noch? Burmaa hat sich schnell an mein mongolisches Kauderwelsch gewöhnt und antwortet langsam und einfach: »Einen Tag – zwei Tage – eine Woche – einen Monat. Alles ist möglich!« Der Fahrer nickt zustimmend, aber Mandach tröstet mich gutmütig: *»Margasch nar!«* – Morgen Sonne!

Kreuz und quer kurvt der Fahrer die schmalen Gassen zwischen den Palisadenzäunen entlang, als würde er den Ausgang in die Steppe nicht finden. Mein Lieblingswort ist *jaagaad*. Ich brauche es oft, denn es bedeutet »warum«. Also frage ich: »Warum hier fahren?« Burmaa antwortet: »Suchen Lama!«

Aha, denke ich und verkneife mir, wieder *jaagaad* zu fragen. Wir halten an, gehen durch eine schmale Brettertür ins Innere der Umzäunung, in der neben einer der üblichen Jurten ein armseliges Hüttchen steht, zu dem uns ein Junge hinführt. Innen sind die Bretterwände mit Tüchern behängt, eine Bank, ein Hocker, ein Tisch, das ist alles. Wir setzen uns und warten.

Die Tür öffnet sich, ein vielleicht 60-jähriger Mann in einem goldfarbenen *deel* bückt sich durch die niedrige Öffnung und beginnt eine fast einstündige Zeremonie. Zunächst klatscht er viermal schallend in die Hände, dann häufelt er grünliches Pulver in ein Räuchergefäß, zündet es an und murmelt dabei Gebete. Der betörende Duft von Weihrauch verbreitet sich im Raum. Aus seinem Mantel zieht er drei Fläschchen hervor mit einer weißen, einer schwarzen und einer gelblichen Substanz und pustet in jedes Gefäß hinein. Mit dem Mund dicht an der Öffnung der Fläschchen rezitiert er tibetische Mantras. Mit einem Löffelchen holt er von jedem Pulver etwas heraus, füllt es in Papiertütchen, faltet sie bedächtig, wobei er stetig Gebete spricht. Er betet mit unnatürlich hohem Ton, wechselt hin und wieder plötzlich in seine normale Stimme, mit der er uns Ratschläge für die Reise gibt und Weissagungen verkündet. Obwohl es früher streng verboten war, hat er sich ein heiliges Buch bewahrt. Behutsam schlägt er den Brokat und die Seidentücher zurück, streicht zärtlich über den Buchdeckel, blättert die losen Seiten auf und liest daraus vor. Andächtig schweigend hören wir zu.

So geheim, in einem unauffälligen, alten Schuppen, stelle ich mir die religiösen Riten während der Zeit der Verfolgung vor. Nie haben die Mongolen ihren Glauben ganz verraten. Immer gab es mutige Lamas, die scheinbar ein genormtes Leben führten und doch nicht vergaßen, was sie als Kinder im Kloster gelernt hatten, und unbeirrt ihre Kenntnisse an Jüngere weitervermittelten. Und es gab Gläubige, die ihre Angst vor der Staatsgewalt besiegten und sich bei ihren religiösen Führern seelischen Beistand holten.

Mein Pferd Goldauge

Später – wir sind schon unterwegs in der Steppe – bittet Mandach den Fahrer, auch mal das Lenkrad übernehmen zu dürfen, kommt jedoch mit der Schaltung nicht zurecht. Legt er einen Gang ein, kracht es fürchterlich im Getriebe. Ich wundere mich, dass der Fahrer ihn wortlos gewähren lässt. Mit unbewegtem Gesicht hört er, wie sein kostbares Vehikel malträtiert wird. Bevor er wieder selbst das Steuer übernehmen kann, muss er erst eine Höflichkeitsfrist verstreichen lassen, damit Mandach nicht »sein Gesicht verliert«.

Hoch spritzt das Wasser auf, als wir den Dsawchan durchqueren. Eine gewaltige Bugwelle schieben wir vor uns her, und ich befürchte, dass wir im Flussgrund stecken bleiben. Doch der Fahrer kennt sich aus, gibt gerade so viel Gas wie nötig, und schon fahren wir die Böschung am anderen Ufer hinauf. Wir halten vor dem leuchtend weißen Filzzelt Ganbaatars. Seine Frau Nurmaa und ihre 19- und 17-jährigen Töchter begrüßen mich herzlich. Beim Milchtee erfahre ich, dass die Familie mit über 300 Pferden recht wohlhabend ist, außerdem besitzen sie Kamele, Ziegen und Schafe. Ganbaatar dürfte 50 Jahre alt sein, ist ziemlich klein mit einem rundlichen, wettergegerbten Gesicht und blitzschnellen Augen. Ein kurzer Blick, und ich spüre, schon hat er sich ein Bild von mir gemacht. Mit verschmitztem Lächeln bietet er mir den Ehrenplatz neben sich an.

Von der Nachbarjurte braust ein Verwandter auf dem Motorrad wild über die Steppe zu uns her. Vor sich hat er eine Ziege quer über den Tank gelegt. Sie wird sofort geschlachtet, wobei kein Tropfen Blut den Boden berühren darf, weil sonst ein Tabu der Mutter Erde verletzt würde.

Wer bei uns das Fleisch abgepackt im Supermarkt kauft oder sich hinter der Fleischtheke aussucht, verdrängt meist völlig den Gedanken an das lebende Tier und was im Schlachthaus geschah. In unserem Bewusstsein kommt der Tod im Bezug auf das Nahrungsmittel Fleisch nicht vor. Bei den Nomaden ist es anders. Von Kindheit an erfahren sie, dass das Töten von Tieren untrennbar zum Leben gehört. Doch die Tiere müssen nicht lange leiden, in unglaublicher Schnelligkeit ereilt sie der Tod. Zwei Männer drehen die Ziege auf den Rücken, einer hält die Füße fest, der andere macht einen kurzen Schnitt am oberen Bauch, greift in den Brustraum, drückt die Hauptschlagader am Herzen ab und durchtrennt sie mit den Fingern. Bevor die Ziege Todesangst und Schmerz erleiden könnte, ist sie schon tot.

Der Nachbar enthäutet das Tier ohne Messer. Nur mit den Händen trennt er routiniert das Fell vom Körper. Aus dem schnell geöffneten Bauch werden die Innereien entnommen. Burmaa, Nurmaa und die Nachbarinnen machen sich daran, Magen und Därme zu entleeren und zu waschen, die Töchter schöpfen Blut aus dem leeren Bauchraum in eine Schüssel. Eine alltägliche Arbeit, die ohne Aufhebens erledigt wird, und die Kinder schauen selbstverständlich zu.

Jeder Teil der Ziege wird verwertet. Nichts außer dem Magen- und Darminhalt wird weggeworfen, die Hunde erhalten die Lunge. In das geronnene Blut werden etwas Mehl, Salz und klein gewürfelte Zwiebeln – die ich beisteure – gerührt, und die Masse wird in die Därme gefüllt. Die so entstandenen Blutwürste kocht man in heißem Wasser und den Magen ebenfalls. Das gesamte Fleisch, in Portionen aufgeteilt, wird zusammen mit heißen Steinen in eine Milchkanne geschichtet. Es ist eine dieser großen Kannen, in denen früher die Bauern bei uns die Milch zur Molkerei gefahren haben. Einer Schicht Fleisch folgt eine Schicht heißer Steine, dann wieder Fleisch bis obenauf. Mit luftdicht verschlossenem Deckel funktioniert die Kanne wie ein Dampfkochtopf.

Nach knapp einer Stunde wird das Fleisch gar sein, saftiges Fleisch, das keiner Gewürze bedarf. Durch die Art der Tötung ist die Ziege nicht ausgeblutet, fast alles Blut ist im Muskelfleisch geblieben. Schmackhafter und gesünder kann Fleisch nicht zubereitet werden, das ist mir klar. Doch vernünftiges Denken hilft mir wenig. Ich spüre, wie sich mein Körper verkrampft und Angst in mir hochkriecht. Am liebsten würde ich davonlaufen. Ich weiß, ich kann mich nicht überwinden, das gekochte

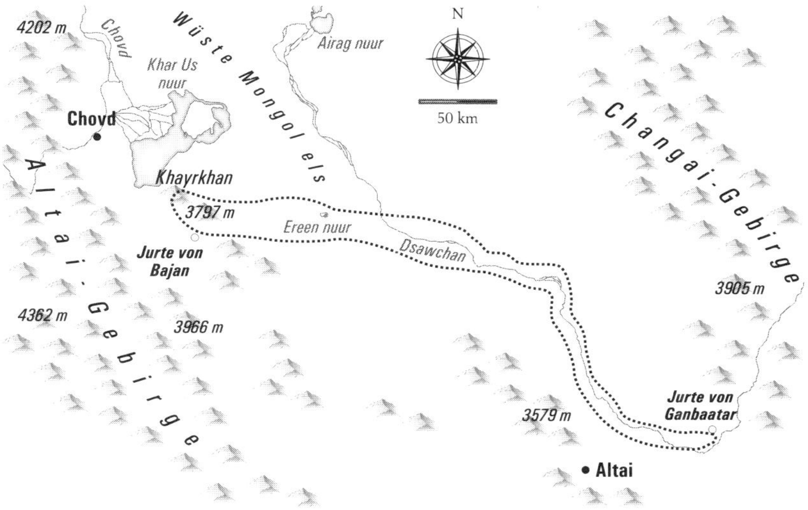

Fleisch zu essen. Beim Geruch von gekochtem Fleisch fühle ich mich in höchster Gefahr, dann ist nicht an Essen zu denken. Nur gegrilltes oder gebratenes Fleisch vertrage ich, weil es anders riecht. Bisher habe ich mir in der Mongolei immer unauffällig zu helfen gewusst, indem ich bei den »weißen Speisen« – Käse, Joghurt, Sahne – kräftig zulangte und die Fleischnudelsuppe in unbeobachteten Augenblicken schnell in den Kessel zurückschüttete.

Uns zu Ehren sind von den Nachbarjurten viele Gäste gekommen. Vierzehn Erwachsene und jede Menge Kinder füllen inzwischen den Raum, viele Augen, deren Aufmerksamkeit ich nicht entgehen kann. Mandach weiß von meiner Misere, Enkhe hat ihn informiert, doch er sitzt zu weit entfernt links auf der Männerseite. So wende ich mich an Burmaa, damit sie den Gastgebern mein Handikap erklärt und wegen der Verletzung der Höflichkeit für mich um Entschuldigung bittet. Sie schlachten extra eine Ziege, präsentieren mir das Beste, das sie haben. Wie muss es sie da treffen, wenn ich mich weigere zu essen!

Burmaa erzählt meine Geschichte. Die Nomaden blicken mich mitfühlend an, doch wie schlimm es wirklich um mich bestellt ist, können sie nicht ahnen. Als sie nämlich die Milchkanne öffnen, füllt der intensive Geruch von gegartem Fleisch die Jurte und ruft bei mir Brechreiz hervor. Mühsam unterdrücke ich ihn, halte mir unauffällig die Hand vor den Mund, doch immer wieder würgt es mich vom Magen kommend in der Kehle. Ein Berg von Fleisch wird in eine Schüssel gelegt, und jeder greift zu.

Die immer noch heißen Steine, so fettig sie sind, werden von einem zum anderen gereicht. Auch ich bekomme einen, er ist schwarz, oval und vom Fluss seidenglatt geschliffen. Man muss ihn schnell von einer Hand in die andere wenden, um die Hitze auszuhalten. Die Nomaden bedeuten mir, dass diese Steine der Gesundheit wohl tun. Sie drücken sie an die Wangen, an die Ohren, legen sie auf den Bauch und in die Nierengegend. Das beuge Krankheiten vor oder vertreibe schon vorhandene. Ich denke mir, dass in einer Welt, wo ein halbes Jahr eisiger Winter herrscht und die Kälte bis in die Knochen kriecht, Wärme ein kostbares Gut ist.

Nach dem Essen verhandle ich mit Ganbaatar über den Preis der Pferde. Beim Handeln sind Nomaden meist schlaue Füchse, hängt doch ihre Existenz davon ab, sich nicht übers Ohr hauen zu lassen und möglichst viel herauszuschlagen. Mit Enkhes Hilfe bin ich gewappnet. Sie hat sich für mich erkundigt, wie teuer es ist, Pferde zu leihen. Der Betrag, den Ganbaatar mir nennt, ist doppelt so hoch. Das war mir klar, schließlich komme ich aus dem reichen Europa. Also erzähle ich ihm erst einmal, dass ich nicht *bajan* – reich – bin und nicht aus Vergnügungssucht durch die Mongolei reiten will, sondern ein Buch schreibe, um den Menschen in Deutschland mitzuteilen, wie freundlich und hilfsbereit die Mongolen sind und ganz speziell er, Ganbaatar.

Er lächelt, denn er weiß das alles bereits, doch nun hat unsere Verhandlung eine neue Basis. Wir einigen uns auf einen Preis, der zwar höher ist, als der von Enkhe ermittelte, mir aber angemessen erscheint. Vier Pferde wird mir Ganbaatar leihen. Für die Zeit von zwei Monaten bekommt er so viel Geld, dass er sich zwei neue kaufen könnte. Die eine Hälfte zahle ich ihm gleich, die andere soll er nach meiner Rückkehr bekommen. Ein faires Geschäft für beide Seiten, meine ich. Es liegt mir nicht daran, Pferde zu kaufen und sie nach der Reise wieder zu verkaufen, um dadurch die Kosten zu minimieren; wichtiger ist für mich, dass sie wieder zu ihrem Eigentümer und der vertrauten Herde zurückkehren.

Es ist Mai, die milde Jahreszeit beginnt. Vor kurzem lag noch Schnee hier im Gobi-Altai. Die Tage werden länger, die Sonne scheint von sechs Uhr morgens bis elf Uhr nachts. Der Dsawchan rauscht. Kinder haben Wasser geschöpft, schleppen die schwere Kanne zurück. Pferde wiehern in der Ferne, Hunde umkreisen knurrend mein Zelt. Mandach hatte Recht, es hat aufgehört zu regnen. Die untergehende Sonne modelliert scharf die Hügelketten, rückt sie zum Greifen nah, setzt schließlich den Himmel in Brand. Der Widerschein färbt den Fluss rot. Morgen beginnt mein Abenteuer.

Früh bin ich wach. Sobald es hell genug ist, stehe ich auf, baue das Zelt ab, packe alles zusammen. Nurmaa melkt schon die Kühe, dann sind die Schafe dran. Zuerst müssen die Muttertiere von der Herde getrennt werden, wobei die Töchter und Burmaa helfen; auch ich versuche es, bin jedoch nicht so geschickt, die wehrhaften Tiere mit festem Griff am Genick oder den Hinterbeinen zu packen. Morgens lastet viel Arbeit auf den Frauen. Je mehr Tiere sie besitzen, umso mehr haben sie zu tun, denn das Melken und Verarbeiten der Milch ist von alters her ihre Aufgabe.

Burmaa, jetzt ungeschminkt, hat sich ein Kopftuch umgebunden, trägt praktische Hosen und einen Pulli, Nurmaa den traditionellen *deel* und Stiefel, um jederzeit aufs Pferd springen zu können. Die Töchter sind mit Jeans und T-Shirts bekleidet. Auf den ersten Blick erkennt man nicht, dass Nurmaa und Burmaa Schwestern sind. Nurmaa ist mit 47 Jahren nicht nur neun Jahre älter als ihre Schwester, sondern auch vom harten Dasein auf dem Land gezeichnet, das Gesicht von Erfrierungen aufgesprungen und runzelig. Allein ihre Augen leuchten jugendlich. Burmaa hingegen konnte sich als Stadtfrau pflegen, und so ist ihre Haut glatt und rosig geblieben.

Das Melken ist beendet, die vollen Kannen werden zur Jurte getragen. Tierkinder und Tiermütter suchen stimmgewaltig einander, jedes in einer anderen Tonlage. Mit lautem Mäh und Meckern ziehen die Herden hinaus in die Steppe. Ruhe kehrt ein.

Gern wäre ich gleich nach dem Frühstück aufgebrochen, muss aber meine Ungeduld zügeln, der Höflichkeit wegen. Zwei Pferde stehen wartend da, bis Mandach und ein junger Nomade sich endlich auf die

Tiere schwingen, um die versprochenen Pferde zu holen. Ich weiß, sie müssen sie erst finden und dann die ganze Herde herantreiben, habe aber nicht damit gerechnet, dass es so lange dauern würde.

Es wird Mittag. Der Tag ist windstill und ungewohnt warm. Plötzlich vibriert der Boden, und durch die Luft dröhnt ein Trommelwirbel: Die Pferde kommen! Etwa 300 galoppieren mit zerzausten Mähnen die Hügel hinab. Ein wilder Haufen wiehernder und schnaubender Tiere, ungebärdig und erregt. Jetzt beginnt die Fangjagd, ein atemberaubendes Schauspiel mongolischer Reitkunst. Zuerst umkreisen die Nomaden die Herde und schwingen ihre Lassos. In rasendem Galopp und in den Steigbügeln stehend hängen die Reiter mal links, mal rechts im Sattel, dabei hält die linke Hand locker die Zügel, die rechte die Fangstange. Gefährlich wird es, wenn es gelingt, die Schlinge über den Kopf eines Pferdes zu streifen – dann gibt es einen gewaltigen Ruck, und der Reiter muss sich rechtzeitig hinter den Sattel setzen und sich weit zurücklehnen, um nicht zu Boden gerissen zu werden.

Schließlich sind alle vier Pferde gefangen, die Ganbaatar mir mitgeben will. Einmal bezwungen lassen sie sich resigniert von der Herde trennen und leisten keinen Widerstand mehr. Mandach hat sich etwas ausgedacht, von dem er mich erst jetzt in Kenntnis setzt. Mit dem Fahrer hat er besprochen, dass der uns mit dem Wagen begleiten soll. Mandach, der schwer an der Verantwortung für mein Wohlergehen trägt, ist begeistert von seinem Einfall, denn falls mir etwas zustößt, kann gleich Hilfe geholt werden. Meinen Einwand, dass ich unwegsame Strecken reiten will, wischt er beiseite – ein mongolischer Fahrer komme mit einem Geländewagen überall durch, würde uns auch nicht stören, weil wir uns immer erst abends am Lagerplatz begegnen.

Mühsam nach Worten ringend mache ich meinem Begleiter klar, dass das absolut nicht die Reise ist, die ich machen will. Ich muss überzeugend gewesen sein, denn er gibt seinen Plan auf. Als Nächstes hat er die Idee, dass wir erst einmal einen Tag nach Osten reiten, dort übernachten, dann umkehren und wieder an Ganbaatars Jurte Station machen, gewissermaßen als Probe, ob alles klappt.

Einen Moment schwanke ich. Mir ist klar, dass er nichts riskieren will und Angst hat, in den Augen seiner Familie zu versagen. Für mich aber wären es drei verlorene Tage, bis es wirklich losgeht. Meine Ungeduld kann ich kaum noch verbergen. Es ist zwei Uhr nachmittags, eigentlich wollte ich um diese Zeit bereits eine schöne Strecke zurückgelegt haben. Wieder setzte ich alle meine Sprachkünste ein, damit Mandach meine Entscheidung auch versteht. Für mich ist es selbstverständlich, dass wir uns auf freundschaftlicher und gleichberechtigter Basis verständigen. Er soll mein Partner sein, mit dem ich gemeinsam ein spannendes Abenteuer wagen will. Mein Argument, falls es nicht klappt, könnten wir doch nach einem oder auch mehreren Tagen – ganz gleich aus welcher Richtung – zurückkehren, ist stichhaltig und überzeugt ihn.

Wir wollen den Dsawchan flussabwärts bis zum malerisch zwischen Sanddünen gelegenen See Ereen Nuur reiten, dann weiter nach Westen ins Altai-Gebirge vordringen, eine Strecke von geschätzten 600 Kilometern, für die ich etwa zwei Monate veranschlage. Spätestens am 12. Juli zum Naadam-Fest möchte ich wieder in Altai-Stadt sein.

Freudig rufe ich: »*Jabonah!*« Was so viel heißen soll wie: Los geht's! Reiten wir!

»Eigentlich heißt es nur ›gehen‹«, wie Fritz Mühlenweg in einem seiner Bücher schreibt, »aber natürlich nicht zu Fuß, weil in der Mongolei niemand zu Fuß geht, solange er reiten kann. Es heißt auch ›aufbrechen‹ oder ›jetzt geht die Reise los!‹, und weil es nichts Schöneres gibt, als eine Reise tun, freut sich jedermann, wenn *jabonah* gerufen wird.«

Nur Mandach freut sich nicht, als ich immer wieder *»jabonah, jabonah!«* schreie. Wahrscheinlich kennt er das Buch nicht.

»Was soll das denn heißen?«, fragt er entnervt. Es gelingt mir, ihm die Bedeutung zu umschreiben. »Sag einfach *urgschaa!* Das versteht jeder«, rät er mir. Im Wörterbuch entdecke ich, dass es *uragschaa* geschrieben wird und »vorwärts« bedeutet.

Also rufe ich begeistert: *»Urgschaa! Urgschaa!«* Wir sind allerdings noch keine 30 Meter weit geritten, da schlägt meine Begeisterung um und meine Stirn bewölkt sich, denn zwei junge Nomaden auf ihren Pferden schließen sich uns an. Oje, was hat sich Mandach jetzt nur wieder ausgedacht? Nimmt das denn gar kein Ende mit seiner Fürsorge?

»Mandach«, sage ich streng, »*tschi bid hojor!* – Wir reiten nur zu zweit. Schick bitte beide wieder zurück!«

Er lacht. »Keine Angst! Sie helfen uns nur über den Fluss.«

»*Jaagaad?* Der Fluss ist ungefährlich, und wir werden ihn noch viele Male durchqueren müssen, immer wieder, jeden Tag.«

Amüsiert blinzelt er mich an. »Es gehört sich halt so, dass sie uns ein Stück des Weges begleiten.«

Sie nehmen die Führungsleinen der Packpferde, geleiten sie umsichtig durchs Wasser die Böschung hinauf, und als wir auf der Ebene angekommen sind, übergeben sie uns die Leinen und wünschen uns: »*Sajan jawaaraj!*« – Gute Reise!

Als sie aus unserem Blickfeld verschwinden, atme ich erst einmal tief durch. Geschafft! Mein Abenteuer kann beginnen. Noch habe ich mein Pferd nicht wirklich wahrgenommen, weil ich so damit beschäftigt war, Mandachs fürsorgliche Ideen abzuwehren. Ich hatte Sorge, die Weichen könnten von Anfang an falsch gestellt werden. Außerdem – ständig die richtigen Worte in der noch fremden Sprache zu finden hat mich erschöpft. Es dauert eine Weile, bis ich mich entspanne und mir bewusst wird: Das ist jetzt kein Traum, das ist Realität. Ich sitze im Sattel und halte die Zügel in der Hand.

Mein Pferd hat eine sandfarbene Mähne und einen hellbraunen Körper. Von der Stirn bis zum Maul zieht sich ein weißer Streifen, und auch die Hinterbeine sind weiß bestrumpft. Das Tier geht ruhig und gleichmäßig, es fühlt sich gut an unter mir.

Wir reiten am linken Ufer des Dsawchan entlang. Im Tal breiten sich Wiesen aus, eingerahmt von Hügeln und flachen Bergen. Kein Lebewesen weit und breit, keine Tierherden und keine Wildtiere, einzig diese grandiose, leere Landschaft. Nur einmal ein einsamer Kranich, der mit weit vorgerecktem Hals Insekten jagt.

Schädel, Beinknochen, Rippen und Wirbelsäulen von Schafen, Ziegen und Kühen zeugen davon, dass die sanft gewellte Weite keine Hirtenidylle ist. Die Skelette künden von Leben und Tod in der Steppe. Die Natur ist hier noch mächtig, und Glück und Unglück liegen immer dicht beieinander. Die Knochen bleichen in der Sonne und zerbröseln langsam zu Staub.

Das Gepäck rutscht! Ein leidiges Problem, das mir von meinen Reisen mit Tragtieren nur allzu bekannt ist. Lasten auf einem Tier so zu befestigen, dass sie sich trotz der Bewegung nicht lockern, ist eine Kunst, die manchmal gelingt, meistens aber nicht. Theoretisch klingt es einfach, denn erstens müssen die Lasten auf beiden Seiten gleichgewichtig sein, und zweitens müssen die Knoten unverrückbar fest sitzen. Das ist schon die ganze Kunst, aber was für eine! Pferde und Esel pumpen beim Beladen Luft in ihren Bauch, die sie später wieder herauslassen. Dann sind die Schnürungen schön locker und schneiden nicht ein – prima für das Tier, aber verheerend für das Gepäck. Zwar lernt man, diesem Trick der Tiere gegenzusteuern, dennoch kommt es häufig vor, dass man unterwegs immer wieder nachbessern muss. Nie kann man unbekümmert nach vorn blicken, ständig muss man das Tragtier im Blick haben: Sitzt die Last noch richtig, oder hat sie sich schon verschoben? Das ist ungeheuer wichtig, denn sonst scheuert und reibt die Ladung das Tier wund.

Ganbaatar hatte beim Satteln und Beladen unserer Tiere die Regie übernommen, und viele Hände haben mitgeholfen. Ohne Rücksicht auf das Befinden der Tiere wurden die Schnüre mit der Kraft mehrerer Männer festgezurrt. Selbst beim Zuschauen blieb mir die Luft weg. Allerdings, die erste Regel, das Gewicht gleichmäßig zu verteilen, wurde nicht beachtet. Meine zwei Säcke waren zwar austariert, aber dann kamen noch Mandachs Sachen dazu, sowie Abschiedsgeschenke von Nurmaa und den Nachbarinnen: schwere Beutel mit getrocknetem Käse, Butterschmalz, Sahne und Fleisch!

Ich muss Mandach nicht auf das drohende Unheil aufmerksam machen, er hat es selbst gesehen. Wir halten an und begutachten die Sachlage. Die Last mit dem größeren Gewicht hängt rechts schon fast unter dem Bauch des Tieres, während das leichtere Gepäck auf der linken Seite bis hinauf zum Rücken gewandert ist.

»Wir müssen alles neu machen!«, sage ich.

Er schüttelt den Kopf: »Brauchen Hilfe! Nomaden!«

»Ach, Mandach, wir schaffen das schon!«

»Wir suchen Nomaden«, beharrt er. »Sie sollen uns einen *emeel* geben.«

Aha, denke ich, einen Sattel! Das wäre die Lösung. Ganbaatar hatte uns nämlich nur einen mitgegeben und uns geraten, das gesamte Gepäck auf ein Tier zu laden und am nächsten Tag zu wechseln. Doch besser wäre es, die Lasten auf beide Tiere zu verteilen. Dann braucht keines von beiden alles auf einmal zu tragen, und für uns wäre das Verschnüren leichter. Vorerst rücken wir Säcke, Beutel und Bündel notdürftig zurecht, versuchen die Bänder fester zu ziehen und reiten weiter. Mandach schlägt eine neue Richtung ein. Er hat sich bestimmt erkundigt, wo in der Gegend Mongolen in ihren Jurten leben. Nicht lange und eine weiße Filzkuppel leuchtet uns in der grünbraunen Landschaft entgegen.

Wir befestigen unsere vier Tiere an der dafür vorgesehenen Leine. Die ersten Schritte, noch ein wenig steifbeinig, gehen wir auf das *ger* zu. Die Hunde bellen wie verrückt und müssen besonders gefährlich sein, denn sie sind festgebunden. Ich wundere mich, warum keiner, nicht einmal Kinder, neugierig herbeigerannt kommt. Ist niemand da?

Mandach klärt mich auf: »Siehst du die Hunde? Sie sind angebunden. Also haben uns die Leute schon längst gesehen, sie warten jetzt drinnen auf uns und halten ihre Neugier zurück. Das gilt als höflich und ist eine Ehre für uns.«

Ohne anzuklopfen – das ist bei Nomaden nicht üblich, wäre sogar eine grobe Unhöflichkeit – öffnet er die Tür und tritt ein. Ich achte darauf, es mit dem rechten Fuß zu tun, nicht auf die Schwelle zu treten, nicht mit dem Kopf an den Türbalken zu stoßen und nicht zu stolpern – das wäre ein schlechtes Omen. Es lastet also viel Verantwortung auf dem Eintretenden, dementsprechend befangen blicke ich in die fremden Gesichter. Drei junge Burschen, ein älterer Mann, drei junge Frauen, eine Alte, eine Uralte und fünf Kinder befinden sich im Raum.

Wir grüßen, setzen uns auf die zugewiesenen Plätze, nehmen die Schalen mit Milchtee entgegen, die uns höflich mit der rechten Hand gereicht werden, wobei die linke Hand den Ellenbogen stützt, und schlürfen die heiße, salzige Flüssigkeit. Erst dann wird gesprochen. Mandach tauscht Höflichkeitsfloskeln mit den Anwesenden über die Gesundheit des Viehs und die der Menschen aus. Das Vieh kommt immer zuerst, weil von ihm die Existenz der Menschen abhängt.

Nachdem der Höflichkeit Genüge getan ist, werden die wirklich brennenden Fragen gestellt: Wer wir sind, woher wir kommen, wohin wir wollen. Den Wortschatz für diese Gespräche beherrsche ich vom letzten Jahr noch recht gut und kann mich beteiligen. Nun erst wenden sich mir die Blicke zu, und ich werde direkt angesprochen.

Mandach erklärt unser Problem. Ohne zu zögern leihen uns die Leute einen Sattel, Filzdecken zum Unterlegen und Bänder zum Verschnüren. Die Männer helfen beim Beladen, und nach herzlicher Verabschiedung sitzen wir wieder auf. Mit gutem Gefühl reiten wir weiter. Nun ist alles fest, und wir können eine zügigere Gangart einlegen. Das scheint den Pferden zu gefallen. Ich spüre, wie sich der Körper meines Reittiers strafft, es aus dem müden Trott erwacht und Lebendigkeit versprüht. Sie spornen sich gegenseitig an, werden immer schneller. Mein Handpferd, also das Lasttier, dessen Führungsseil ich in der Hand halte, will auf einmal der Erste sein und prescht nach vorn. Der Ruck an der Leine kommt so plötzlich, dass er mich beinahe aus dem Sattel reißt. Schnell packe ich mit beiden Händen die Leine, lehne mich im Sattel zurück, presse automatisch die Schenkel fest zusammen und kann das Pferd, das zum Galopp ansetzt, gerade noch stoppen.

Mandach ist weiß im Gesicht und bringt kein Wort heraus.

»In Zukunft passe ich besser auf«, entschuldige ich mich.

»Gib mir dein Handpferd, ich nehme beide!«, bestimmt er.

Na gut, denke ich, eine kleine Weile, bis er den Schrecken überwunden hat. Bald sehen wir in der Ferne wieder eine Jurte.

»Meine Tante, die Schwester meiner Mutter, wohnt dort. Ich möchte sie begrüßen«, klärt mich Mandach auf. Die Leute von der ersten Jurte, die uns den Sattel gaben, haben ihm wohl den Weg beschrieben.

Die Tante erwartet uns vor ihrer Jurte und heißt uns willkommen. Erst als er ihr sagt, wer er ist, erkennt sie ihren Neffen. Beim Milchtee tauscht Mandach alte und neue Familiengeschichten mit ihr aus, das braucht seine Zeit, und es wird später Nachmittag. Die Tante hat uns reichlich beköstigt und gibt uns noch Proviant mit auf den Weg, so können wir uns die Zeit fürs Kochen sparen. Wir reiten bis zum Einbruch der Dunkelheit und legen noch eine gute Strecke zurück. Nach insgesamt fünf Stunden im Sattel sind wir ungefähr 25 Kilometer weit gekommen. Es reicht mir für den ersten Tag, und ich schlage meinem Begleiter vor, zum Fluss zu reiten und dort unser Nachtlager aufzuschlagen.

Da kommen drei Burschen auf ihren Gäulen dahergejagt und verwickeln Mandach in ein Gespräch. Es scheint, unsere Anwesenheit hat sich in der Gegend herumgesprochen. Von ihrem Geschnatter verstehe ich nicht viel, nur dass in der Nähe ein *sum* sei und man dort allerhand kaufen könne.

Die Mongolei ist in 21 *aimak* gegliedert, vergleichbar einer Provinz. Ein *aimak* wiederum setzt sich aus mehreren *sum* zusammen, der nächstkleineren Verwaltungseinheit – bei uns entspräche das einer Gemeinde. Ein *sum* besteht aus einzelnen *bag*, der kleinsten administrativen Einheit. Dann gibt es noch den *ail*. So bezeichnet man eine Handvoll Jurten miteinander verwandter oder befreundeter Familien, die ihre Weidegründe teilen. Die Orte bestehen meist aus umzäunten Jurten, allerdings gibt es einige feste Häuser wie Schulen und Verwaltungsgebäude. Was niemals fehlt, ist mindestens ein Kaufladen – und dort gibt es Wodka! Die Jungen sehen mir ganz danach aus, als wollten sie meinen Begleiter zu einem anständigen Besäufnis überreden.

Schlagartig fallen mir die Warnungen ein, die mir Njamsuren und Enkhe mit auf den Weg gaben: »Mandach kommt aus einer guten Familie. Deshalb können wir ihn empfehlen. Wir kennen ihn aber nicht näher, vor allem haben wir keine Ahnung, wie er ist, wenn er getrunken hat.« Wenn es irgendwo Wodka gäbe, würde er ihn nicht stehen lassen, da waren sie sich sicher. »Pass ja auf! Sieh dich vor, dass er nicht alte Freunde trifft, die ihn verführen! Dann wird so lange getrunken, bis alle Flaschen leer sind.« Gerade als ich mir die Folgen ausdenke, ruft mir Mandach zu: »Weißt du, das sind *najds* von früher – wir wollen zum *sum* reiten und unser Wiedersehen feiern.«

»Das geht leider nicht, Mandach! Bald ist es dunkel, und unsere Pferde sind hungrig und durstig. Im *sum* finden sie nichts zu fressen, und wir können dort nicht unsere Zelte aufbauen. Wir müssen zum Fluss, dort gibt es alles, was wir brauchen.«

Ich hatte erwartet, er würde mich allein reiten lassen und versprechen, später nachzukommen, doch dem ist nicht so. Für ihn ist es selbstverständlich, dass er mich begleitet. Fast scheint er froh, der Verführung der alten Freunde entkommen zu sein.

Durch den Umweg zur Jurte der Tante haben wir uns weiter vom Fluss entfernt, als ich gedacht hatte. Wir brauchen noch eine volle Stunde, bis wir sein Rauschen vernehmen. Ein köstliches Geräusch, bei dem helle Freude in mir aufsteigt. Den ganzen Tag über haben wir so gut wie keine Tiere gesehen, hier jedoch wimmelt es von Leben: Regenpfeifer und Uferläufer trippeln über die Kiesel und trillern warnend, bevor sie ein Stück weiterfliegen. Seeschwalben, Enten und Gänse vervollkommnen das bunte Bild. Doch zuerst gibt es viel zu tun. Das Wichtigste: die Pferde von ihren Lasten befreien und absatteln. Am Ufer wächst saftiges Gras, und sie stürzen sich heißhungrig darauf. Doch nach wenigen Bissen schon halten sie inne, knicken mit den Vorderbeinen ein, lassen sich zu Boden sinken – und wälzen sich hin und her, auf den Rücken, zur Seite und wieder auf den Rücken, ächzen und stöhnen leise vor Wonne.

Schnell sind unsere Zelte aufgebaut. In einer Gummiwanne hole ich Wasser vom Fluss. Von alters her gelten Flüsse als heilig. Man darf weder seinen Körper noch die Haare darin waschen, keine Kleidung oder Geschirr reinigen. Auch Blut und Unrat beim Schlachten dürfen nicht in den Fluss gelangen oder gar die Därme darin gespült werden. Dschingis Khan war es, der die strengen Gesetze erließ, um die Reinheit des Wassers zu erhalten. Bis heute befolgen die Nomaden diese Vorschriften.

Nachdem ich mich im Faltbecken gewaschen, meine verschwitzte Kleidung durchs Wasser gezogen und zum Trocknen auf Grasbüschel gelegt habe, werfe ich den Gaskocher an, um Tee zu kochen. Mit dem Rücken an die Sättel gelehnt sitzen wir vor unseren Zelten und genießen das heiße Getränk. Während der langen Dämmerung beobachten wir unsere Pferde beim Fressen. Ich frage Mandach, wie unsere beiden schokoladenbraunen Packpferde heißen.

»Bor«, antwortet er. Braun.

»Und das andere Lasttier?«

»Bor.«

Mongolen benennen ihre Pferde nach der Fellfarbe, und mir ist bekannt, dass es zahlreiche Bezeichnungen für die einzelnen Farbnuancen gibt, vergleichbar den Eskimos, die hundert und eine Bezeichnungen für Schnee in ihrer Sprache kennen. Seine Antwort will mir deshalb nicht einleuchten.

»Sie können doch nicht beide den gleichen Namen tragen. Wie will man sie da unterscheiden?«

»Sieh, der eine Braune hat einen weißen Fleck auf der Stirn, wie ein Stern. Du kannst ihn ja Zagaan od nennen« – Weißer Stern.

Mandachs Pferd gefällt mir besonders gut. Die meisten mongolischen Pferde mit ihrem gedrungenen Körperbau und dem schweren Kopf entsprechen nicht gerade unserem Schönheitsideal, doch Mandachs Pferd ist anders.

»Wie heißt denn dein Pferd?«

»Scharr«, ist die Antwort. Gelb! Ich bin enttäuscht. So ein schönes Pferd braucht doch einen besonderen Namen! Es ist ein »edles Tier«, wie man unter Pferdeliebhabern sagen würde, der Körper muskulös, die Brust stark und gewölbt, der Kopf stolz erhoben, die Mähne cremefarben, und der Schweif fällt wie ein Vorhang bis zu den Hufen. Im Schatten dieser Pracht wirkt mein Reitpferd schlicht und bescheiden, doch von allen vier Pferden ist es mir das liebste. Schon nach diesem ersten Tag habe ich das Gefühl, dass es mich auf seinem Rücken mag.

»Und wie heißt mein Pferd?«

»Scharr.«

»Mandach, so heißt doch schon deines! Und meines hat einen viel dunkleren Gelbton, es ist eher hellbraun.«

»Für mich ist es Scharr. Du kannst es ja nennen, wie du willst.«

Beim Absatteln und Trockenreiben hatte ich bemerkt, dass die Augen meines Pferdes besonders schön sind, umrandet mit einem dichten Kranz glänzender Wimpern. Ich werde es Goldauge nennen. Auf Mongolisch heißt Gold *alt*. Goldauge würde Altnüü nüd heißen, da bleibe ich lieber bei Goldauge.

Am nächsten Morgen weckt mich das Trillern der Regenpfeifer. Als ich das Zelt öffne, zieht gerade eine Herde Kühe zum Fluss. Beim Frühstück stört plötzlich knatterndes Motorengeräusch. Ein Mann kommt auf einem Motorrad dahergebraust. Das stinkende Vehikel passt so gar nicht

Seenlandschaft im Norden der Mongolei nahe der russischen Grenze

Hirte mit seiner Fangstange, der *urga*

Owoo – Opferplatz in der Steppe

Am Morgen nach dem Gewitter

Adlerjäger Aralbai mit seinem Steinadler

Zapfstation – eine Rarität in der Steppe

Wurstherstellung – eine Spezialität der Frauen

Schildkröte – Symbol für Weisheit aus der Zeit Dschingis Khans

Stolz der ganzen Familie – ein Motorrad

Jurtenland – baumlos, strauchlos, endlos

Trampeltier in der Gobi

Naraa mit glücklicher Urgroßmutter

Kochzeit im Nomadenlager

Warten auf den Reiter

zu meiner Vorstellung von der Mongolei. Eben noch war es einsam, eine ungestörte Naturlandschaft, fern von allen modernen Einflüssen.

Mandach ist begeistert. »*Motorsikl göj!*« – Schönes Motorrad!, bewundert er das rotlackierte Gefährt.

Während er sich mit dem jungen Mann unterhält, den er mir als seinen Cousin vorgestellt hat, gehe ich die Pferde holen. In der Nacht hatten wir sie an die lange Leine gelegt und zur Sicherheit noch eine Weglaufsperre aus geflochtenem Leder an ihren Vorderbeinen und einem Hinterbein befestigt.

»Der Weg ist heute sehr weit«, eröffnet mir Mandach sein Problem. »35 Kilometer!«

»Gut!«, sage ich und denke: Nichts und niemand zwingt uns, eine bestimmte Strecke zurückzulegen. Wir haben alles dabei, was wir brauchen, und können überall das Nachtlager aufbauen. Frei und unabhängig zu sein, das ist es ja gerade, was mir an dieser Art des Reisens so gut gefällt.

»Wir laden das Gepäck auf das *motorsikl*, dann können wir schneller reiten«, fährt er mit seiner Erklärung fort. Bevor ich richtig kapiert habe, beladen die beiden das Motorrad.

»Halt!«, rufe ich entsetzt. »*Ügüj! Ügüj!*« Nein, so nicht! Sie blicken mich überrascht an. Wie soll ich es nur erklären? Die Last ist doch viel zu schwer für das Zweirad. Und dann die vielen Löcher, die von Murmeltieren in den Boden gegraben wurden, wenn er da mit der schweren Maschine einbricht! Oder wir verfehlen uns am verabredeten Ziel – eine Nacht in eisiger Steppe ohne Zelt, Schlafsack, Proviant, das will ich nicht riskieren.

»Wir beladen die Pferde, Mandach, und reiten so weit wir kommen. Wir müssen ja nicht die ganzen 35 Kilometer zurücklegen.«

»Aber wir können nicht am Fluss bleiben. Eine Schlucht. Sie ist gefährlich! Wir treffen erst nach 35 Kilometern wieder auf den Fluss.«

»Das macht nichts, wir haben genug Wasser in unseren Kanistern.« Ich hole meine Karte hervor und muss überrascht feststellen, dass Mandach sich darauf nicht orientieren kann. Weder weiß er, wo wir uns befinden noch wo Ganbaatars Jurte ist, auch nicht, wo der Ereen nuur liegt. Einzig der Dsawchan ist auf der Karte nicht zu übersehen. Er entspringt mitten im Changai-Gebirge, zwängt sich auf seinem Weg nach Süden durch enge Felsenschluchten, wendet sich in einem weiten Bogen nach Nordwesten und mündet nach 800 Kilometern hoch im Norden in den Airag nuur. Auf seinem Weg durch die Wüsten und Steppen des Gobi-Altai verzweigt sich der Dsawchan in zahlreiche Nebenarme. Einem dieser Nebenarme folgen wir, denn die Kompassnadel zeigt direkt auf West, während auf der Karte der Hauptfluss in nordwestlicher Richtung eingezeichnet ist.

»Wenn ich nur wüsste, wo wir sind«, sinniere ich und fahre mit dem Finger auf der Karte hin und her. Die von Mandach prophezeite Schlucht ist dort nicht eingezeichnet.

»Ich weiß es!« Seine Stimme klingt sicher.

»Wo?«, frage ich hoffnungsvoll.

»Na hier!« Er beschreibt mit der Hand einen Bogen in der Luft. Die Karte sagt ihm nichts, aber die Landschaft ist in seinem Kopf abgebildet. Also packe ich sie ein, entschlossen, mich seiner Führung anzuvertrauen und dann in zwei, drei Tagen wieder auf den Dsawchan zu treffen.

Heute, am zweiten Tag auf meinem Goldauge, geht es mir nicht mehr so gut wie gestern. Ich bin verkrampft. Schon nach einer Stunde beginnen meine Knie zu schmerzen. Warum nur? Was mache ich falsch? Habe ich mir zu viel vorgenommen? Der Reitunterricht bei Sugarsuren hatte mich doch sicher und locker gemacht – allerdings ist seitdem ein Jahr vergangen. Waren die sechs Stunden am ersten Tag vielleicht zu viel für den Anfang? Das kann nicht der wahre Grund sein, denke ich. Ich bin nicht körperlich, eher psychisch müde und erschöpft. Immer muss ich auf der Hut sein und gegensteuern, weil Mandach es auf seine Art besonders gut meint. Diese Ideen mit dem Auto oder Motorrad ärgern mich. Zugleich versuche ich, mich in seine Lage zu versetzen. Kann er mir vertrauen? Weiß er, ob ich die Strapazen einer harten Expedition durchhalte? Wie soll ich mich künftig verhalten? Ihm widersprechen oder seine Fürsorge annehmen? Es sind diese Zweifel, die mich zermürben. Mein Körper verspannt sich, das Reiten wird unerträglich. Nicht einmal die Landschaft kann mich heute trösten.

Seit Stunden reiten wir über den ausgetrockneten Grund eines Sees. Mannshohe Binsen versperren die Sicht. Der Boden ist übersät von großen Schollen, die der Permafrost aufgerissen hat, ein Frost, bei dem der Boden dauerhaft gefroren bleibt und höchstens in der kurzen Zeit des Sommers einige Zentimeter an der Oberfläche auftaut. Die Pferde stolpern mühevoll dahin. Ich werde unrhythmisch hin und her geschüttelt. Meine Kraft schwindet, mein Körper folgt nicht mehr den Bewegungen von Goldauge, ich hänge nur noch wie ein schwerer Sack auf seinem Rücken.

Selten sehe ich einige Farbtupfer, die mich aufheitern: blaue Schwertlilien, die sich kurzstielig dem Erdboden anschmiegen, und rosa Mehlprimeln. Ein Hase duckt sich in eine Vertiefung. Sein braunes Fell unterscheidet sich farblich kaum von der Umgebung. Die perfekte Tarnung. Allerdings vertraut er nicht darauf. Plötzlich springt er auf und flitzt davon, kaum drei Meter vor Goldauges Hufen. Sekunden vorher hatte ich ihn gesehen und wollte mein Pferd warnen. Intuitiv hat Goldauge das gespürt, denn er erschrickt nicht, kein Muskel seines Körpers zuckt. Andererseits scheute er vorher wegen eines alten Papiersacks.

Mandach bemerkt, dass mir das Reiten schwerfällt. Er nimmt mein Handpferd zusätzlich zu seinem und fragt immer wieder, ob ich müde sei. Ich verneine. Warum sollte ich ihn beunruhigen? Eine Rast in dieser stickigen Ödnis zwischen Binsen und Erdschollen wäre wenig erholsam. Die Luft ist schwül, aber wenigstens gibt es hier keine Stechmücken. Die Temperaturen sind wahrscheinlich noch zu kalt, vor allem nachts, so dass sich die Larven nicht entwickeln können. Ab und zu richte ich mich im Sattel auf und versuche, mir einen Überblick zu verschaffen, doch ein Ende des Weges ist nicht in Sicht.

Weiter quälen wir uns über den ausgetrockneten See, 15, vielleicht sogar 20 Kilometer. Als wir endlich das Ufer erreichen, steht dort eine Jurte, und ein Mann sitzt davor mit einem Fernglas in der Hand. Der Mann trägt einen verschlissenen *deel*, die Jurte und die nähere Umgebung wirken schäbig und verwahrlost, so bin ich erleichtert, dass er keine Anstalten macht, uns einzuladen. Trotzdem, eine Rast wäre gut. Seit fünf Stunden hocke ich im Sattel und verneine tapfer Mandachs wiederholte Fragen nach meiner Müdigkeit.

Auf einmal Motorengeräusch. Weit und breit ist doch keine Piste. Was will ein Fahrzeug in dieser Einöde? Seitlich hinter uns sehe ich einen roten Punkt, der rasch größer wird. Tatsächlich – es ist der gleiche Mann auf seinem *motorsikl*, der schon meine Morgenlaune verdarb. Wir halten an, und Mandach unterhält sich angeregt mit seinem Cousin. Ich nutze die Gelegenheit, gehe ein Stück zur Seite und verschwinde hinter nicht vorhandenen Büschen. »Nach den Pferden schauen«, heißt es, wenn man ein Bedürfnis verspürt.

Währenddessen entladen die beiden unsere Packpferde. Aha, doch eine Rast. Na, meinetwegen. Mandach wird mit seinem Verwandten plaudern wollen. Eine junge Lerche lenkt mich ab. Sie hat schon Federn, kann aber noch nicht fliegen und duckt sich, wie zuvor der Hase, gut getarnt auf die Erde, lässt mich zum Greifen nah kommen.

Als ich kurz zu den Männern blicke, liegen meine gelben Säcke auf dem Motorrad. Zorn steigt in mir hoch. Was soll denn das jetzt wieder? Ich dachte, dieses Thema sei endgültig geklärt! Wütend stürze ich auf sie zu. »*Ügüj*! Das Gepäck auf die Pferde!«

»Du bist müde! Es ist noch weit«, versucht Mandach mich zu besänftigen.

»Na und, bin ich eben müde! Wir sind erst zwei Tage unterwegs, ich werde noch oft müde sein. Kein Grund, dieses blöde Motorrad zu benutzen! Ich will es nicht in meiner Nähe haben!«

Mandach starrt mich an. Plötzlich scheint er zu wachsen, noch größer zu werden. Seine Haltung ist drohend. Er ballt die Fäuste, und sein Gesicht verändert sich. Seine schmalen Augen verengen sich zu Schlitzen. Jetzt sieht er aus wie ein Krieger Dschingis Khans, schießt es mir durch den Kopf. Da brüllt er schon los: »Jetzt reicht es mir aber! Das ist kein blödes Motorrad! Eine Beleidigung ist das! *Motorsikl göj!*«

»Meinetwegen, ist es eben schön! Ist mir doch egal! Ich will es aber nicht.« Plötzlich kann ich mich nicht mehr zurückhalten. Alles um mich herum wird in rote Farbe getaucht. Ich denke noch, das ist jetzt der entscheidende Punkt, ich darf keine Zugeständnisse machen, sonst habe ich die Führung für immer verloren. Das Reiten allein ist schon anstrengend genug, die Sorge um die Pferde und das rutschende Gepäck, die krassen Temperaturstürze, am Morgen eisig, mittags glühend heiß, das krampfhafte Suchen nach Worten in einer fremden Sprache. Mir reicht es jetzt mit Mongolisch! In Deutsch kann ich besser reden, und ich schleudere heraus, was mich bedrückt, ärgert und wütend macht. Vielleicht sehe ich dabei furchterregend aus wie eine Walküre – oder eher wie Rumpelstilzchen? Zu meiner Größe würde das Letztere besser passen, und der Zwerg war ja kein harmloser Wicht, sondern ein bösartiger Teufel, der sich vor Wut selbst entzweiriss.

Langsam lichtet sich der rote Nebel vor meinen Augen, ich fühle mich erleichtert, als hätte ich eine schwere Last von mir geworfen. Vor mir steht Mandach, grau im Gesicht und in sich zusammengesunken, gar nichts erinnert mehr an den stolzen Krieger Dschingis Khans. Oje, was habe ich angerichtet? Er hatte es doch nur gut gemeint, und ich wollte ihn gewiss nicht verletzten. Was ich sagte, hat er nicht verstehen können, aber auf Menschen, bei denen Höflichkeit und Selbstbeherrschung eine immense Bedeutung spielen und die beim Sprechen selten die Stimme erheben, muss mein Ausbruch wie ein Frevel gewirkt haben.

Der Cousin verabschiedet sich betreten, braust auf seinem Vehikel davon. Schweigend machen wir beide uns daran, die Säcke wieder auf Zagaan ods Sattel zu befestigen. Ich schäme mich zutiefst wegen meines lautstarken Geschreis. Scheu blicke ich Mandach an. Er weicht mir aus. Was mag er jetzt von mir denken?

Wir reiten und reiten. Die Hitze nimmt zu. Allmählich beginnen wir, wieder miteinander zu reden, über Belangloses, als wäre nichts geschehen. Stunden vergehen. Am späten Nachmittag fallen Wolken von Fliegen über unsere Pferde her, wir selbst bleiben unbehelligt. Mir liefern sie den ersehnten Grund, endlich abzusteigen, denn wegen der Quälgeister, die ihnen in die Nüstern kriechen, schleudern Goldauge und die anderen nervös ihre Köpfe durch die Luft.

Das Gehen auf eigenen Beinen gibt mir neue Energie, meine Verspannungen lösen sich, ich finde meinen Rhythmus, fühle meinen Körper leicht und zugleich kraftvoll. Eben noch war ich voller Zweifel gewesen, jetzt fühle ich nur noch Freude darüber, endlich in »meiner« Mongolei zu sein. Die Gedanken fließen zurück in meine Kindheit, und ich erinnere mich an die Sehnsucht nach diesem Land, die mich jahrelang erfüllte.

Als die Sonne sich langsam neigt und es kühler wird, bauen wir unser Lager auf. Für unsere Pferde gibt es außer dürren Wüstenpflanzen nichts zu fressen. Für uns koche ich einen deftigen Eintopf mit allen Gemüsesorten, die wir haben. Auch Mandach schmeckt es, nachdem er das Gericht für sich noch mit Fleisch angereichert hat, das uns seine Tante mit auf den Weg gab. Den Abwasch mache ich zuerst mit Sand und spüle dann mit etwas Wasser nach, denn ich habe mir angewöhnt, mit dem kostbaren Nass sparsam umzugehen.

Mein Begleiter hat sich das Wörterbuch ausgeborgt, blättert darin und sagt plötzlich auf Deutsch: »Entschuldige bitte!« Es berührt mich sehr, dass er seine Entschuldigung in Deutsch vorbringt.

»Nein, nicht du musst dich entschuldigen, sondern ich«, erwidere ich schnell. »*Bi uutschlaaraj! Olon ikh uutschlaaraj*!«

Eine Weile wetteifern wir im Entschuldigen, er auf Deutsch, ich auf Mongolisch. Darüber müssen wir lachen. Ab diesem Abend wird es auf der ganzen Reise keine Missstimmung mehr zwischen uns geben.

Mit Hilfe des Wörterbuchs unterhalten wir uns noch eine Weile über seine Kindheit.

»Wie war das damals, Mandach? Warum musstest du als Kind von hier fort?«

»Meine Eltern wollten, dass ich etwas lerne.«

»Du hättest doch auch im Gobi-Altai in die Schule gehen können.«

»War ich zunächst auch, doch der Unterricht in der Hauptstadt galt als besser. Meine Eltern sind hier geblieben, aber jetzt leben sie in Ulaanbaatar.«

»Du warst erst zwölf. Haben sie dich ganz allein in die fremde Stadt geschickt?«

»Nicht direkt, mein Bruder und seine Familie haben mich aufgenommen, aber ich hatte schlimmes Heimweh. Mein Bruder ist viel älter als ich. Wenn ich Dummheiten machte, war er streng, hat mich sonst jedoch gut behandelt. Allmählich habe ich mich eingewöhnt. Aber die Schule hat mir nie Spaß gemacht, das war eher eine Qual. Also habe ich nach und nach Vieh erworben, zuerst gepachtet, dann gekauft und gezüchtet, bis ich eine Herde hatte, von der ich mit meiner Frau und meinem Sohn leben konnte. Doch der *zud* hat mir alles genommen. In manchen Wintern ereignen sich Katastrophen, die nennen wir *zud*. Dann fällt meterhoch Schnee, den die Tiere nicht mehr wegscharren können. Wochenlang toben eisige Stürme. Im Winter 2000 büßte ich die Hälfte meiner Herde ein. Dem harten Winter folgte ein extrem trockener Sommer. Die Tiere, die den *zud* überlebt hatten, konnten nicht genug Fett ansetzen. Dann folgte ein zweiter strenger Winter, und die andere Hälfte meines Viehs ging ein. Ich verlor alles, hatte kein einziges Tier mehr und kein Geld, um noch einmal von vorn zu beginnen.«

»Und jetzt? Wovon lebst du?«

»Manchmal fahre ich den Lieferwagen eines Verwandten oder mache irgendwelche Gelegenheitsarbeiten. Leider ist das selten genug.«

Nachdenklich schweige ich. Mir gefällt seine ruhige Art, sein überlegtes Handeln, seine Fürsorge und Warmherzigkeit. Mir scheint, dass er bisher nicht wirklich die Chance bekommen hat, seine Fähigkeiten und Begabungen zu entfalten.

»Wie kommt es, dass du dich hier so gut auskennst? Du warst doch noch ein kleiner Junge, als du das letzte Mal im Gobi-Altai warst?«

Mandach lacht: »Bei euch ist man mit zwölf vielleicht noch ein Kind. Wir Nomadenjungs sind in diesem Alter für das Hüten der Herden verantwortlich, kommen weit herum, lernen dabei alles kennen. Und mit unseren Jurten ziehen wir ja von Weide zu Weide. Ich kenne die ganze Gegend hier, und was ein Nomadenkind einmal gelernt hat, vergisst es nie mehr in seinem Leben.«

Schon beim ersten Lichtschimmer, wenn sich der Himmel im Osten rötet, hält mich nichts mehr im Zelt. Mein erster Gedanke gilt unseren Pferden. Sind sie noch alle da? Haben sich die Leinen nicht verheddert? Deutlich kann ich den in der Nacht abgeweideten Kreis um die Verankerung sehen, ziehe den Eisenpfahl aus dem Boden und führe jedes Pferd zu einem frischen Futterplatz, damit es sich vor dem Start den Magen füllen kann. Mit Frühstück, Zeltabbau und Packen vergehen reichlich zwei Stunden, bis wir wieder auf den Pferden sitzen und nebeneinander über die weite Ebene reiten.

Die Sonne versteckt sich hinter Schleierwolken. Es ist still, die Welt ist wie ausgestorben. Einzig den Krötenkopf-Agamen scheint die wüstentrockene Gegend zu behagen. Die Reptilien sind winzig, nur so lang wie mein Zeigefinger. Sie hocken auf Steinen, recken ihre knochigen, platten Köpfe hoch in die Luft. Wegen ihrer Tarnfarbe entdeckt man sie erst, wenn sie sich vor den Hufen unserer Pferde in Sicherheit bringen.

In der flimmernden Mittagsglut sehen wir in der Ferne drei Jurten, zu denen wir reiten, weil unsere Pferde Wasser brauchen. Die Leute haben wenig Zeit für uns, sie sind gerade bei der Schafschur. Mit der *urga*, der Fangstange, werden die Schafe eins nach dem anderen aus der gemischten Schaf-/Ziegenherde herausgefischt, zu Boden geworfen und an den Beinen gefesselt. Dann machen sich die Frauen mit großen Scheren über das wollige Vlies her und schneiden es ab.

Unsere Pferde bekommen Wasser aus einem Brunnen, wir stärken uns mit Milchtee und reiten weiter, durchqueren wieder einen ausgetrockneten See, der mit einer glitzernden Salzkruste bedeckt ist. In der Einsamkeit begegnen wir nur einem Menschen in hohen Lederstiefeln und einem dunkelgrünen *deel*. Um die Hüften hat er den traditionellen orangeroten Seidenschal, den *bus*, gewickelt. Hoch zu Ross hütet er eine Herde Ziegen – ein archaisches Bild, unverändert seit Urzeiten.

Die lichten Wolkenschleier haben sich zu einer grauen Decke verdichtet. Im diffusen Licht verschwimmen die Konturen wie unter einem Weichzeichner. Eine lähmende, unheilvolle Stille hängt über dem Land. Wäre jetzt ein Filmteam zur Stelle, sie könnten die Szene für einen Western drehen: zwei einsame Reiter mit ihren vier Pferden auf dem Ritt ins Nirgendwo, immer weiter, wo sich ihr Schicksal erfüllen wird. Niemand weiß, was sie erwartet. Die Spannung wächst, alles kann geschehen.

Da wird die Stille von einem Flügelschlag zerrissen. Ein kleiner Vogel nur, eine Lerche, doch ihr Geflatter durchbricht lärmend die Stille. Sie steigt in die Luft, schraubt sich höher und höher in den Himmel und stimmt ihr Jubellied an. Seltsam – ihr Gesang verstärkt die bedrohliche Stimmung.

Goldauge scheint etwas zu spüren. Er hebt den Kopf, die Ohren drehen sich nach vorn, seine Muskeln straffen sich, und er schreitet zügig voran. Da höre ich es auch: das Rauschen von Wasser, der Dsawchan! Wir sind wieder am Fluss. Den Tag über waren wir nur von grauer Ödnis umgeben, nun freue ich mich über das leuchtende Grün der Wiesen, auf denen Schafe, Ziegen und Rinder in der Nähe einer Jurte grasen.

Unsere Zelte bauen wir auf der grünen Uferbank neben dem *ger* auf, wo wir wie Heimkehrer nach langer Irrfahrt begrüßt werden. Mandach erklärt mir geduldig die verwickelten Verwandtschaftsverhältnisse. Verführerisch schön ist es hier, eine Oase des Lichts und des Lebens. Von der unheildrohenden Stimmung, die über dem Land gelastet hatte, ist nichts mehr zu spüren. Noch ahne ich nicht, welche Überraschung die Natur bereithält.

Bewundernd beobachte ich Nomaden, wie sie auf ihren Pferden galoppieren, die *urga* in der Hand. Leicht und spielerisch sieht das aus, und der Ritt bereitet ihnen offensichtlich Freude, doch es ist ihre alltägliche harte Arbeit. Sie treiben eine Herde Pferde vor sich her. Ein Hengst fällt mir besonders auf. Unter dem sandfarbenen Fell spielen seine Muskeln, die dunkle Mähne fällt ungestutzt über Hals und Flanken. Immer wieder weicht er den Fängern aus. Endlich hat ihm ein Reiter die Schlinge über den Kopf geworfen. Der Hengst hängt an der *urga* wie ein zu großer Fisch, aber statt sich gefangen zu geben, kämpft er, galoppiert mit aller Kraft davon. Der Mann mit der *urga* in der Hand folgt auf seinem Pferd dem Fliehendem, wird fast aus dem Sattel gerissen. Da lässt er die Fangstange los, und der Sandfarbene ist wieder frei. Die wilde Jagd geht weiter. Schließlich wird ihm erneut die Schlinge über den Kopf geworfen und um den Hals festgezogen. Der Hengst steht zitternd und keuchend still. Die Männer legen ihm ein Halfter an, und einer von ihnen springt auf seinen Rücken, Rodeo auf mongolisch. Der Hengst hat noch nie einen Reiter getragen, springt, buckelt, steigt vorn hoch, schlägt hinten aus. Wie fest verwachsen sitzt der Reiter auf dem tobenden Tier. Erschöpft bleibt es am Ende stehen, die Nüstern weit geöffnet, Schaum vor dem Maul. Der Mann steigt ab, klopft ihm anerkennend auf den Rücken.

Fünf Männer fesseln ihm die Beine, werfen das sich heftig wehrende Tier zu Boden, drücken es nieder, knien auf seinem Körper. Einer zieht ein Messer, macht einen Schnitt und trennt die Hoden heraus, einfach so, eine Operation, schnell und routiniert. Dann lassen sie den Sandfarbenen los, der rappelt sich hoch, verharrt einen Moment und trabt zurück zur Herde, als sei nichts geschehen. Nur das Blut zwischen seinen Hinterbeinen verrät, dass er kein Hengst mehr ist. Noch kreist genug männliches Hormon in seinem Körper. Wenn das Testosteron langsam abnimmt, wird er sich als Wallach gefügiger reiten lassen.

Der junge Reiter, der sich nicht abwerfen ließ, nimmt einen Hoden, der groß ist wie ein Gänseei, schneidet sich eine Scheibe ab und isst das blutige Fleisch. Die Kinder, die ihn neugierig umringen, staunen und bewundern ihren Helden.

Abrupt endet die ungewöhnliche Windstille. Rasend schnell nähert sich eine schwarze Regenfront. Sturm braust auf. Schäumend wirft der Fluss Wellen. Ich suche Schutz in meinem Zelt, beschäftige mich mit Vokabellernen. Die Worte, die mir bei Gesprächen fehlen, finde ich im Wörterbuch und präge sie mir durch häufiges Wiederholen ein.

Mandach steht vor dem Zelteingang und sagt: *»Us, us«* – Wasser. Was er wirklich meint, erschließt sich mir nicht. Dass es regnet, merke ich ja selber. Er sagt das Wort unaufgeregt und so ruhig, wie Mongolen eben sprechen. Nach einer Weile höre ich seine Stimme wieder: »Wir reiten gleich los.« Ich wundere mich, komisch – wohin will er in dem strömenden Regen?

»Ich bleibe hier. Es ist mir zu nass«, antworte ich ihm durch das geschlossene Zelt und vertiefe mich weiter in meine Vokabeln.

Da höre ich ihn wieder, gleichmütig wie zuvor: »Beeil dich, der Fluss kommt.«

»Was?« Ich reiße das Zelt auf und erstarre: Der Dsawchan ist über seine Ufer getreten! Lehmbraun wälzen sich die Fluten auf uns zu. Während ich meine Sachen in die Säcke stopfe, erfasst der Sturm mein Zelt, wirbelt es durch die Luft. Ein Chaos! Die Nomaden helfen uns, die Pferde zu beladen, obwohl sie genug zu tun hätten mit dem Abbau ihrer eigenen Jurte.

»Das schaffen wir schon noch rechtzeitig, wir haben Übung darin. Aber ihr müsst schnell weg«, warnen sie uns. »In weniger als einer Stunde wird das ganze Tal überflutet sein.«

»Wo sind wir denn vor dem Wasser sicher? Wie weit müssen wir reiten?«, erkundige ich mich.

Ein Nomade hilft uns, den richtigen Weg zu finden. Der Sturm peitscht uns Regen ins Gesicht. Kaum kann ich noch etwas erkennen. Meine Hände sind starr vor Kälte, und es fällt mir schwer, die Zügel zu halten. Vorsichtig reiten wir eine Böschung hinab. Unten schlängelt sich ein dünnes Rinnsal, es scheint, als könnten wir es gefahrlos durchqueren. Bis wir die Talsohle erreicht haben, ist aus dem Wässerchen bereits ein Bach geworden, und noch bevor wir das andere Ufer erreichen, befinden wir uns mitten in einem reißenden Fluss. Ein Wettlauf mit dem Wasser. Wir müssen schnell sein, schneller als die Flut.

»Das ist nur der Anfang«, beruhigt mich der Nomade, »die eigentliche Flut kommt erst später.«

Unbeeindruckt von der Gewalt des Sturms, des Wassers und des peitschenden Regens stimmt er ein Lied an. Sein Gesicht strahlt vor Stolz, als sei er der Wettergott und könne die Elemente nach seinen Wünschen toben und tanzen lassen.

Er führt uns zu einem erhöhten Platz, entschuldigt sich, uns beim Einrichten des Lagers nicht helfen zu können, denn er müsse jetzt seine Jurte abbauen. Mit einem Pfiff spornt er sein Pferd an und galoppiert furchtlos zurück in die überschwemmte Ebene.

Von der Anhöhe aus kann ich das ganze Tal gut überblicken. Geschützt unter meinem Regenponcho beobachte ich schaudernd die Naturgewalten und das Geflecht von Wasseradern, die sich schnell zu einer einzigen Wasserfläche vereinigen. Unseren Pferden scheint das Wettergeschehen egal zu sein, sie fressen genüsslich das nasse, saftige Gras.

Endlich bricht die Sonne wieder durch die Wolken und zaubert einen Regenbogen an den Himmel. Schon steigen Lerchen in die Luft, jubilieren und trillern so laut wie nie zuvor, als wollten sie aller Welt verkünden: Das Unwetter ist vorüber – wir haben überlebt! Unermüdlich flattern Seeschwalben über dem Wasser, das auf einmal so reichlich vorhanden ist. Aber in den braunen Fluten können sie kein einziges Fischlein erkennen. Statt eines Sturzflugs in die Tiefe schreien sie aufgeregt »Kirri-kirri-kirriä.« Weiß und weich wie Wattebällchen treibt Schaum auf allen Gewässern, als hätte ein riesiger Quirl sie aufgeschlagen.

Ein See in der Wüste

Das Unwetter mit seinen Wasserfluten liegt Tage zurück. Wir sind unterwegs zum Ereen nuur, dem See in der Wüste. In den Jurten am Weg werden wir stets gastfreundlich eingeladen. Mandach begrüßt überall Verwandte und ist selbst erstaunt, wie weit verstreut seine Familie lebt.

Wegen der Überschwemmung können wir unseren Weg nicht wie geplant im Tal des Dsawchan fortsetzen, sondern müssen ausweichen in die Mongol els, die nördlichen Ausläufer der großen Wüste Gobi. Mongolische Pferde sind zäh, doch wenigstens alle drei Tage müssen sie saufen, deshalb sind wir auf die Brunnen der Nomaden angewiesen. Ihre Jurten sind ersehnte Ziele, und Mandach erkundigt sich immer sorgfältig nach dem Weg zur nächsten Nomadenfamilie.

»In zwei Tagen sind wir am Ereen nuur«, teilt er mir eines Morgens mit. »Auf dieser Strecke leben aber keine Nomaden. Heute Abend werden wir die Pferde nicht tränken können, erst am nächsten können sie sich dann am See satt saufen. Sein Wasser ist nicht salzig.«

Blau wölbt sich der Himmel über sanften Wogen aus hellem Sand. Hoch in der Luft kreist ein Adler und späht nach Beute. Wir gehen zu Fuß, wollen unseren Pferden das Vorwärtskommen im weichen Sand erleichtern. Die Hufe der Pferde reißen die unberührte Oberfläche auf, der Wind aber, der unablässig die Sandkörner vor sich hertreibt, wird unsere Spuren bald verwehen. Lautlos wandern die Dünen über das Land. Wie die erstarrten Wellen eines reglosen, gelben Meeres dehnen sie sich bis zum Horizont. Diese Sandskulpturen mit ihren windgeglätteten Linien und Formen sind voller ästhetischer Schönheit, rein und makellos. Still ist es, als wäre alles Leben unter Sand begraben.

Im Licht der untergehenden Sonne leuchtet der Sand, als stünde er in Flammen. Der Wind ist verstummt. Lang und länger dehnen sich die

Schatten, die von den sichelförmigen Kämmen der Dünen in den Sand gezeichnet sind. Ein Zauber sich ständig verändernder Muster. Alles um mich herum ist zu Sand zerfallen, zerrieben zu Staub, und wirkt doch erhaben und großartig. Nirgendwo anders als in der Wüste bedeutet Leere zugleich Erfüllung. Es ist kein Zufall, dass Propheten gerade in den Wüsten Inspiration und Erleuchtung fanden. Nur hier prallen Gegensätze so krass aufeinander: Hitze und Kälte, Tag und Nacht, Tod und Leben.

Die Nacht ist klar und der Himmel sternenübersät. Wir haben ein kleines Feuer aus abgestorbenen Wurzeln und dornigen Ästen entfacht, die wir unterwegs gesammelt haben. Als die Glut nur noch glimmt und die Kälte uns zittern lässt, bieten Zelt und Schlafsack eine warme Zuflucht.

Am Morgen erzählen mir die Spuren im Sand, dass die Wüste tatsächlich lebt. Nachts sind sie aus ihren Verstecken gekrochen, gekrabbelt, gehüpft. Schwarzkäfer, die sich tagsüber in kühle Sandschichten eingraben, verraten ihre Existenz durch die filigranen Muster ihrer Laufspuren. Wie Perlenschnüre reihen sich die Abdrücke der Pfötchen eines Nagers aneinander. Dort ist eine Springmaus meterweit gehopst. Eidechsen haben mit ihrem Schwanz eine Furche gezogen, und eine Schlange hat s-förmige Windungen in den Sand geprägt.

Goldauge schaut mich vorwurfsvoll an, bilde ich mir jedenfalls ein, so als würde er denken: Kein Wasser, kein Futter, und dann soll ich dich auf meinem Rücken auch noch tragen?

Wir reiten solange die Luft noch kühl ist. Als die Sonne wieder ihre sengenden Strahlen schickt, steigen wir ab und laufen neben den Pferden her. Das mühsame Gehen verstärkt meine Zweifel. Wie um alles in der Welt sollen wir in dieser Sandwüste den See finden? Wenn wir uns nur um hundert Meter irren, bleibt der Ereen nuur hinter einem Sandberg verborgen, und wir gehen ahnungslos an ihm vorüber.

Mandach teilt meine Befürchtung nicht. Er lächelt und sagt: »In einer Stunde sind wir da.« Das Problem ist nur, dass er das schon vor mehr als drei Stunden behauptet hat. Besser ich schaue nur noch heimlich auf die Uhr. Um uns mache ich mir keine allzu großen Sorgen, wir haben genug Trinkwasser, aber es reicht eben nicht für die Pferde.

Wir überschreiten wieder einmal einen Grat – da liegt er vor uns wie eine Fata Morgana, eine türkisblaue Schale, eingebettet in eine gelbe Wüste. Der Himmel spiegelt sich in seinem Wasser, und das grüne Ufer verspricht Futter für die Tiere.

Ein See mitten im Sand, wie kann das sein? Eine Verzweigung des Dsawchan speist ihn, und die letzten Regenfälle haben ihn randvoll gefüllt. Plötzlich herrscht Leben in der Wüste. Vom Geschnatter der Gänse und Enten vibriert die Luft. Durchs Fernglas entdecke ich Sichler, Taucher, Uferläufer, Regenpfeifer und Seeschwalben.

Am Uferrand kann ich keine Salzkrusten entdecken – also reines Süßwasser, wie Mandach gesagt hatte. Unsere Pferde können unbedenklich ihren Durst stillen. Ich kremple die Hosenbeine hoch und wate bis zu den Knien in das kühle Nass. Plötzlich habe ich das Gefühl, beobachtet zu werden. Mein Blick wandert hinauf zu den mehr als hundert Meter hohen Sandbergen – ich zucke zusammen. Zwei Gestalten hocken dort oben.

»Hojor mongol hun«, flüstere ich ängstlich. Zwei Männer dort oben.

Zuerst guckt auch Mandach erschrocken, doch gleich beginnt er zu lachen: *»Tom schuwuu, hojor tas.«*

Schnell greife ich nach meinem Fernglas. Tatsächlich, er hat Recht, es sind Geier! Da habe ich mir immer so viel auf meine scharfen Augen eingebildet, doch ohne Glas sehen die Mönchsgeier aus wie zwei in ihre weiten Mäntel gehüllte Mongolen.

Im Altai-Gebirge

Vom Ereen nuur reiten wir einen halben Tag, dann sind wir wieder am Dsawchan, doch wir folgen nicht mehr dem Flusslauf, tränken nur die Pferde, füllen unsere Kanister und durchqueren anschließend das breite Tal. Das Hochwasser ist längst versickert. Saftiges Grün überzieht jetzt die Steppe, und Lerchen singen am tiefblauen Himmel. Unsere Pferde traben munter durch die Ebene, als seien sie froh, dem weichen Sand entronnen zu sein. Mir gefällt es, wenn Mandach während des Reitens singt. Seine tiefe, volltönende Stimme und die melancholischen Lieder passen zur Landschaft, scheinen ihre Weite und Einsamkeit zu verstärken.

Vor uns liegt eine rostbraune Bergkette – der Altai, unser Ziel. Das Gebirge ist 2000 Kilometer lang und reicht vom westsibirischen Tiefland bis zur Wüste Gobi. Russland, Kasachstan, die Mongolei und China haben Anteil an ihm. Der höchste Gipfel im Mongolischen Altai ist der Chujten uul, der kalte Berg. Mit 4374 Metern ist er nicht besonders hoch, gemessen an den Achttausendern des Himalaya, und doch wurde er erst 1956 zum ersten Mal bestiegen, von einer mongolisch-kasachischen Bergsteigergruppe.

Der Altai ist schon 300 Millionen Jahre alt, uralt verglichen mit den Alpen, den Anden und dem Himalaya, den jüngsten Gebirgen der Erde. Obwohl die Erosion am Altai nagt, wirkt er noch immer gewaltig, und seine Berge sind abgelegen und schwer erreichbar. Gezeichnet von den Gletschern der Eiszeit, zergliedert von Senken und Hochflächen, ist der Altai in viele getrennte Ketten aufgespalten. Die vor uns liegenden Berge gehören zum Gobi-Altai und sind nach dem Khayrkhan uul benannt, dem mit 3800 Meter höchsten Berg der Gruppe.

Die Wüste fasziniert mich, aber meine eigentliche Heimat sind die Berge. Sie wecken meine Lebensenergie und fordern mich heraus. Auf einen Gipfel zu klettern bedeutet für mich reinstes Glück. Die rostroten Felsen vor Augen kann ich es nun kaum erwarten, dort anzukommen. Am Morgen schwinge ich mich voller Übermut auf Goldauges Rücken, recke den Arm in die Höhe und rufe: *»Urgschaa!«*

Mandach betrachtet mich eine Weile und sagt plötzlich: »Du bist eine echte Mongolin!«

»Was? Meinst du mich? Warum?«

»Du bist eben eine. Das sieht man doch!«

Am Fuß der Berge erstreckt sich ein Sumpf, kein Moor wie bei uns mit Moosen und Sumpfpflanzen, sondern aufgeweichtes Erdreich, durchzogen von Bächen. Einzige feste Punkte in diesem Wasserland sind große Grasbuckel. Mühsam kämpfen sich die Pferde durch den Morast, ohne sie würden wir hier gar nicht durchkommen. Mandach meint, der Sumpf sei 15 Kilometer breit, und schätzt, dass wir für seine Durchquerung vier Stunden brauchen – es werden am Ende sechs Stunden sein.

Mir schenkt die Sumpflandschaft ein besonderes Erlebnis, denn auf einmal höre ich ein wohlbekanntes Flöten. Eine ansteigende Tonfolge mit melodischen, weichen Trillern. So klangvoll flöten kann nur einer – der Große Brachvogel. Jahrzehntelang habe ich seine Stimme nicht mehr gehört. Wie bei einem Déjà-vu-Erlebnis sehe ich mich als junge Studentin mit anderen Biologen durch die Moore Mecklenburgs stapfen. Die Empfindungen von damals und heute überlagern, verdoppeln und verstärken sich. Habe ich mich nicht verändert, bin ich immer die Gleiche geblieben? Als wäre ich zwanzig Jahre jung und so begeisterungsfähig wie damals, spüre ich wieder das unbegreifliche Glück, dem seltenen Vogel zu begegnen. In Momenten wie diesem vergesse ich alle Bedrängnis, freue mich, auf der Erde zu sein und zu leben.

Mit seinen langen Watbeinen schreitet der Große Brachvogel von einem Grasbuckel zum anderen. Schön ist er eigentlich nicht, aber er ist etwas Besonderes. Er hat ein schlichtes, braun gemustertes Federkleid, und ist mit über einem halben Meter ziemlich groß. Ungewöhnlich ist sein 15 Zentimeter langer, sanft abwärts gebogener, dünner Schnabel.

Der Brachvogel bevorzugt den Streifen, wo Wasser und Land ineinander übergehen, einen Grenzbereich, weder dem einen noch dem anderen angehörend. Ein uralter Lebensraum, der bis heute überdauert hat und uns Kunde bringt von einer fernen Vergangenheit. Auch den Großen Brachvogel gab es lange, bevor die ersten Menschen auf der Erde lebten. Erst als sie darangingen, die Sümpfe trockenzulegen, begann seine Lebensuhr abzulaufen. Für mich ist die Begegnung mit diesem Vogel immer auch ein Blick zurück in eine Zeit, als die Menschen die Erde noch nicht beherrschten, so als könnte ich ein Zipfelchen vom Paradies, vom Leben im Urzustand erahnen.

Zwar ist es erst Nachmittag, als wir den Sumpf durchquert haben und am Berghang unser Lager aufbauen, aber unsere Pferde brauchen Zeit zum Fressen. Für die anstrengende Bergtour am nächsten Tag sollen sie ausgeruht und satt sein. Für uns bereite ich eine Pfanne mit Bratkartoffeln. Nachdem Mandach sich erholt hat, reitet er davon, um Nomaden zu suchen und sich nach der besten Aufstiegsroute ins Gebirge zu erkundigen. Er bittet mich, gut auf die Pferde und die Ausrüstung aufzupassen – man weiß ja nie.

Ich nutze die warmen Sonnenstrahlen und wasche mir den Kopf. Als ich mit triefenden Haaren aufschaue, sehe ich in der Ferne eine Ziegenherde, die von einem Nomaden zu Pferde gehütet wird. Ich blicke genauer hin und erkenne, dass der vermeintliche Junge ein Mädchen ist, denn ein schwarzer Zopf reicht ihr bis zur Taille. Im Fernglas wird deutlich, dass sie jung und sehr schön ist. Ich würde gern ein Foto von ihr machen, doch dann verwerfe ich den Gedanken. Sie wird es bestimmt nicht mögen, vielleicht sogar erschrecken, wenn eine Fremde sie mit einem Fotoapparat bedrängt. Kaum habe ich das gedacht, galoppiert sie direkt auf mich zu. Nun bin ich es, die ihr ein bisschen verschämt entgegenblickt. Was mag sie von mir wollen? Nichts weiter, sie ist einfach neugierig, steigt vom Pferd, hockt sich ohne Scheu neben mich und stellt Fragen wie ein geübter Reporter: Wer? Wohin? Weshalb? Warum? Es interessiert sie, wie alt ich bin, und bevor sie nach Kindern fragt, will sie wissen, welchen Beruf ich ausübe.

Sie heißt Suglegma, ist 18 Jahre alt und sagt, sie studiere Geschichte. Ich bin verblüfft, hinter den Sümpfen fernab jeder Zivilisation am Fuße der Berge einer Studentin zu begegnen, die wie ein Junge reitet und in dieser Einsamkeit ganz allein die Ziegen hütet.

»Doch nur während der Ferien«, erklärt sie und fragt: »Könntest du nicht ein Foto von mir machen?«

Als sie meinen Apparat sieht, überrascht sie mich von Neuem. »Aha, eine Digitalkamera! Dann kannst du mir das Bild ja per E-Mail schicken.« Und auf meinen erstaunten Blick fügt sie hinzu: »An der Uni kann ich den Computer benutzen.«

Und in der Tat, als ich nach Monaten wieder zu Hause meine Mails abrufe, ist auch eine Nachricht von Suglegma dabei: »Hi, Carmen, wann schickst du mir mein Foto?«

Die Sonne geht hinter den Bergen unter. Stille breitet sich aus, tief und weit. Ich genieße es, allein zu sein. Was für ein Glück, denke ich, dass ich hier sein und das alles erleben darf! Die Pferde dösen, ein Bein zur Entlastung angewinkelt, dann legen sie sich allmählich eines nach dem anderen auf den Boden, ein Zeichen, dass sie sich sicher fühlen. Viele Stunden haben sie gefressen, jetzt sind sie endlich wieder einmal vollkommen satt. Bei Einbruch der Dunkelheit kommt Mandach zurück. Wie immer brechen wir am nächsten Morgen früh auf. Schnell wird es heiß und schwül. Riesige Bremsen quälen unsere Pferde. Dicke Quaddeln bilden sich dort, wo sie Blut gesaugt haben. Hektisch schlagen die Pferde mit den Köpfen auf und nieder, peitschen mit dem Schweif ihren Körper, schlagen mit den Hinterbeinen aus. Glücklicherweise sind die Blutsauger an uns nicht interessiert. Diesmal steige ich nicht ab; inzwischen fühle ich mich im Sattel sicher und kann verstehen, warum Mongolen vermeiden zu laufen. Die Zeiten, als ich mehr als 1000 Kilometer zu Fuß pilgerte, liegen weit zurück, wie in einem anderen Leben – jetzt, da ich eine Mongolin bin!

Wie auf einen geheimen Befehl sind die Bremsen verschwunden. Ein seltsames Licht lässt die Berge zum Greifen nah erscheinen. Urplötzlich färbt sich der Himmel blauschwarz, und rasend schnell bricht ein Unwetter über uns herein. Der Wind heult, Sand erfüllt die Luft. Vergeblich halten wir nach einer Jurte Ausschau, wo wir Zuflucht finden könnten. Die Zelte wollen wir nicht aufbauen, es ist ja erst Vormittag.

Ein gewaltiger Knall erschüttert die Luft. Goldauge bäumt sich auf und setzt zur Flucht an. Ich kann ihn bändigen und beruhigen. Bei den folgenden Donnerschlägen reagiert er nicht mehr, zuckt nicht einmal, während ich jedes Mal von Neuem erschrecke. Das Gewitter hat sich über den Bergen zusammengebraut, auf die wir geradewegs zureiten. Um den Blitzen keinen erhöhten Angriffspunkt zu bieten, steigen wir ab und gehen neben den Tieren her.

In den Wolken über uns jagen sich die Blitze, erhellen mit ihrem Flackern gespenstisch die Dunkelheit, die mitten am Tag über das Land hereingebrochen ist. Der Sturm beutelt uns, schlägt uns ins Gesicht, nimmt uns den Atem. Die Wolken reißen auf, Graupel prasselt herab. Die Eisstücke schlagen auf und prallen zurück, springen wie Irrwische herum. Wir ducken uns, ziehen die Köpfe zwischen die Knie. Eiseskälte breitet sich aus, ein Schneesturm setzt ein. Keinen Meter weit können wir sehen und bleiben einfach hocken.

Mir fällt ein, was mir Enkhe erzählt hatte: Es war Sommer, als sie in den Ferien ihre Großeltern besuchte, ein kleines Mädchen von sieben oder acht Jahren. Sie hütete die Ziegen und Schafe, die wolligen Lämmer hatten es ihr besonders angetan. Die Sonne schien sommerlich warm, und sie trug nur ein dünnes Kleidchen. Das nahende Unwetter bemerkte sie nicht. Als sie zum Himmel blickte, hingen drohend schwarze Wolken über ihr – und schon tobte der Schneesturm los. Enkhe begann zu zittern in ihrem Kleidchen und wusste vor Angst nicht, was sie tun sollte. Sie kauerte sich zwischen die Tiere, bis sie erstarrt vor Kälte im Schneegestöber plötzlich schemenhaft eine Gestalt auftauchen sah. Erschrocken duckte sie sich noch tiefer, befürchtete, es sei ein Geist oder Dämon. Das Brausen des Sturms übertönte jedes Geräusch, dann hörte sie doch etwas – die Stimme des Großvaters. Er nahm sie in die Arme, hüllte sie in einen dicken Pelz. Gerettet! Zurück in der Jurte wurde das Mädchen mit Freude und Lachen empfangen, weil sie tief in Großvaters Winterpelz steckte und nur ihre kleinen Füßchen herausragten.

Allmählich lässt der Sturm nach, wir steigen wieder auf unsere Reittiere. Die Erde ist völlig weiß vom Schnee, als hätte Frau Holle ihre Betten ausgeschüttelt. Mir gefällt raue Witterung, und ich mag extreme Wetterwechsel, doch das Gewitter hatte mir Angst gemacht. Seit ich einmal in den Anden erlebt habe, wie ein Blitz in meiner unmittelbaren

Nähe senkrecht in die Erde schlug, hat mich der Respekt vor dieser Gefahr nie mehr verlassen.

In Böen jagt der Wind durch die Luft und reißt immer neue Wolkenfenster auf, durch die das Licht wie durch ein Brennglas schießt. Der Schneefall geht in Regen über. Der Wind bläst die restlichen Wolken fort. Blauer Himmel breitet sich aus, als hätte es nie ein Unwetter gegeben. Die Luft duftet frisch und rein. Die Sonne schmilzt den letzten Schneerest weg – und es ist wieder Sommer.

Wie aufgezogene Spielzeuge steigen Heuschrecken laut schnarrend in die Luft, schweben auf und nieder, lärmen unaufhörlich. Hin und wieder sinkt die eine oder andere Schnarrschrecke zu Boden, wo sie dank ihrer Tarnfärbung fast unsichtbar ist. Bei jedem Schritt Goldauges rieche ich Wermutkräuter, Thymian und den scharfen Geruch wilder Zwiebeln. Das Duftbukett wird vom Schweiß meines Pferdes bereichert, ein herbes Aroma, das mich angenehm in der Nase kitzelt. Goldauge schwitzt nicht nur wegen der Sonne, sondern weil es steil bergan geht. Als ich zurückschaue, bin ich erstaunt, wie hoch wir schon sind. Tief unter uns liegt die Ebene. Wie angenehm ist es doch, ein Pferd zu haben.

Bald öffnet sich vor uns ein scharf eingeschnittenes Tal mit einem Bach, an dessen Ufern Bäume wachsen – ein ungewohnter Anblick. Der Hang ist steil, kein Pfad weit und breit. Trotzdem will Mandach den Abstieg wagen. Ich fasse die Zügel kurz, um Goldauge zu bremsen, und verlagere mein Gewicht talwärts, wie beim Abfahren auf Skiern. Ich bin erleichtert, als wir heil den Talgrund erreichen, der mit groben Kieseln und Steinblöcken gefüllt ist – kein geeignetes Terrain für Pferdehufe. Ich denke, zur Schneeschmelze wird sich das murmelnde Bächlein in ein tosendes Ungeheuer verwandeln und gewaltige Steinmassen transportieren. Ein Wunder, dass die Bäume bisher Widerstand leisten konnten. Sie sind alt, mindestens hundert Jahre oder älter, mit knorrigen Stämmen, borkiger Rinde und derben, lorbeerartigen Blättern.

Wir dringen immer tiefer in die Felsregion ein, indem wir dem Bachlauf folgen. Der wird breiter, aber die Wände rücken näher zusammen. Bald füllt das Wasser die Schlucht fast vollständig aus. Im Bachbett wollen wir wegen der Steinblöcke nicht reiten, und an den schmalen Ufern behindert dichtes Gestrüpp das Durchkommen. Es scheint unmöglich, die Pferde durch das Dickicht zu dirigieren, sperrigen Ästen auszuweichen und umgestürzte Bäume zu überwinden. Aber Goldauge drängt vorwärts, und ich bin überrascht, wie gut es mir gelingt, unter diesen Umständen zu reiten und auch das Packpferd sicher zu führen.

Mandach steigt ab und drückt mir die Zügel von Scharr und Zagaan od in die Hand. »Warte bitte einen Moment«, sagt er. »Ich möchte sehen, wie es weitergeht. Bin gleich wieder zurück.«

Prüfend mustere ich die vier Pferde. »Schön ruhig bleiben!«, ermahne ich sie. »Keine Angst! Ihr müsst euch nicht fürchten, Wölfe, Bären und Schneeleoparden gibt es erst weiter oben.«

Ineinander verschlungene Zweige, Äste, Stämme schließen uns ein wie in einen Käfig. Ich höre nur das Rauschen des Wassers, ab und zu schnauben die Pferde leise. »Kuck kuck!«, ertönt ein Ruf. Dann von der Gegenseite: »Kuck kuck!«, als wolle mich jemand necken. Dabei bin ich gar nicht gemeint. Es sind zwei Kuckucke, die stimmlich ihre Reviere abstecken. Es ist seltsam, den vertrauten Vogel, der für uns so viel volkstümliche Bedeutung hat, in der fernen Mongolei zu hören. Äußerlich hat er seine sperberähnliche Gestalt beibehalten, doch hat er sich einen anderen Dialekt zugelegt. Der Ruf klingt weniger scharf, abgehackt und fordernd, vielmehr schwingt er langsam und melodisch, als würde sich der Vogel klangmäßig der Sprache der Mongolen anpassen. Bei uns heißt der Kuckuck lautmalerisch nach seinem Ruf, die Mongolen nennen ihn *höhöö*, vielleicht auch eine Nachahmung des Kuckucksrufs.

Es knackt leise, ich zucke erschrocken zusammen. Ein prüfender Blick auf die ruhig verharrenden Pferde signalisiert mir, dass keine Gefahr droht. Schon zwängt sich Mandach durch das Buschwerk. »*Tzaz*«, sagt er. Schnee. »Er liegt zu hoch. Wir müssen zurück.«

Dort, wo das Tal breiter wird, steigen wir einen steilen Berghang hinauf. Das Geröll macht den Pferden schwer zu schaffen, mit ihren Hufen finden sie kaum Halt. Endlich tauchen wir aus der Schlucht auf. Vor uns liegt eine verlassene Alm im Sonnenlicht. Bergblumen blühen, der würzige Duft von Nadelbäumen zieht durch die Luft. Inmitten der Bergeinsamkeit errichten wir unser Lager. In der Nähe plätschert ein Bach – Wasser für uns und die Pferde. Die Almwiese ist von hohen Bergen mit felsigen Gipfeln umgeben, an deren Flanken Lärchen und

Zirbelkiefern wachsen. Lautlos kreist ein Raubvogel am Himmel. Unsere Pferde wälzen sich vergnügt zwischen Enzian und Edelweiß, rudern mit den Beinen in der Luft und schnauben vor Wonne.

Ich nutze die restlichen Tagesstunden, die Umgebung zu erkunden. Mit jedem Schritt trete ich auf Blumen, kann ihnen nicht ausweichen, die Almwiese ist ein einziger Blütenteppich. Edelweiß, das Sinnbild der Alpen, wo man sich glücklich schätzt, einmal mehrere Exemplare an einem Ort zu finden, wächst hier dicht an dicht. Eine Wiese voller Edelweiß – eine ganz neue Erfahrung für mich. So weit ich auch blicke, überall leuchten die Blütensterne, die wie mit schneeweißem und weißgrünem Samt überzogen sind. Und ich frage mich, ob diese Pflanze jemals ihre Bedeutung im Brauchtum der Alpenländer erreicht hätte, wenn sie nicht so selten und schwer erreichbar wäre, mitunter erst nach gefährlicher Kletterei in steiler Felswand.

Aber die eigentliche Heimat von Edelweiß sind die Steppen und Gebirge Asiens, in die Alpen wanderte die Pflanze erst am Ende der Eiszeit ein. *Zagaan türüü* heißt die Blume und wird auch in der Mongolei verehrt, denn Weiß verkörpert für Buddhisten das Edle, Reine und Göttliche.

Die Bergwiesen sind jedoch nicht nur weiß. Neben dem Edelweiß wachsen blauer Enzian, rote Bergnelken, gelber Mohn und Himmelsherold. Zuerst irre ich mich und denke, es sei Vergissmeinnicht, mit dem der Himmelsherold auch verwandt ist. Dann sehe ich genauer hin und erkenne die Pflanze, die in den Alpen zu den letzten Vorposten des pflanzlichen Lebens im Hochgebirge gehört. Nur wenige Male und stets bei anstrengenden Klettertouren an Graten, Felsspalten und hohen Gipfeln war es mir vergönnt gewesen, den Himmelsherold zu entdecken, dessen Blüten mit dem Blau des Himmels wetteifern. In den Alpen, inmitten der Felsen, zwischen Eis und Schnee, war er mir wunderbar erschienen, wie ein »zur Erde gefallenes Stück Himmelsblau« – hier in seiner Heimat schmückt er ganze Wiesen. Ich stehe in einem blauen Blütenmeer, und es fällt mir schwer zu glauben, was ich sehe.

Den Himmelsherold muss man sich vorstellen wie viele leuchtend blaue Vergissmeinnichtblüten, die auf ein grünes Polster gesteckt sind. 30 Jahre und älter können diese rosettenartigen Polster werden und jedes Jahr neue Blüten bilden. Ein zarter Duft von Flieder liegt in der Luft, den Tausende und Abertausende Blüten verströmen.

Wie jeden Morgen will ich als Erstes einen Blick auf die Pferde werfen, doch diesmal steht vor meinem Zelteingang eine Gestalt. Ein kleines Männchen blickt mich an. Es ist ein Ziesel, der seinen Körper senkrecht in die Höhe reckt. Als ich mich umschaue, hocken ringsum ein Dutzend dieser Tierchen, die das gelbe und blaue Zelt mustern und sich über die Veränderung der vertrauten Umgebung wundern. Zwei Ziesel haben genug geschaut und beginnen den Tag mit gegenseitigem Putzen. Mittendrin halten sie immer wieder inne, erstarren zu Statuen und sichern, ob Gefahr droht. Dann balgen sie sich und jagen sich quer über die Alm.

Am fernen Grat erscheinen die Silhouetten von Pferden. Ohne Hirten streift die halbwilde Herde durch die Gegend und zeigt das vorsichtige Verhalten von Wildtieren. Der Leithengst kann sich lange nicht entschließen, näher zu kommen. Er interessiert sich für unsere Pferde, aber wir, diese zweibeinigen Wesen, sind ihm nicht geheuer. Die Neugier siegt. Er führt seinen Trupp den Hang hinab, ein Pferd in der Spur des anderen. Der Hengst ist schwarz, und die wilde Mähne fällt ihm über die Augen, bedeckt Hals, Brust und Flanke. So herrlich sehen Mähnen aus, wenn sie nicht getrimmt werden.

Lautlos kommt die Schar näher. Weder die Ankömmlinge noch unsere Tiere wiehern. Bisher bin ich noch nicht dahintergekommen, wer zuerst Laut gibt. Als wir am Fluss von Jurte zu Jurte zogen, haben unsere Pferde beim Anblick Fremder stets gewiehert, die anderen aber blieben stumm, hoben kaum die Köpfe. Es schien mir, als bitte das wiehernde Pferd um Erlaubnis, ein fremdes Gebiet passieren zu dürfen. Beide Gruppen beäugen sich misstrauisch. Vielleicht können sie sich nicht einig werden, wer in diesem Gebiet das Sagen hat. Aber es dauert nicht lange, und Goldauge wird von einer Stute attackiert. Mit den Armen fuchtelnd und laut schreiend renne ich los, um mein Pferd zu verteidigen. Die Stute weicht erschrocken zurück, und der Hengst zieht mit seiner Herde weiter.

Inzwischen haben wir gefrühstückt und gepackt. Unser Ziel ist der 3800 Meter hohe Khayrkhan. Vielleicht gelingt es mir, ihn oder einen benachbarten Gipfel zu besteigen. Der Morgen in den Bergen ist taufrisch, eine Welt, die so ursprünglich und rein ist, als sei sie gerade neu erschaffen worden. Und das Schönste, ich sitze bequem im Sattel, überblicke alles und kann die Eindrücke in aller Ruhe auf mich wirken lassen.

Vor uns liegt ein felsiger Grat. Nach beiden Seiten fallen die Wände fast senkrecht ab in einsame Täler. Als geübte Bergsteigerin würde mir der Grat keine Schwierigkeiten machen, aber auf einem Pferd? Ein Pferd ist schließlich keine Gämse oder Bergziege. Als hätte er meine Gedanken erraten, dreht Mandach sich um und fragt: »Willst du nicht lieber absteigen?« Wie gern hätte ich ja gesagt. Allerdings – hatte er mich nicht kürzlich zur Mongolin geadelt? Tapfer schüttle ich den Kopf, presse mich tief und fest in den Sattel, um Goldauge nicht durch mein Zittern zu irritieren. Ein Wunder, wie das Tier über das 30 Zentimeter breite Felsband balanciert – mit zwei Beinen nicht ganz einfach, aber erst mit vieren!

Nach zwei Tagen sehen wir den Khayrkhan in der Ferne leuchten, aber es dauert eine ganze Woche, bis wir ihn endlich erreichen. Eis und Schnee bedecken seinen Gipfel, und mir ist klar, dass ich ihn nicht besteigen kann, da ich weder Steigeisen noch Eispickel bei mir habe. Wie aber wäre es mit dem da? Ein Gipfel geformt wie eine Krone aus Fels.

»Mandach, wie heißt dieser *uul*?« frage ich

»*Chadan titem.*« Im Wörterbuch steht als Übersetzung »Felsenkrone«.

»Auf den möchte ich steigen. Meinst du, das geht?«

»Lass es uns versuchen, gleich morgen.«

»Willst du mitkommen? Da muss man richtig klettern.«

»Was denn sonst?«

Am nächsten Morgen satteln wir in aller Frühe Goldauge und Scharr, die zwei Braunen bleiben bei den Zelten. Mandach hat in dieser unbesiedelten Gegend keine Bedenken, sie unbeaufsichtigt zu lassen. Wir reiten einen Hang voller Silberwurz hinauf, dessen leuchtend weiße Blütensterne den Vorgipfel bedecken. Silberwurz ist ein Rosengewächs, das hundert Jahre alt werden kann. Schaut man genauer hin, sieht man unter den Blüten und den glänzend grünen Blättern die verholzten Ästchen und Zweiglein, die horizontal am Boden entlangwachsen und sich dort verwurzeln. Spalierartig überzieht der Zwergstrauch das Geröll und festigt es. Wird die Pflanze von Gestein verschüttet, drängt sie schnell wieder ans Licht.

Vom Pferderücken aus haben wir eine phantastische Aussicht, blicken in tiefe Täler und auf steile Gipfel, sehen Murmeltiere, Ziesel und sogar Steinböcke. Ich hätte erwartet, dass die Murmeltiere zahlreicher wären. Mandach weiß, dass in den vergangenen Jahren Pestepedemien im Altai wüteten und nur wenige Tiere überlebten.

Eine der Almmatten ist ausschließlich mit Himmelsherold bewachsen. Über mir die blaue Himmelskuppel, unter mir der blaue Blütenteppich – ich fühle mich wie inmitten einer blauen Kugel. Als würde die Farbe abfärben, ergreift eine »blaue Stimmung« von mir Besitz: Federleicht, duftig und zart mit einem Pinselstrich Melancholie, so ist dieses Blau.

Dann gelangen wir an einen Geröllhang, wo zwischen Kieseln und Steinblöcken Blumen in allen Farben und Schattierungen blühen. Kein Gärtner könnte einen prächtigeren Steingarten schaffen, als er hier auf natürliche Weise von selbst entstanden ist. Zitronengelb schaukeln die Blütenköpfe des Bergmohns sanft im Wind, die Kelche der Kuhschelle schmücken sich mit violettem Samt, die Bergnelken setzen rote Akzente. Gelb, Blau, Rot, Grün, Orange – eine Überfülle an Farben, voller Harmonie aufeinander abgestimmt.

Als wir die Felsregion erreichen, machen wir Halt. Die Pferde müssen hier auf dem windigen Bergsattel zurückbleiben, wobei eine Fußfessel sie am Weglaufen hindert. Überwältigend baut sich die Bergkrone vor uns auf. Nachdem Mandach kurz nach oben geblickt hat, beginnt er ohne zu zögern hinaufzuklettern. Ich bin überrascht, wie geschickt er sich im Fels bewegt, im Gestein Tritte und Griffe findet. Schnell komme ich beim Klettern außer Atem, dadurch wird mir bewusst, in welcher Höhe wir uns befinden. Der Gipfel muss an die 3000 Meter oder höher sein. Er macht es uns nicht leicht. Jedes Mal, wenn wir glauben, oben zu sein, erscheint hinter dem vermeintlichen Gipfel ein noch höherer Fels. Über die zahlreichen Zacken der Krone erreichen wir endlich die höchste Spitze, wo gerade genug Platz ist für uns beide. Der Rundumblick ist berauschend – im Südosten bis zu den Sanddünen der Gobi, im

Westen in den zerklüfteten Altai, und weit unten, winzig klein, entdecken wir Goldauge und Scharr am Fuß des Felsens.

Während ich noch schaue und mich nicht sattsehen kann, flattert auf einmal etwas Helles herauf, schwebt über die Felsen, wird vom Wind hin und her getrieben. Es ist weiß und klein, wie ein Schnipsel Papier, kommt näher, will sich auf meiner Hand niederlassen. Da erkenne ich ihn – einen Apollofalter. Ein zartes Geschöpf mit weißen, fast durchsichtigen Flügeln und vier orangeroten Punkten, benannt nach dem göttlichen Apoll, der mit seiner strahlenden Gestalt das griechische Schönheitsideal verkörperte, der Liebling der Musen, der die Musik beflügelte und seine Weissagungen durch das Orakel in Delphi verkünden ließ. Ziemlich viel Verpflichtung für einen kleinen Falter, den Namen gerade dieses Gottes zu tragen. Warum aber fliegt der Apollofalter auf die hohen Gipfel der Altaiberge? Was sucht das fragile Wesen in der rauen Felsenwelt?

Schmetterlinge, diese Gaukler der Sommerwiesen – zuallerletzt würde man sie im lebensfeindlichen Hochgebirge inmitten von Kälte, Sturm und Eis vermuten. Was viele nicht wissen: Diese Zarten sind zähe Fernwanderer. Sie legen nicht nur Hunderte, sondern Tausende Kilometer zurück, wie der amerikanische Monarchfalter, der 6000 Kilometer von Kanada nach Mexiko ins Winterquartier und wieder zurück nach Kanada fliegt, um eine neue Generation hervorzubringen. Wer sich im Frühling an Distelfalter, Admiral, Taubenschwänzchen, Oleander- und Wolfsmilchschwärmer erfreut, ahnt meist nicht, dass diese Schmetterlinge aus Afrika über das Mittelmeer und die Alpen bis zu uns geflattert sind.

Ehe sich der Apollofalter auf meiner Hand niederlassen kann, wird er von einer Böe erfasst, in Kreisen und Spiralen durch die Luft gewirbelt. Scheinbar ein Spielball des Windes findet er seine Flugbahn im Windschatten des Berges wieder und segelt davon.

Vorausschauend habe ich zur Gipfeltour einen Stoffbeutel mitgenommen, um Pilze zu sammeln. Seit wir im Gebirge sind, hatte ich jeden Tag welche gefunden, meist Champignons und Boviste, groß wie Kinderköpfe. Diesmal entdecke ich eine Art Hallimasch, einen fleischigen Pilz, der intensiv nach Anis duftet. Mandach staunt, wie viele

Zubereitungsarten es für Pilze gibt: Pilzsuppe, Pilzeintopf, Pilzgemüse, Pilzsalat, Pilze mit Reis, Spaghetti oder Kartoffeln. Stolz überrasche ich ihn jeden Tag mit einem neuen Pilzgericht, gestern mit tellergroßen Schnitzeln aus saftigen Bovisten.

Vielleicht hat er die Pilze doch irgendwann satt, jedenfalls sagt er eines Morgens: »Machen wir einen Tag Pause. Den Pferden würde die Erholung gut tun, und ich könnte mich mal umsehen, ob es in der Nähe Nomaden gibt.«

Hocherfreut stimme ich zu, denn unsere Zelte stehen an einem traumhaft schönen Fleckchen Erde. Einen Tag lang allein die Stimmung an diesem Ort zu erleben – wundervoll!

»Weißt du, Mandach«, sage ich, »wenn du Nomaden triffst, bleib ruhig über Nacht, da kannst du dich besser ausruhen. Für mich wäre es eine tolle Erfahrung, allein in den Bergen zu übernachten.«

Lachend schüttelt er den Kopf: »Nein, auf gar keinen Fall. Ich verstehe dich, aber niemand würde mich verstehen.«

Es ist schon etwas Eigentümliches mit dem Alleinsein. Als Mandach hinter den Bergen verschwunden ist, bin ich schlagartig wie verwandelt. Ich breite meine Arme aus, drehe mich im Kreis und fühle mich als Herrin des Altai. Mein Altai! Er gehört mir, nicht im Sinne von Besitz, sondern von angehören, als Teil eines Ganzen. In Gemeinschaft mit Menschen kann dieses Gefühl nicht entstehen. Bin ich aber allein, dann ist nicht mehr wichtig, wer ich bin und was ich tue, dann schärfen sich meine Sinne, und ich werde empfänglich wie ein Instrument, das die Melodie der Natur spielt.

Eine Weile überlege ich, wie ich mein Alleinsein und die geschenkte Freiheit am besten verbringen könnte. Soll ich Goldauge satteln und zu einer Erkundungstour aufbrechen oder einfach hier auf der Alm verweilen und die sanft gewellte Bergwiese auf mich wirken lassen? In der Ferne sind unsere Pferde nur noch als Punkte erkennbar. Trotz Fußfessel haben sie sich in der Nacht auf Futtersuche weit entfernt. Du kannst sie ruhig dort grasen lassen, hatte Mandach gemeint. Ich möchte sie aber in meiner Nähe haben und führe sie zu unserem Lagerplatz zurück. Ich strecke mich auf der warmen Erde aus, atme tief den Duft der Bergwelt in mich ein, höre das vertraute Schnauben der Pferde, lausche dem melancholischen Gesang des Steinschmätzers, fühle die Härte der Steine und die trockene Festigkeit der Erde.

Als ich Hunger bekomme, schwinge ich mich auf Goldauges Rücken und mache mich auf die Suche nach Pilzen, denn von oben hat man einen guten Überblick. Mich von den Gaben der Natur zu ernähren verschafft mir großes Vergnügen.

Bei Sonnenuntergang beginnen die Vögel mit ihrem Abendgesang. An der gegenüberliegenden Bergflanke nehme ich zwischen locker stehenden Lärchen eine Bewegung war. Im Fernglas erkenne ich einen katzenartigen Kopf mit kurzen, spitzen Ohren. Was mag das sein? Eine Weile starrt das Tier in mein Richtung, dann wagt es sich ganz aus seiner Erdhöhle heraus. Es hat einen sandfarbenen Pelz, eine buschige Rute und ist groß wie ein Fuchs. Das muss ein Korsak sein, ein Steppenfuchs. Auf Mongolisch heißt er *chjars*. Im Zickzackkurs schleicht er über die Almmatten, angelockt vom Duft, der aus den Zieselbauten strömt. Er ist aber zu ungeduldig, sich auf die Lauer zu legen, schnuppert nur kurz und rennt weiter. Ich kann seinen Hunger nachempfinden und gönne ihm einen Fang. Lange verfolge ich mit dem Fernglas seinen gewundenen Lauf über die Alm, bis er in einem Lärchenwald untertaucht.

Die Sonne versinkt hinter den Bergen, die Vögel sind verstummt, Dunkelheit bricht herein. Da sehe ich über den Hügeln einen Reiter auftauchen, schwarz gegen den noch hellen Horizont. Unwillkürlich ducke ich mich, eine instinktive Reaktion. Ein Blick durchs Fernglas beruhigt mich: Es ist Mandach, der wie ein Indianer mit wehenden Haaren im wilden Galopp mit der Nacht um die Wette zu reiten scheint.

Leben im Kreis

»Sie erwarten uns«, sagt Mandach. Er hat es plötzlich eilig, der einsamen Bergwelt zu entkommen und wieder in der Nähe von Menschen zu sein. Nur ein paar Ziesel schauen neugierig aus ihren Löchern, als wir am nächsten Morgen davonreiten. Ich wäre gern länger in den Bergen geblieben, möchte aber das Naadam-Fest nicht versäumen, und vor uns liegt noch die Hälfte des Wegs bis zu Ganbaatars Jurte.

Die farbenprächtigen Blumen der Hochalmen verschwinden schlagartig, sobald wir die beweidete Region erreichen. Eine gemischte Herde von Ziegen und Schafen zieht über den Hang und raspelt alles nieder, was ihnen vor die Mäuler kommt. Ein junger Hirte, einen Grashalm im Mund, liegt auf dem Rücken in der Sonne, lässt sein Pferd grasen und blickt in den Himmel. Wovon mag er träumen? Vielleicht sehnt er sich danach, was er gerade nicht hat. Als ich in seinem Alter war, träumte ich von der Mongolei und einem Leben ähnlich dem seinen.

Mandach hat bei seinem gestrigen Erkundungsritt Bajan kennen gelernt und führt mich zu ihrer Jurte; eine zweite, in der ihr Sohn mit seiner Familie lebt, steht daneben. Bajan, ihr Name lautet »Reich«, ist 55 Jahre alt und Witwe. Sie hat Nergüj, den elfjährigen Sohn ihrer Cousine, bei sich aufgenommen. Nergüj bedeutet »ohne Namen«. Irritiert frage ich Mandach, wie Eltern es ihrem Kind antun können, ihm einen Namen zu geben, der keiner ist. Rufen sie ihr Kind, dann sagen sie doch jedes Mal: »Komm her Ohne Namen«!

»Ach, in unseren Ohren klingt das nicht abwertend«, beruhigt er mich. Ganz im Gegenteil, dieser Name zeigt, dass die Eltern ihr Kind besonders lieb haben und es vor bösen Einflüssen schützen wollen. Man versucht, die Geister zu täuschen. Jemanden, der keinen Namen hat, den können sie nicht finden. Deshalb soll man auch nie die Schönheit eines Kindes loben, das könnte den Blick von Dämonen auf das Kind lenken und ihm Unglück, Krankheit oder gar den Tod bringen.

»Stellt eure Zelte auf!«, ruft uns Bajan zu. »Es wird gleich regnen.«

»Wie das denn? Der Himmel ist doch blau und wolkenlos«, wundere ich mich. Doch Bajan behält Recht. Eine Stunde später ziehen Wölkchen von den Bergen herab, sie häufen und verdunkeln sich, dann prasselt Regen nieder.

»Bajan, wie lange wird es regnen?«, frage ich.

»Fünf Tage«, antwortet sie. Wieder wird sich ihre Vorhersage bewahrheiten. Die kurzen Pausen zwischen den Güssen würden nicht ausreichen, die Zelte trocken einzupacken. Deshalb verschieben wir unseren Aufbruch von Tag zu Tag. Die zwei einsamen Jurten auf der Hochalm werden vorübergehend zu unserem Zuhause; in mein niedriges Zelt krieche ich nur zum Schlafen.

Frühmorgens sieht man die Nomaden weit von den Jurten entfernt ihr Geschäft verrichten. In fast jeder Richtung ragt ein Kopf hervor, denn es gibt ja keine Büsche und erst recht keine Bäume als Sichtschutz, so sucht man Deckung hinter Bodenwellen und Grasbüscheln. Toilettenpapier ist unbekannt, jedenfalls hier auf der abgelegenen Alm. Ich habe allerdings einen Vorrat dabei und achte darauf, das benutzte Papier mit Erde und Steinen ganz zu bedecken, damit es vom Wind nicht verweht wird.

Die Morgenwäsche der Nomaden ist kurz. Eine Kelle Wasser aus dem Fass geschöpft muss genügen. Damit werden das Gesicht benetzt, die Hände gewaschen, gurgelnd der Mund gespült und die Nase geräuschvoll gesäubert. An wärmeren Tagen wird die Körperwäsche nachgeholt, auch Haare und Kleidung kommen dann dran. Kleine Kinder werden nackt in eine Wanne gestellt und von Kopf bis Fuß eingeseift, Erwachsene sind weniger freizügig. Männer entblößen den Oberkörper; Frauen verstehen es, sich bei der Waschung nicht beobachten zu lassen.

Jeden Morgen bittet mich Bajan zum Tee in ihr Reich. Gebückt überschreite ich die Schwelle, setze mich mit gekreuzten Beinen auf den Teppich. Durch die geöffnete Tür blicke ich ins Freie, wo zwei schwarze Hunde lauern. Mit regennassem Fell warten sie hungrig auf ihr Frühstück, in die Jurte dürfen sie nicht. Manchmal wagen sie es, den Kopf vorsichtig hereinzustrecken, dann scheucht Bajan sie energisch weg. So streng sie mit den Hunden umgeht, so mitleidig gewährt sie jungen Herdentieren ihren Schutz. Zur Zeit hat sie ein braunes, mutterloses Zicklein in ihrer Obhut, das sie mit einer Nuckelflasche aufzieht.

Durch das Deckenloch, das wegen des Regens bis auf einen Spalt zugezogen ist, fällt nur wenig Licht. Bajan macht sich am Herd zu schaffen und erhitzt Milch in einem Kessel. Zuerst hatte ich gedacht, die mit getrocknetem Mist beheizten Eisenöfen würden die ganze Jurte verqualmen, aber die langen Abzugsrohre ziehen hervorragend, und die Luft bleibt sauber. Kocht die Milch, werden ihr einige Brocken Tee und eine Prise Salz zugefügt. Der Tee stammt übrigens aus China und wird aus holzigen Ästen und Zweigen zu Ziegeln gepresst. Wer den bei uns bekannten Geschmack von Schwarztee erwartet, wird enttäuscht. Bevor der Milchtee verteilt wird, geht Bajan vor die Tür und opfert einige Tropfen des Getränks den vier Himmelsrichtungen und der Mutter Erde. Selbst in Ulaanbaatar gehört diese Zeremonie zum Alltag. Ist man morgens in den Straßen unterwegs, muss man sich vor den Güssen hüten, die aus Hochhäusern herunterregnen. Abreisende Gäste, ob zu Pferd oder im Auto, werden ebenfalls mit *tzee* begossen.

Aus dem Holzregal nimmt die Hausherrin eine Schale, und obwohl sie sauber ist, poliert sie diese unermüdlich mit einem unansehnlichen Lappen, bis sie glänzt. Damit will sie mir ihre besondere Wertschätzung beweisen. Gefüllt mit Milchtee reicht sie mir dann die Schale. Auf der gestrigen Milch, die gekocht und mit der Kelle aufgeschäumt wurde, hat sich durch die nächtliche Abkühlung Rahm abgesetzt. Vorsichtig schöpft Bajan die Sahnehaube ab, reicht mir die Delikatesse auf einem Teller, legt noch in Hammelfett frittiertes Gebäck dazu – mein Frühstück, das mich für den ganzen Tag sättigen wird, denn erst am Abend wird wieder gekocht.

Regen oder nicht, die Tiere müssen bei jeder Witterung gemolken werden. Otsch, die Schwiegertochter Bajans, wendet sich zuerst den fünf Yakkühen zu. Sie wirken wehrhaft und gefährlich mit ihren gebogenen Hörnern und dem langhaarigen Fell, das an ihrem Körper wie ein Vorhang herunterhängt. Ohne sich von den kehligen Grunzlauten beeindrucken zu lassen, bindet die junge Frau einem der zottigen Tiere mit einer Schnur die Hinterbeine zusammen und führt ein Kälbchen heran.

Für mich sehen die schwarzweiß gefleckten Yakkälbchen eines wie das andere aus. Otsch hingegen weiß sie genau zu unterscheiden und ordnet die Kälbchen der richtigen Mutter zu. Durstig schnappen sich die Jungen eine Zitze, stoßen ungeduldig mit ihrer quadratischen Stirn gegen das Euter, damit die Milch einschießt. Weißer Schaum quillt aus ihrem schmatzenden Maul. Doch schon bald hat die Wonne ein Ende. Unerbittlich werden sie von der Milchquelle weggezerrt und an einer Leine festgebunden, was gar nicht so einfach ist, denn die Kleinen, immerhin groß wie Bernhardinerhunde, wehren sich mit aller Kraft. Meine Hilfe trägt mir schmerzhafte blaue Flecken ein.

Mit flinken Fingern streift Otsch die Zitzen entlang. Ein bis zwei Liter der fetthaltigen Milch drückt sie heraus, dann darf das Kalb zurück ans Euter und es leer nuckeln. Nun sind die Schafe und Ziegen dran, und alle helfen mit, auch die Männer. Zuerst müssen die Muttertiere aus der Herde herausgefangen werden, was mit viel Gerenne und Geschrei verbunden ist. Sind die Tiere in zwei Reihen geordnet und festgebunden, kann das Melken beginnen. Während die Frauen Eimer voll schäumender Milch in die Jurten schleppen, schwingen sich die Männer auf ihre Pferde und treiben die Herde auf die Bergweide. Bajan erklärt mir, warum Mongolen gemischte Herden aus Schafen und Ziegen bevorzugen: Für die Ziegen mit ihrem dünnen Haarkleid seien die Schafe im Winter lebensrettend. Mit ihren spitzen Hörnern boxen sie sich zur Mitte der Herde durch, so dass sie von einem schützenden Mantel aus Schafswolle umgeben sind.

Für die Frauen geht die Arbeit nach dem Melken weiter: Milch seihen, kochen, rühren, schäumen, säuern und gerinnen lassen, Molke abgießen und Joghurt, Sahne und Käse zubereiten. Alle Gerätschaften müssen penibel gesäubert werden, dafür haben die Frauen aber weder Bürsten noch Kratzer oder Schaber, auch keine Spülmittel, nur heißes Wasser.

Wie Plätzchen sorgsam nebeneinander auf Holzbretter gelegt, trocknet der Käse, eine eiweißhaltige Reserve für den Winter. Bei sonnigem

Wetter werden die Käsebretter auf die Jurtendächer gestellt. Jetzt im Regen geht das nicht. In dem mit Gerätschaften vollgestopften Raum findet Bajan den einzigen freien Platz unter ihrem eisernen Bettgestell.

Wer auch immer ihre Behausung betritt, dem bietet sie sogleich Milchtee und weiße Speisen an: Joghurt, Sahne, Käse. So ist es Tradition, daran hält sich jede mongolische Jurtenherrin. Früher war es nötig, den Milchtee für den Gast immer frisch zuzubereiten, heute erleichtern Thermoskannen, in denen das Getränk heiß aufbewahrt werden kann, den Frauen die Arbeit. Den knallrot emaillierten Kannen mit der gelben Rose begegne ich in fast jeder Jurte, es scheint von ihnen nur ein einziges Modell zu geben. Da ich unruhig immer wieder nach draußen gehe, um zu prüfen, ob es nicht doch bald aufhört zu regnen, werde ich nach jeder Rückkehr neu beköstigt. So habe ich am Abend keinen Hunger, wenn die Nudel-Fleisch-Suppe serviert wird.

Ist die Milch erst einmal verarbeitet, senkt sich Stille über die beiden Jurten am Berghang. Ich bin überrascht vom Kontrast zwischen der harten Arbeit, die den Frauen alle Kraft abfordert, und der langen Phase des Ausruhens, des Müßiggangs und vielleicht sogar der Langeweile. Träge liegen die Hunde herum, Pferde dösen mit tief hängenden Köpfen, ein dünner Rauchfaden steigt aus dem Ofen, der fast erloschen ist. Bajan macht ein Nickerchen, dabei behält sie ihre Stiefel an, die sie immer trägt, auch in der Jurte, damit sie jederzeit losreiten könnte, sollte es nötig sein.

Der kleine Nergüj bockt. Seit Stunden hockt er draußen im Regen in Rufweite – aber niemand ruft ihn. Bajan antwortet auf meine besorgte Frage: »Lass ihm Zeit, er wird sich beruhigen.« Es kommt nur selten vor, dass Nomaden ihre Kinder schlagen. Aber diesmal war Nergüj einfach zu frech gewesen in seiner Wortwahl und wurde mit einer leichten Kopfnuss zurechtgewiesen. Tief gekränkt und in seiner Ehre verletzt stürmte er ins Freie, warf mit Steinen und Erde um sich.

Eigentlich wollte ich mir im Regen die Füße vertreten, komme aber nicht weit, Bajans Schwiegertochter Otsch hat mich entdeckt und will mich unbedingt in ihre Jurte einladen. Den Wunsch darf ich ihr nicht abschlagen, obwohl ich weiß, dass ich gleich wieder etwas essen und Milchtee trinken muss.

Otsch ist eine mongolische Schönheit. Ihr schwarzer Zopf hängt schwer und glänzend über den Rücken hinab. In ihrem ebenmäßigen Gesicht fallen die vollen Lippen und die dunkel blitzenden Augen auf. Im Gegensatz zur Jurte ihrer Schwiegermutter wirkt ihre Behausung hell und gepflegt; so sauber war es noch nirgendwo. Sie lächelt stolz, als sie bemerkt, wie gut es mir bei ihr gefällt.

»Eigentlich ganz einfach«, sagt sie. »Alles hat seinen Platz. Man darf nur das Aufräumen nie auf später verschieben.«

Die Türöffnung verdunkelt sich, Bajan tritt ein, wie in der Mongolei üblich ohne Ankündigung, und hat die letzten Worte gehört. »Na, du hast gut reden, Otsch!«, sagt sie leicht empört. »Zur Hochzeit hast du von uns eine neue Jurte bekommen, da ist es einfach, Ordnung zu halten!«

»Oh, Hochzeit, das interessiert mich! Wie habt ihr gefeiert, und wie hast du deinen Mann überhaupt kennen gelernt, Otsch?«, frage ich.

»Schon seit der Kindheit mögen wir uns, denn unsere Familien sind befreundet und haben sich oft das Sommerlager geteilt«, sagt die junge Frau.

»Aber wie hat er um deine Hand angehalten?«

»Mein Mann hat einen Vermittler geschickt. Bei uns ist es üblich, dass ein Freund oder Verwandter mit poetischen Sätzen, in Reimen und Gesang die Gefühle des Bräutigams ausdrückt. Wir haben auch den Lama in Altai-Stadt nach dem richtigen Datum für die Hochzeit befragt, damit unsere Ehe glücklich wird.«

»Und wir haben die Jurte gebaut«, mischt Bajan sich ein. »In meinem Herd habe ich einen Holzspan entzündet und mit ihm das Feuer im Herd meiner Schwiegertochter entfacht. Zuvor musste mein Sohn sie bei ihren Eltern abholen. Wir waren alle dabei, die ganze Familie und Freunde, und brachten eine Menge zu essen für die Hochzeitsgäste mit.«

»Ja, und Geschenke auch«, ergänzt Otsch. »Schöne Stoffe, Teeschalen und einen *deel* aus Seide für mich. Ich wurde zu dem neuen *ger* geführt, von nun an unser gemeinsames Zuhause. Dann habe ich Milchtee gekocht und die erste Schale meiner Schwiegermutter gereicht und auch alle anderen Gäste bewirtet. Mein Mann und ich haben eine Schale Milch geleert, dann waren wir verheiratet.«

»Aber du darfst die Feier nicht vergessen! Drei Tage lang haben die Hochzeitsgäste gegessen und getrunken.«

»Wie war das eigentlich?«, frage ich und gebe dem Gespräch eine andere Richtung, weil ich es noch immer nicht ganz verstehe. »Wie habt ihr während der kommunistischen Herrschaft gelebt?«

Otsch zuckt die Schultern. Bajan seufzt: »Das ist vorbei!«

»Erzählt mir doch bitte, wie es war!«

»Was gibt es da schon zu sagen? Es war, wie es war!«

Ob es an dem Gebot der Höflichkeit liegt, dass man dem Gast nicht mit negativen Geschichten die Stimmung verderben will? Entschlossen bohre ich weiter: »Hat man euch hier oben auf dem Berg kontrolliert? Musstet ihr auch die Norm erfüllen?«

Bajan lacht auf. »Du hast ja keine Ahnung! Wir konnten nichts entscheiden, weder wie viele noch welche Tiere wir halten noch wo wir sie weiden lassen. Zwei bis drei Familien haben ein Kollektiv gebildet, andere mussten in großen Genossenschaften arbeiten. Alles war geplant, die Größe der Herden und wie viele Tiere wir abzuliefern hatten. Und fast jedes Jahr wurde das Plansoll erhöht, deshalb mussten es immer mehr Tiere sein. Da wuchs dann gar nichts mehr in manchen Gebieten, und wir bekamen die Schuld. Wer aber den Plan übererfüllte, wurde mit einem Orden belohnt und durfte sich ›Held der Arbeit‹ nennen.«

»Ich dachte immer, du bist stolz darauf«, wird sie von Otsch unterbrochen. »Bajan ist nämlich gleich dreimal als ›Held der Arbeit‹ ausgezeichnet worden. Ihre Orden heftet sie zu jedem Naadam-Fest an ihren *deel*.«

»Na und? Schließlich habe ich sie mir hart erarbeitet«, kontert die Schwiegermutter.

»Wie habt ihr Nomaden trotz dieser Planwirtschaft eure jahrtausendealten Erfahrungen bewahren können?«, frage ich.

»Fast alles ist verloren gegangen. Wir mussten wieder neu lernen, auch aus Misserfolgen, und uns erinnern, was wir von den Vorvätern gehört hatten. Wir suchten die Zukunft in der Vergangenheit.«

Überrascht lausche ich. Bajans Art sich auszudrücken beeindruckt mich. Doch sie redet schon weiter, und ich muss mich konzentrieren, um mir keinen ihrer klugen Gedanken entgehen zu lassen.

»Nicht alle Neu-Nomaden schafften es, denn die Steppe erlaubt keine Fehler. Während harter Winter büßten manche ihr gesamtes Vieh ein, weil sie die alten Weisheiten nicht beachteten.«

»Alte Weisheiten? Welche denn?«

»Nichts Geheimnisvolles«, schmunzelt Bajan, die genau gemerkt hat, wie neugierig ich bin. »Nur einfache Beobachtungen und Erfahrungen eben, wie sie normalerweise von einer Generation zur anderen weitergegeben werden. Die Höhe des Winterlagers zum Beispiel will genau bedacht sein. Einige Grade wärmer oder kälter können über Leben und Tod entscheiden. Im Winter sind die Täler kalt, denn von den Bergen senkt sich eisige Luft in die Niederungen. Aber Vorsicht! Zu hoch am Berg wird es zu kalt. Ein erfahrener Hirte beachtet die Zeichen der Natur. Er kann voraussehen, ob ein schneereicher Winter kommt, und wird sein Vieh auf Hügel treiben, wo der Wind die Schneedecke wegbläst.«

»Wie finden denn die Tiere im Winter ihre Nahrung? Es wächst doch nichts mehr, und das acht Monate lang, von September bis Mai!«

»Da hilft gerade die Kälte«, lächelt Bajan. »Bei den ersten Nachtfrösten im Herbst sterben die Pflanzen ab und trocknen rasch im Steppenwind. Bestes Heu, gefriergetrocknet! Die Steppe – ein riesiger Kühlschrank – liefert den ganzen Winter über das Futter.«

»Woher weißt du das alles, Bajan?«

»Musst nur die Augen aufmachen, hingucken! In der Schule habe ich lesen gelernt, später habe ich gemerkt, dass man auch in der Natur lesen kann wie in einem Buch. Na ja, und von meinem Vater natürlich. Er war ein kluger Mann, hat nicht viel geredet, aber jedes seiner Worte war voller Weisheit.«

Wieder tritt eine Gestalt durch die Tür. Einen Moment ist es fast dunkel in der Jurte, und ich kann das Mädchen erst erkennen, als sie sich gesetzt hat. Ich mustere sie verblüfft. Zu knallengen, schwarzen Jeans trägt sie ein Top aus hellblauen Spitzen, dessen Durchsichtigkeit über der Brust mit blauer Seide unterlegt ist, wahrscheinlich der letzte Modeschrei. Aber hier im abgelegenen Gebirge? Wie kommt dieses Stadtmädchen auf die einsame Bergalm? Die anderen stören sich nicht an der unpassenden Kleidung oder lassen sich, höflich wie sie sind, nichts anmerken.

Die Besucherin heißt Batch, ist 16 Jahre alt und wohnt während der Sommerferien bei ihren Eltern in einer Jurte. In der übrigen Zeit besucht sie in der Stadt ein Internat. Sie sei extra wegen mir hergeritten, weil sie gehört habe, dass eine Ausländerin zu Gast sei.

Geritten? Wie hat sie das mit ihrem luftigen Aufzug im Regen und kalten Wind ausgehalten? Mein Blick fällt auf ihre Schuhe, vorn mit langer Schnabelspitze und hinten mit Absatz – damit zu reiten muss eine Kunst sein. Batch hat nicht nur Make-up aufgelegt, sondern auch passend zur Farbe des Tops ihre Wimpern blau getuscht.

Erwartungsvoll blickt sie mich an, als sei ich ein Bote aus dem Land ihrer Sehnsucht. Verkehrte Welt! Das Nomadenmädchen spiegelt viel eher eine Lebensweise, wie sie eine global gleichgeschaltete Jugend interessiert, als ich mit meinen Wanderschuhen, dem kakifarbenen Hemd und dem abgewetzten Anorak.

»Erzähl mir von Deutschland«, bittet sie mich, aber mein Kopf ist vom Steppenwind wie leer geblasen. Ratlos sehe ich das Mädchen an. Sie scheint mir die Zukunft zu verkörpern, eine Zukunft, die nicht die meine sein kann.

»Kommt, lasst uns Ball spielen!«, schlägt Otsch vor, die mir wohl aus der Verlegenheit helfen will. Bajan schaut zu, aber Batch spielt trotz ihrer spitzen Absatzschuhe mit, auch Mandach und Nergüj kommen angeritten und gesellen sich zu uns. Zu fünft stellen wir uns im Kreis auf und werfen uns den Ball zu. Niemand stört sich am Regen, der mal nieselt, dann wieder heftig strömt. Unser Lachen verhallt in der Weite.

Wie von Bajan vorausgesagt lässt sich die Sonne am fünften Tag endlich wieder sehen, beleuchtet hell Jurten, Herdentiere und Menschen, und die Wiesen blitzen wie mit Smaragden übersät. Zum Abschied zieht Bajan mich an sich heran, beschnuppert meine Schläfen, zieht dabei die Luft geräuschvoll durch die Nase. Otsch küsst meine Wangen, und beide beschenken uns mit prall gefüllten Beuteln voller Trockenkäse. Hoch zu Ross reiten wir davon. Immer wieder blicke ich mich um und winke. Kleiner und kleiner werden die Menschen, und als ich zum letzten Mal zurückschaue, erkenne ich gerade noch die zwei Jurten als weiße Tupfer. Ein frohes Gefühl durchflutet mich, verwandelt die Melancholie des Abschieds in reine Freude: Weiterziehen zu können, ins Unbekannte, neuen Abenteuern entgegen – das ist wirkliche Freiheit. Die Nomaden aber, das erkenne ich nun, sind gar nicht so frei, wie ich immer dachte. Obwohl sie keinen festen Wohnsitz haben und mit ihren Filzhäusern mehrmals im Jahr umziehen, bleiben sie doch stets im gleichen Gebiet, wandern die erprobten Pfade entlang und lagern an bekannten Plätzen. Alle Entscheidungen betreffen einzig das Wohl ihrer Herdentiere. Sie sind der Mittelpunkt ihres Lebens, ohne die sie nicht existieren könnten, die aber ein ungebundenes, freies Leben nicht gestatten.

Auf dem Rückweg zu Ganbaatars Jurte, bei dem ich die Pferde geliehen hatte, folgen wir wieder dem Flusstal. Zwei Monate nach unserem Aufbruch sehen wir in der Ferne die drei weißen Filzzelte von Ganbaatar und seinen Nachbarn. Schon hat man uns dort entdeckt, sich auf die Pferde geschwungen, um uns entgegenzureiten. Freudig werden wir willkommen geheißen, neugierig ausgefragt und bestaunt. Es ist, als würden wir von einer erfolgreichen Entdeckungsreise heimkehren. Ich will gern noch ein paar Tage bleiben im Nomadenlager am Fluss, das Erlebnis ausklingen lassen und Abschied von unseren Pferden nehmen. Burmaa aber bedrängt mich, sie habe genug vom einfachen Leben zwischen Schafen und Ziegen, möchte endlich wieder in die Stadt zurück. Sie müsse Vorbereitungen für das Naadam-Fest treffen.

Ehe ich mich versehe, wird das Auto beladen. Kurz, viel zu kurz ist der Abschied. Goldauge ist mit der Herde hinter den Hügeln verschwunden, ich bin traurig, mein Pferd nicht noch einmal sehen zu können. Schon setzt sich das Fahrzeug in Bewegung. Zurück bleiben Nurmaa und Ganbaatar, zwei Gestalten im blauen und braunen *deel*, mit von der Sonne gegerbten Gesichtern, gezeichnet vom harten Leben in der Steppe. Ein Bild, das ich nicht vergessen werde. Im Seitenspiegel sehe ich, wie sie winken, sich umwenden und zur Jurte zurückgehen. Schlagartig wird mir bewusst, dass ich sie nie wiedersehen werde.

Ich erinnere mich an den so ganz anderen Abschied von den Leuten auf der Bergalm. Mit einem Gefühl der Hochstimmung ritt ich von dort weg, dachte nicht daran, dass auch dies ein Abschied für immer war, denn alles war noch offen, ein weiter Weg lag vor uns, und neue Herausforderungen lockten. Mit dem Abschied von Nurmaa und Ganbaatar ist gleichzeitig ein einmaliges Abenteuer zu Ende.

Der Wagen ist überfüllt. Nachbarn und Verwandte, alle wollen mit nach Altai-Stadt, sogar ein lebendes Schaf gehört zu den Passagieren. Es läuft eine Musikkassette, und sogleich beginnen die Leute zu singen. Sie singen während der ganzen Fahrt. Die glockenhellen Stimmen der Frauen mischen sich mit den dunklen der Männer. Es sind schwermütige Lieder mit kunstvoll verzierten und geschluchzten Melodien, die zu der winddurchwehten vorüberziehenden Landschaft, zu den kahlen Hügeln, dem weiten Himmel passen. In meiner Abschiedsstimmung vermögen sie mich nicht zu trösten. Im Gegenteil, eine seltsame Traurigkeit befällt mich, eine Mischung aus Freude über das einmalige Erlebnis und die Erkenntnis, dass jetzt alles vorbei ist.

Drei Spiele für Männer

In Altai-Stadt wohnen Mandach und ich wieder bei Burmaa und ihren vier Kindern. Sie spürt meine Niedergeschlagenheit und glaubt, ich hätte Heimweh. Ja, habe ich auch: Heimweh nach der Einsamkeit und Weite der Steppe, nach meinem Pferd Goldauge, nach der aufregenden Spannung, am Morgen ins Unbekannte aufzubrechen und nicht zu wissen, wo man am Abend sein Lager aufschlagen wird. Nachdem ich acht Wochen frei umhergestreift bin, fühle ich mich zwischen den Bretterzäunen der Stadt wie ein gefangener Vogel.

Burmaa mag mich. Seit sie mich und Mandach vor vielen Wochen vom Flughafen abgeholt hatte und in ihrer Jurte aufnahm, sieht sie in mir eine Freundin. Oft hängt sie sich bei mir ein und schlägt einen Spaziergang vor. Mitfühlend wie sie ist, will sie mich ablenken. Wir schlendern die Gassen zwischen den hohen Bretterzäunen entlang, ohne etwas zu sehen, ohne ein Ziel zu haben. Altai-Stadt brütet Langeweile aus, die selbst die Gedanken sterben lässt.

»Morgen beginnt Naadam«, tröstet mich Burmaa, »das wird dir gefallen.«

Naadam – schon das Wort lässt Mongolenherzen höher schlagen. Die Eintönigkeit des Steppenalltags, die Einsamkeit, die Sorgen und Mühen mit dem Vieh, all das ist an den Tagen vom 11. bis 13. Juli vergessen. Jeder ist Teil einer fröhlichen Menschenmenge, hat seine Festtagskleidung angelegt, fiebert mit bei den Wettkämpfen, genießt die Kirmesstimmung mit den bunten Marktständen und die verführerischen Düfte der Leckereien, die aus den Imbissbuden dringen.

Für Mongolen ist Naadam wichtiger als für uns die Olympischen Spiele. Ein fairer Wettstreit findet statt, allerdings nur in drei Disziplinen: Ringen, Pferderennen und Bogenschießen, die drei männlichen Spiele – *eriyn gurwan naadam* –, so werden sie genannt. Wohlgemerkt, die Sportarten gelten als männlich, doch nur beim Ringen nehmen ausschließlich Männer teil. Beim Pferderennen sind es Kinder, die wegen ihres leichten Gewichts die Pferde ins Rennen führen. Selbst wenn sie unterwegs herunterfallen und das Pferd ohne Reiter durchs Ziel läuft, gehört der Sieg dem Züchter. Beim Bogenschießen beteiligen sich Männer wie Frauen, wobei Frauen mit ihrer Zielsicherheit manchen Mann übertreffen.

Das Naadam-Fest reicht weit zurück in die mongolische Geschichte. Schon zu Zeiten der Hunnen und Alttürken gab es diese Spiele. Später prüfte Dschingis Khan bei dieser Gelegenheit die Tauglichkeit seiner Krieger, allerdings ohne die Wettkämpfe auf einen bestimmten Zeitpunkt und Ort festzulegen. Aus jenen Tagen ist ein Gedenkstein erhalten, der bis 1918 in der Steppe stand und sich heute in der St. Petersburger Eremitage befindet. Dieser Stein erzählt vom Naadam-Wettkampf, der im Jahr 1225 am Ufer des Örgöno-Flusses ausgetragen wurde, bei dem ein Bogenschütze namens Yisünke ein 335 Meter entferntes Ziel getroffen haben soll. Heute beträgt die Wettkampfdistanz für Männer gerade einmal 75 und für Frauen 60 Meter.

Nachdem die Spiele während der chinesischen Herrschaft aus politischen Gründen unerwünscht waren, lebte die Tradition ausgerechnet unter einer kommunistischen Regierung wieder auf. Da zu dieser Zeit nationale Gesinnung als Schmähung des großen Brudervolks Sowjetunion geächtet wurde, musste für Naadam eine andere Verpackung gefunden werden. Der Trick bestand darin, mit dem traditionellen Fest gleichzeitig den Sieg der »Volksrevolution« zu feiern.

Gut gelaunt strömen die Menschen im festlichen *deel* zu den Kampfplätzen. Im Stadion der Ringer herrscht fieberhafte Spannung. Wetten werden abgeschlossen, Lautsprecher dröhnen, Reden örtlicher Würdenträger erschallen und Musikkapellen schmettern Marschmusik. Plötzlich geht ein Ruck durch die Menge: Die Ringer laufen ein! Muskelbepackte Kolosse, stiernackig, mit dicken Bäuchen und prallen Oberschenkeln. Ihre finsteren Mienen stehen in seltsamem Kontrast zu der putzigen Kleidung: ein knappes Höschen, ähnlich einem Slip, aus roter oder hellblauer Seide, dazu ein boleroartiges Oberteil, bei dem an Stoff gespart wurde. Es bedeckt die Arme bis zu den Handgelenken und den Rücken, wobei Brust und Bauch nackt bleiben. Die Stiefel dagegen sind kniehoch, üppig mit Stickereien verziert und haben eine nach oben gebogene Spitze. Den Kopf krönt ein Hut mit Bommel, der allerdings beim Kampf abgenommen wird.

Einer nach dem anderen treten sie in die Mitte des Kampfplatzes, wiegen ihren Oberkörper vor und zurück, drehen Pirouetten, breiten die Arme aus und ahmen das Flügelschwingen eines Vogels nach, des mythischen Garuda. Vor Aufregung knufft Burmaa mich in die Seite. »Der da, guck! Ja, genau der! Ich glaube, der wird siegen«, raunt sie mir ins Ohr. Das könne sie daran erkennen, wie er sich beim Vogeltanz bewege.

Jeder Ringer hat einen Sekundanten, der seinen Schützling mit Lobpreisungen zur Seite steht und während des Kampfes den Bommelhut hält. Eine verantwortungsvolle Aufgabe, denn ein Hut hat symbolische Bedeutung. Ihn zu verlieren gilt als Zeichen drohenden Unglücks.

Bei den ersten Runden paaren sich ziemlich unterschiedliche Gegner. Da kämpfen Dickbäuchige gegen Athleten, stämmige Alte gegen junge Burschen. Es gibt weder Gewichts- noch Altersklassen, doch wer es wagt, gegen einen stärkeren Rivalen anzutreten, erfreut sich besonderer Wertschätzung. Der beste Weg zum Erfolg sei ein möglichst starker Gegner, heißt es, selbst auf das Risiko hin, bei der ersten Runde schon auszuscheiden.

Die Regeln sind denkbar einfach: Verloren hat, wer mit einem Körperteil, mit Ausnahme seiner Fußsohlen, die Erde berührt. Nur wer siegt, darf weiterkämpfen. Bei jeder Runde halbiert sich also die Zahl der Ringer, bis nur noch zwei übrig bleiben und gegeneinander in der Endrunde antreten. Wer fünf Gegner besiegt hat, darf sich »Falke« nennen, sieben Siege bringen den Titel »Elefant«, und der Beste wird »Löwe« genannt. Wer es schafft, beim nächsten Naadam wieder der Erste zu sein, der wird ein *awraga,* was so viel bedeutet wie Gigant oder Riese. Jeder weitere Sieg verschafft dem »Giganten« ein zusätzliches Attribut, zum Beispiel »Unbesiegbarer« oder »Mächtiger«. Bajanmuch, ein Ausnahmetalent, erwarb mit seinen vielen Siegen einen echten Bandwurmtitel: »Der das Auge erfreuende, mächtige, berühmte, unbesiegbare Gigant.«

Nach einigen Runden ist die Konkurrenz härter geworden, die Kämpfe dauern jetzt länger. Wie Bulldozer stehen sich massige Schwergewichte gegenüber, Kopf an Kopf, Schulter an Schulter. Keuchender Atem, nichts passiert, keiner vermag den anderen von der Stelle zu drücken. Stunden können vergehen, ein Zeitlimit gibt es nicht. Aufgeregt fiebert das Publikum dem Sieg entgegen. Burmaa hält meine Hand umklammert. Und plötzlich geht es dann ganz schnell: Geschiebe nach links, nach rechts, eine ruckartige Drehung, und einer der beiden kracht auf den Boden. Frenetischer Aufschrei auf den Tribünen. Der Niedergeworfene muss unter dem ausgestreckten rechten Arm des Stärkeren durchschlüpfen, eine Geste der Unterwerfung. Der Sieger setzt seinen Hut auf und imitiert noch einmal den Garuda-Flug. Flatternd und wippend dreht der Koloss seine Ehrenrunde. Diese jahrhunderte-, vielleicht sogar jahrtausendealte Tradition hat nichts von ihrer Faszination auf Menschen eingebüßt – mich eingeschlossen.

»Warum tragen die Ringer diese komischen Boleros ohne Vorderteil?«, frage ich Burmaa. Sie erzählt mir eine Legende: Einst sei ein unbekannter Ringer angetreten, der einen Gegner nach dem anderen in kürzester Zeit zu Boden schmetterte. Peinlich, als sich herausstellte, dass der Unbesiegbare eine Frau war. Um eine Wiederholung der Schmach zu verhindern, musste von da an mit nackter Brust gekämpft werden.

»Schnell!«, ruft Mandach. »Wir müssen los! Die Pferde sind gestartet!« Er hat einen Wagen organisiert, mit dem wir hinaus in die Steppe holpern zu einer großen Menschenansammlung.

»Hier ist das Ziel«, erklärt mir Mandach. Der Start ist nicht zu sehen. Das Rennen findet mehr in der Phantasie der Zuschauer statt, denn es gibt weit und breit kein einziges Rennpferd zu sehen. Während des stundenlangen Wartens wächst die Spannung, die sich dann in einem einzigen kurzen Moment entlädt, wenn die Pferde endlich auftauchen und durchs Ziel rennen. Von sportlichen Großereignissen verwöhnte Europäer würden sich hier eher langweilen, ich aber nutze die Wartezeit, um etwas über den mongolischen Rennsport zu erfahren, der unvergleichlich ist und seinen ganz eigenen Regeln folgt.

Je nach Alter der Pferde geht das Rennen über 15 bis 35 Kilometer. Früher waren es genau 30 Kilometer, ein *örtöö*, das ist die Wegstrecke, die ehemals zwischen zwei Poststationen lag. Geritten werden Wallache und in einer eigenen Gruppe die Hengste.

Monate zuvor beginnt das Training, berichtet mir Mandach. Jeder Züchter schwört auf sein eigenes Übungsprogramm. Damit das Pferd Ausdauer erwirbt, lässt man es während der heißesten Tagesstunden bergan rennen und hüllt es zusätzlich in Wolldecken. Es soll schwitzen, damit es an Gewicht verliert. Vor dem Rennen bekommt es wenig zu fressen, so wird es noch leichter und kann dadurch hoffentlich schneller galoppieren.

Wir blicken über die Steppe, über leeres Grasland bis zu den sanft geschwungenen Hügelketten am Horizont. Eigenartig, denke ich, ein Pferderennen, bei dem man nichts sieht, dennoch haben sich hunderte Menschen versammelt. Die Leute schlendern umher, bilden Grüppchen, begrüßen sich mit ausgesuchter Höflichkeit. Manche sehen sich nur dieses eine Mal im Jahr, und man merkt ihnen an, wie lange sie sich auf dieses Zusammentreffen gefreut haben. Der Duft von Teigtaschen mit Hammelfleischfüllung umweht die Nasen, dann wieder riecht es nach frischen Pferdeäpfeln und Pferdeschweiß. Ein Pferd reibt sein Maul an meiner Schulter und bläst mir seinen Atem in den Nacken. Viele Mongolen sind hoch zu Ross gekommen, und niemand stört sich daran, dass sie sich unter die eng stehenden Menschen mischen. Junge Männer lümmeln im Sattel, Eltern präsentieren ihren Nachwuchs, und junge Mädchen ziehen kichernd umher

Eine Gruppe würdevoller Männer sitzt im Gras, mustert mit einäugigen Ferngläsern den Horizont. Auf ein leises Signal geht ein Raunen durch die Wartenden, und einer sagt es dem anderen weiter, bis ein Ruf durch die Menge braust: »Sie kommen!« Alle zucken wie elektrisiert zusammen und stürzen nach vorn. Jeder schubst und drängelt, will möglichst in der ersten Reihe stehen. Und da sehe ich es auch: Über dem grünen Land steigt eine braune Wolke hoch, als würde eine Windhose den Sand aufwirbeln. Aus der Staubwolke lösen sich dunkle Punkte, die schnell an Umfang gewinnen – die Pferde! Freudenschreie und Pfiffe ertönen aus der Menge, Männer brüllen, Frauen kreischen, Babys weinen.

Die ersten Tiere, schweißnass und mit bebenden Flanken, nähern sich der Ziellinie, begrüßt durch die Flaggen schwingenden Schiedsrichter. Die Reiter sind ausschließlich Kinder, die jüngsten fünf, keines älter als zwölf Jahre. Sogar kleine Mädchen kann ich erkennen. Die meisten sitzen auf dem blanken Pferderücken, ohne Sattel, ohne Steigbügel. Wie in Trance schlagen sie auf ihre Reittiere ein, links, rechts, links, rechts – klatschend sausen die aus Leder geflochtenen Peitschen auf Hälse und Flanken der Tiere. Die Pferde scheinen zu wissen, worauf es ankommt, und mobilisieren ihre letzten Kräfte. Unter dem Jubel der Zuschauer rasen sie durchs Ziel und werden von Helfern abgebremst. Erschöpft lassen sich die Kinderjockeys vom Pferderücken in die Arme ihrer Väter fallen.

Fünf Pferde werden zu Siegern gekürt. Das erste Pferd wird mit dem Titel *Tumnij ech,* »Anführer von Zehntausend« geehrt. Da sind sie wieder, die Dezimaleinheiten, mit denen schon die Hunnen und später Dschingis Khan die Heere geordnet hatten. Noch einmal steigen die kindlichen Reiter auf die Rücken ihrer Siegerpferde und wirken noch immer wie benommen von der Anstrengung des Ritts und der Aufregung, gesiegt zu haben. Krampfhaft halten sie in ihren Händen eine Kupfertafel mit einer Zahl von eins bis fünf. Während sie im Kreis reiten, tönt aus der Menge eine Art Indianergeheul, das mich an Wildwestfilme erinnert. Dann stellen sich die Reiter in einer Reihe auf und lauschen ergriffen dem Lobgesang, bei dem ein Sänger mit poetischen Worten die edle Schönheit der Siegerpferde preist. Den Züchtern werden Silberschalen mit Stutenmilch gereicht, von der auch die Kinder einen Schluck nehmen dürfen. Der Rest der weißen Flüssigkeit wird den Pferden über den Rücken gegossen.

Geehrt wird neben den fünf Siegern auch der Verlierer, der als letzter ans Ziel kam. Er bekommt den Namen *Bajan chodood* – Reicher Bauch, gemeint ist ein gut gefüllter Magen. Ein tröstliches Lied wird angestimmt: »Dein Weg war voll von Stolpersteinen und Gruben, Pferdchen, sei nicht traurig, dein Ruhm wird beim nächsten Naadam aufgehen wie die goldene Sonne am Morgen.«

Die eigentlichen Gewinner sind die Züchter. Zusätzlich zum Ruhm erhalten sie wertvolle Sachgeschenke – beliebt sind Motorräder – und hohe Geldpreise. Auch Orden werden immer noch gern vergeben. Ein Mann, der seinen *deel* schon mit 20 Medaillen geschmückt hat, erfährt eine besondere Ehrung: Ihm wird ein neuer, kostbarer Hut zum Geschenk gemacht. Seine Angehörigen umarmen ihn liebevoll, und die Älteren brechen in Tränen aus. Alle Zuschauer sind von dieser Szene berührt.

»Warum sind alle so ergriffen?«, frage ich Burmaa.

»Ach, das ist Amgalan, ein erfolgreicher Viehzüchter. Sieh dir seine vielen Auszeichnungen an! In kommunistischer Zeit hatte er die Pläne übererfüllt. Nach der Wende hat man ihm das übel genommen, dabei hatte er doch nichts verbrochen. Jetzt versucht man, das Unrecht wieder gutzumachen.«

Das Bogenschießen, von dem ich mir so viel versprochen hatte, stellt sich wenig spektakulär dar – aber nur auf den ersten Blick. Denn auch hier entdecke ich uralte Zeremonien mit symbolischer Bedeutung. Gezielt wird nicht auf eine Scheibe, sondern auf *sur*, das sind faustgroße Körbchen aus Filz, die mit Lederriemen umwickelt sind. Die Körbchen werden zu einer Wand aufgebaut, in der Mitte zur Orientierung ein rotes Körbchen. Nach jedem Schuss wird das getroffene *sur* weggenommen, sodass die Körbchenmauer kleiner und kleiner wird und das Treffen immer schwieriger. Am Bogen befindet sich keine Vorrichtung zum Visieren. Der Schütze muss sich ganz auf sein scharfes Auge, seine sichere Hand und seine Erfahrung verlassen.

Für die Bögen benutzt man verschiedene Materialien: elastisches Birkenholz, Rinde, Bambus, Horn und Tiersehnen. Gern werden die Waffen mit Schnitzereien verziert und mit Fetischen ausgestattet. Jeder Bogen ist ein Unikat, durch Handarbeit entstanden, die heute nur noch von wenigen beherrscht wird. Der Schütze darf vier Pfeile mit einer abgerundeten Spitze aus Kamelknochen abschießen. Um die Flugbahn zu stabilisieren, sind am Schaft Federn von Adlern oder Geiern befestigt. Gezielt wird nach Süden, in die glückbringende Richtung, nach der auch die Türen der Jurten ausgerichtet sind.

Wenn nach langer Zeit der Konzentration endlich der Pfeil von der Sehne schnellt, ist wegen der großen Distanz zum Ziel das Ergebnis für mich nicht sichtbar. Ich langweile mich daher ein wenig, bis mir das eigenartige Hüpfen der Schiedsrichter auffällt. Es sieht komisch aus, wie sie wippen, wackeln und wild mit den Armen wedeln. Da sie gefährlich nahe am Ziel stehen, glaube ich zuerst, das sei eine Methode, um den Pfeilen auszuweichen. Doch nein, es sind seit alters überlieferte Gesten, die dem Kundigen signalisieren: zu kurz geschossen, zu hoch, zu weit links oder rechts. Bei einem Treffer fliegen die Arme der Richter in die Höhe, dazu singen sie, und es klingt, als würde der Steppenwind heulen.

Niemand kann mir erklären, warum das Bogenschießen immer mehr an Bedeutung verliert, waren doch früher Pfeil und Bogen die wichtigsten Requisiten bei der Eroberung fremder Völker. Vielleicht liegt es am Selbstwertgefühl der neuen Mongolei, das alte Kraftsymbole überflüssig macht. Noch vor Jahrzehnten war Bogenschießen sehr populär, erzählt mir Mandach. Er kann sich erinnern, wie er als Kind mit seinen Leuten zum Ufer des Tuul ritt, wo man sich zu Wettbewerben versammelte und bei einem lodernden Lagerfeuer feierte.

Am nächsten Tag überbringt mir Mandach freudig eine Nachricht: Bei einem weiteren Rennen habe Scharr gesiegt.

»Wie? Du meinst unseren Scharr?«

»Ja, Ganbaatars Pferd.«

»Aber ich dachte, sie müssten vor dem Rennen trainiert werden.«

»Was meinst du denn, was ich getan habe! Besser als durch unsere anstrengende Tour kann man kein Pferd auf das Naadam-Fest vorbereiten. Den Erfolg siehst du ja!«

Als Preisgeld erhält Ganbaatar umgerechnet 200 Euro und zusätzlich ein Motorrad. Ich staune über die Großzügigkeit der Veranstalter, vor allem wenn man bedenkt, dass ein Lehrer kaum 80 Euro im Monat verdient.

Ein paar Tage nach dem Naadam-Fest rüttelt mich Mandach nachts um vier aus dem Schlaf: »Wach auf! *Maschin, maschin!* Aufstehen! Es geht los!« Was für eine Maschine meint er denn nur?, überlege ich benommen. Ob es um das Auto geht, das uns in die Hauptstadt bringen soll? Gestern hatte mir Mandach den so genannten »Onkel« vorgestellt, einen bulligen Mann, der mit seinem Furgon, einem Kleinbus russischen Fabrikats, nach Ulaanbaatar fahren wollte, uns aber auf später vertröstete, weil er auf weitere Passagiere hoffte. Dass er mitten in der Nacht starten würde, davon war nie die Rede gewesen.

Die schnelle Verabschiedung von Burmaa fällt mir schwer. Wir liegen uns in den Armen, ich spüre ihren warmen Körper, sie schnuppert an meiner Schläfe – und schon sitze ich neben Mandach im Fahrzeug, das durch die nächtliche Bretterzaunstadt kurvt und immer mehr Fahrgäste einsammelt. Zwei Stunden vergehen. »Onkel« ist unersättlich, je mehr Leute, umso höher seine Einnahmen. Auf den offiziell zehn Sitzplätzen drängen sich schließlich 16 Erwachsene und sieben Kinder. Das wird eine Tortur werden! Bis Ulaanbaatar sind es 1000 Kilometer, doch wegen der holprigen Pisten kommt das Fahrzeug nur langsam voran. Zwei Tage und eine Nacht werde ich mich in dieser Enge quälen. Wehmütig denke ich an den kaum zweistündigen Hinflug, der Rückflug nach Ulaanbaatar war leider ausgebucht.

Die Sonne geht auf, als wir hinausfahren in die mir schon so vertraute Landschaft mit ihren sanft geschwungenen Weiden, den weißen Filzjurten, den Viehherden. Im Wagen ist es still, alle schlafen – bis auf mich und »Onkel«, der den Wagen lenkt. Einmal quengelt ein Zweijähriger, aber nur kurz. Die Mutter reicht ihm die Brust, und beide nicken wieder ein.

Beim Einsteigen hatte keiner protestiert, jeder war wortlos bereit, das Unzumutbare hinzunehmen. Je zwei Erwachsene teilen sich einen Sitz, für die Kinder reicht es nicht, sie schlummern auf dem Schoß von Vater und Mutter oder liegen quer über den Beinen der Erwachsenen. Irgendwie konnten auch die Bündel, Kisten und Säcke verstaut werden, lebende Schafe waren diesmal nicht dabei.

In der Ortschaft Delger halten wir zum ersten Mal. Eine Wohltat, die zusammengepressten Gliedmaßen wieder in eine natürliche Lage zu strecken. In einer Garküche wird für die Passagiere gekocht: mit fettem Hammelfleisch gefüllte, in Öl frittierte Teigtaschen. Da esse ich lieber meinen Trockenkäse, den mir Burmaa mitgegeben hat.

Die nächsten Stunden der Fahrt sind unterhaltsam. Mit gut gefülltem Magen und stimuliert vom Tee fliegen Scherze zwischen den Reisenden hin und her. Rasch werden wir zu einer verschworenen Fahrgemeinschaft, teilen Kekse, Bonbons und Getränke. Von den Kindern hört man kein Wort, höchstens, dass sie ihren Eltern etwas ins Ohr flüstern, sonst öffnen sie nur den Mund, um Süßigkeiten hineinzustecken.

Es ist Mittag, die Sonne brennt heiß herab, und im Wagen ist es stickig, trotz der geöffneten Fenster. Ein kleines Mädchen beugt sich weit hinaus, um den Fahrtwind zu genießen. Die Mutter hält es ängstlich am Zipfel ihres Kleidchens fest. Immer wieder habe ich beobachtet, dass mongolische Eltern ihrem Nachwuchs selten etwas verbieten, ihnen frühzeitig viel Freiheit und Eigenverantwortung gestatten. Zwar sagen sie, was sie für richtig halten, aber sie zwingen ihren Kindern die eigene Meinung nicht auf, sondern erwarten, dass sie das Fehlerhafte ihres Verhaltens erkennen und sich selbst korrigieren. So sehr mir dieses Erziehungsprinzip gefällt, diesmal ist es nicht angebracht, denke ich. Jeden Moment kann das Kind bei den heftigen Stößen des Wagens hinausstürzen oder von einem hochgeschleuderten Stein am Kopf getroffen werden.

Bevor ich etwas sagen kann, mischt sich ein Mitreisender ein: »Schluss jetzt!«, befiehlt er. »Das Kind muss vom Fenster weg, sofort!« Von dem autoritären Ton bestärkt, finden die Eltern endlich die Kraft, das Kind gegen seinen Willen in den Wagen zu ziehen. Empört blickt es die Eltern an, verzieht sein Gesichtchen und beginnt zu heulen, und das ausgiebig. Erst nach einer halben Stunde lässt sich das Mädchen beruhigen und schläft ermattet in den Armen seiner Mutter ein. Nicht lange und die Erwachsenen schlafen auch. Wohl die beste Methode, die lange Fahrt zu überstehen.

Wir fahren durch das Changai-Gebirge, gelbbraune Hochflächen, aus denen felsige Gipfel ragen. Nur sehr selten sehe ich weit in der Ferne Tierherden oder Jurten. Eine einsame Landschaft fast ohne Spuren menschlichen Lebens. Unser robustes Fahrzeug erscheint mir wie ein Raumschiff, in dem alle im Tiefschlaf ruhen und das durch einen von Menschen unberührten Kosmos gleitet.

Die Sonne versinkt, eine halbe Stunde später wird es dunkel. Ich wusste, dass wir die Nacht durchfahren würden, weil »Onkel« sich mit einem Beifahrer abwechselt, kann mir aber nicht vorstellen, wie ich die Nacht überstehen soll. Aber wie alle anderen schlafe auch ich schließlich ein.

Schlagartig bin ich wach. Es ist heller Morgen. Das Wageninnere gleicht einem Schlachtfeld, wo menschliche Körper auf einem Haufen liegen, niedergesunken, ineinander verknäult. Wie geknickte Blüten hängen die Köpfe auf die Brust oder sind unnatürlich weit nach hinten gestreckt, schaukeln bei jedem Stoß des Wagens willenlos hin und her.

Einer nach dem anderen erwacht, gezeichnet von Erschöpfung. Keiner hat Kraft zum Scherzen oder Singen. Eigenartigerweise fühle ich mich beschwingt, wie nach einer erholsamen Nacht. Vielleicht einfach deshalb, weil ein neuer Tag beginnt und ich mir vorstelle, wie taufrisch und morgenkühl es jetzt draußen in der Steppe ist. Das Changai-Gebirge liegt längst hinter uns, die Gegend ist wieder besiedelter. Ab und zu tauchen Jurten auf, aus denen Rauch in den Himmel steigt. Frauen melken, Männer reiten davon, Kinder treiben die Herde auf die Weide. Der Gleichlauf eines arbeitsreichen Lebens.

Die Qualen des Fahrens verschlimmern sich von Stunde zu Stunde. Nach einem weiteren Tag in der »Sardinenbüchse« nähern wir uns am späten Nachmittag Ulaanbaatar. Am Stadtrand hält »Onkel« an und bestimmt, dass Mandach und ich mitsamt unserem Gepäck aussteigen müssen. Draußen zieht gerade ein Unwetter herauf, ein Sandsturm verdunkelt bereits die untergehende Sonne. Empört weigere ich mich, den Wagen jetzt schon zu verlassen, aber gegen »Onkel« komme ich nicht an. Es sei verboten, mit einem derart überladenen Wagen in die Hauptstadt zu fahren, sagt er und empfiehlt uns, ein Taxi zu nehmen. Der Furgon rumpelt davon, verschwindet im Dunst des aufgewirbelten Sandes.

Wolken über der Mongolei

Ulaanbaatar ist weder schön noch hässlich, aber auf unnachahmliche Weise einzigartig, mit keiner anderen Stadt vergleichbar. Im Winter soll monatelang eine Dunstglocke über ihr hängen, doch ich erlebe sie hell und klar, durchflutet von transparentem Licht, wie ich es derart intensiv nur im Hochgebirge kenne. Die Sonne spiegelt sich in den weißen Fassaden der Hochhäuser, so dass deren Verfall kaum wahrnehmbar ist. Für mich ist Ulaanbaatar aber auch deshalb so reizvoll, weil ich das Privileg einer eigenen Wohnung habe. Wenn ich mit dem Fahrstuhl in den neunten Stock hinauffahre und den Schlüssel ins Schloss stecke, fühle ich mich nicht als Fremde in einer unbekannten Stadt, sondern bin in vertrauter Umgebung. Die Dreizimmerwohnung habe ich für mich allein. Enkhe ist mit Mutter Njamsuren und den Kindern noch vor meiner Rückkehr ins Sommerhäuschen gezogen.

Mein Weg in die Innenstadt führt quer durch den Park des Gandan-Klosters. Ich lasse mir Zeit und nutze die Ruhe zur Besinnung. Außerhalb der Klostermauern ist es wie überall in der modernen Welt, der Verkehr braust und die Abgase verpesten die Luft. Im Zentrum der Hauptstadt liegt der Suchbaatar-Talbai, ein monströser Platz, geschaffen für Aufmärsche und Militärparaden. In seiner Mitte ragt das Reiterdenkmal des mongolischen Nationalhelden Suchbaatar empor. In heroischer Pose reitet der Held auf seinem Streitross, den Arm emporgereckt, als wolle er seine Truppen in einen Kampf führen, der nie enden wird.

Der Zerfall der Mandschu-Dynastie im Jahr 1911 gab das Zeichen zur Befreiung von chinesischer Herrschaft. Bogd Khan, das Oberhaupt des buddhistischen Lamaismus, wurde zum religiösen und weltlichen Herrscher einer autonomen Mongolei gewählt. China wollte sich mit dieser Entwicklung nicht abfinden und sandte erneut seine Truppen. Ein Hilfsgesuch der Mongolei an den Zaren wurde von Russland abgelehnt. Auch Frankreich, Deutschland und die USA sahen keinen Grund, einem Volk von Viehhirten beizustehen.

Erst die russische Oktoberrevolution veränderte die Situation grundlegend. Es entstanden geheime revolutionäre Zirkel, deren Ziel die Befreiung von chinesischer Herrschaft war. Die Mongolen waren dabei weniger an kommunistischer Ideologie interessiert, hofften aber auf die Unterstützung der russischen Kommunisten. Die sowjetische Regierung erklärte alle zaristischen Verträge, die mit China und Japan bestanden, für ungültig und sicherte der Mongolei ihr Recht auf Unabhängigkeit zu.

In dieser Zeit nahmen die Ereignisse eine unerwartete Wende. Der »verrückte Baron« trat im Jahr 1920 auf die mongolische Bühne: Roman Fiodorowich von Ungern-Sternberg, ein Baron aus baltischem Adelsgeschlecht, der sich zum »Befreier der Mongolei« ausrief. Es gibt keine Zeugen mehr, die sich an sein Schreckensregiment aus eigenem Erleben erinnern. Sein Leben war nichts als Kampf, Zerstörung und Tod. Dennoch – trotz aller Untaten und Morde verdanken ihm die Mongolen, dass es heute die Mongolei als unabhängigen Staat gibt und das Land nicht eine Provinz Chinas wurde.

Der Baron, der unter dem Zaren als Generalleutnant gedient hatte, war im Herbst 1920 vor der Übermacht der Roten Armee in die Mongolei geflüchtet und zog mit etwa tausend Anhängern bis nach Urga, wie Ulaanbaatar damals noch hieß, um die Stadt von den Chinesen zu befreien. Der erste Versuch misslang. Die chinesische Garnison, 12 000 Mann stark, nahm seine Reiter ins Kreuzfeuer und schlug sie in die Flucht. Doch Ungern-Sternberg gab nicht auf. Er behauptete, in direkter Linie von Attila, dem Hunnenkönig, abzustammen, sah sich zudem als Reinkarnation Dschingis Khans. Seinen Gefolgsleuten erschien er wie der Gott des Krieges höchstpersönlich. Gewaltsam rekrutierte er neue Kämpfer aus der nomadischen Bevölkerung. Mit einer 5000 Mann starken Truppe besiegte er nach drei weiteren Versuchen die chinesische Garnison und nahm Urga ein. Tagelang zog er mit seiner Bande plündernd, raubend und mordend durch die Straßen von

Haus zu Haus. Männer, Frauen, Kinder jeden Alters und gleich welcher Nation, wurden hingeschlachtet, mit dem Säbel in Stücke gehauen, erschossen, erwürgt, gehängt, gekreuzigt, verbrannt. Der Baron, wahrscheinlich vom Wahnsinn befallen, verfütterte lebende Gefangene an seine Hundemeute und peitschte Menschen zu Tode. Aber da er den Bogd Khan aus chinesischem Arrest befreite und ihn wieder als Regierungsoberhaupt einsetzte, wurde von Ungern-Sternberg als »Befreier« gefeiert, und der Bogd Khan verlieh ihm sogar einen mongolischen Fürstentitel.

Die Bewunderung erlosch nur allzu rasch. Der »verrückte Baron« zeigte schnell sein wahres Gesicht: Er wollte die Mongolei als Aufmarschbasis gegen die Sowjetunion nutzen, die Rote Armee von Sibirien aus angreifen und zerschlagen. Er fühlte sich auserwählt, war erfüllt von der »göttlichen Mission«, den Kommunismus niederzustampfen. Menschen waren für ihn nur nützliche oder unnütze Werkzeuge. Erbarmungslos presste er Mongolen zum Militärdienst. In der Hand die wippende Peitsche, schritt er die Reihen der neuen Rekruten ab, hielt bei jedem Mann an, fixierte ihn kurz und brüllte dann: »Geeignet!« Oder: »Liquidieren!« Jeder, der einen körperlichen Defekt hatte, klein gewachsen, alt oder schwach war, wurde erschossen. Ungern-Sternberg glaubte an Wiedergeburt, die er in seiner Verrücktheit sehr eigenwillig auslegte. Er behauptete, den Leuten etwas Gutes zu tun, wenn er sie tötete, weil sie dann im neuen Leben die Chance hätten, einen kräftigeren, gesünderen, in jeder Hinsicht besseren Körper zu bekommen.

Wie sah er aus, dieser Wahnsinnige, diese Bestie der Unmenschlichkeit? Fotos und Beschreibungen der Augenzeugen ergeben ein übereinstimmendes Bild: Groß und schlank soll er gewesen sein, auf breiten Schultern saß ein blonder, schmaler Kopf mit asketisch harten Gesichtszügen. Ein rötlich blonder Schnurrbart hing über das spitze Kinn, seine Lippen presste er stets so fest zusammen, dass sie weiß wurden. Aber seine ganze Erscheinung trat zurück vor dem stechenden, stählernen Blick. Wer von seinen wasserblauen Augen fixierte wurde, von denen das rechte höher stand, den durchfuhr eine schreckliche Ahnung, als könne der Baron seine Gedanken lesen oder ihn durch seinen bloßen Blick töten.

Für die junge Sowjetrepublik waren er und seine weißgardistische Bande ein hohes Sicherheitsrisiko. Auf Initiative der Kommunistischen Internationalen Zentrale in Irkutsk, deren Ziel die Vorbereitung der Weltrevolution war, wurde im Juni 1920 die Mongolische Volkspartei MVP gegründet und eine provisorische Regierung eingesetzt. Zum Kriegsminister wählte man Suchbaatar. Völkerrechtlich korrekt konnte die MVP nun die Sowjetregierung um militärische Hilfe gegen Ungern-Sternberg ersuchen. Die Rote Armee mit über 10 000 Mann überschritt Ende Juni 1921 die Grenze zur Mongolei. Die Einheiten Ungern-Sternbergs wurden vernichtend geschlagen, der Baron gefangen genommen und von einem sowjetischen Militärtribunal zum Tode verurteilt. Er war erst 35 Jahre alt, als er in Nowosibirsk vor das Hinrichtungskommando trat und erschossen wurde. Die russischen Kommunisten gingen gestärkt aus den Kämpfen hervor, nutzten das Streben der Mongolen nach Unabhängigkeit für ihre Zwecke und gingen sofort ans Werk, die Mongolei nach sowjetischem Vorbild umzugestalten.

Der Suchbaatar-Platz mit dem Reiterdenkmal in der Mitte spiegelt für mich eine menschenverachtende Ideologie wider. Den Menschen als Individuum mit eigenen Ansichten und Ideen galt es zu vernichten, der Einzelne sollte aufgehen in einer willenlosen Masse, um von einer selbsternannten Elite benutzt zu werden. Hier auf diesem Platz konnten sie die Massen aufmarschieren lassen und ihre Macht genießen.

Wer den Platz besucht und nichts über die Hintergründe weiß, erlebt nur eine ungeahnte Leere. Selbst das riesige Reiterstandbild verliert sich fast in der monumentalen Weite. Verloren wirkt auch der Fotograf, trotz seiner knallbunten Plastikfiguren aus dem chinesischen Disneyland, mit denen er Besucher zu einem Foto animieren will. Die Kleinen werden in Spielzeugautos gesetzt, bitte lächeln, klick! Die Erwachsenen posieren mit einem Plastiklöwen, einem Bären oder lassen sich vor dem Denkmal fotografieren. Viele dieser Bilder sah ich in Jurten hängen.

Selten wagt es jemand, quer über den Platz zu gehen, er ist einfach zu groß, ungeschützt und ohne Schatten. Eingerahmt wird er im Norden vom Parlamentsgebäude, dem das Mausoleum vorgelagert ist, in dem sich bis nach der Wende die Überreste Suchbaatars befanden.

Im Osten steht der Zentrale Kulturpalast, eines der umfangreichsten Gebäude der Stadt. Die Akademie der Wissenschaften ist in einem turmähnlichen Komplex untergebracht, und daneben prunkt das im klassizistischen Stil erbaute Opernhaus. Die Westflanke des Platzes bilden Verwaltungsgebäude. Im Süden öffnet er sich zur Hauptmagistrale, der Friedens-Avenue.

Vom Denkmal gehe ich quer über den Platz, vorbei am Fotografen, der gerade eine Nomadenfamilie vom Enkel bis zur Großmutter in traditioneller Kleidung ablichtet. An der Ampel gelange ich über die verkehrsreiche Hauptstraße, gehe weiter nach Süden, werfe einen Blick in den »Biergarten« vom »Khan-Bräu«, einer Gaststätte des schwäbischen Bierbrauers und Gastwirts Klaus Bader, die bei Ausländern wie Mongolen gleichermaßen beliebt ist. Da ich keine bekannten Gesichter entdecke, gehe ich weiter, sehe die tibetisch geschwungenen Dächer des Tschojdshin-Lamyn-Klosters über die Mauern ragen, das in letzter Minute von der Liste der zur Zerstörung freigegebenen Klöster gestrichen wurde.

An der Straßenecke zum Klostereingang duckt sich ein unscheinbares zweistöckiges Gebäude, das »Museum der Opfer«. Kaum jemand besucht das kleine Museum, denn es beschwört zu viele Erinnerungen herauf, die man lieber vergessen möchte. Ich verbringe einen Nachmittag dort, widme mich jedem einzelnen Schicksal, lese die letzten Vermächtnisse der zum Tode Verurteilten, schaue in die Augen von Frauen, jungen Burschen und reifen Männern, die mich aus Schwarzweißfotos anblicken. Einige resigniert, andere trotzig oder mit einem Ausdruck, als könnten sie nicht begreifen, was mit ihnen geschieht.

Alles ist so lange her. Warum nicht die Toten ruhen lassen? Warum Wunden aufreißen, die längst verheilt sein müssten? Aber sind sie das? In der Mongolei wird kaum über die Gräueltaten gesprochen, weder öffentlich noch in den Familien. Nach der politischen Wende stürzten sich die Menschen in den Neuanfang, mussten mit ökonomischen Schwierigkeiten kämpfen. Doch so wie es für den Einzelnen nicht gut ist, Negatives zu verdrängen, so ist es das erst recht nicht für ein ganzes Volk. Die junge Generation sollte wissen, was früher war, wo ihre Wurzeln sind. Sie hat ein Recht darauf zu erfahren, was geschehen ist. Das

Wissen um die Vergangenheit hilft, das eigene Leben bewusster und die Zukunft besser zu gestalten.

Aus diesem Grund und zum Andenken an ihren Vater hat Genden Tserendulam, Tochter des 1936 ermordeten Premierministers Genden, dieses Museum der Erinnerung gegründet. Es ist das einstige Wohnhaus des Premierministers und seiner Familie. Tserendulam war neun Jahre alt, als sie ihren Vater verlor; als Tochter eines »Verräters« war sie, ebenso wie ihre Angehörigen, fast ein Leben lang geächtet. Stalin persönlich hatte den Auftrag zur Erschießung des mongolischen Premierministers gegeben, denn Genden hatte dem gefürchteten Stalin vor Empörung die Pfeife aus dem Mund geschlagen, als der von ihm die Zerstörung der Klöster und die Tötung aller Mönche verlangte.

Die »Säuberung« kennt viele Namen. Als einer der Ersten fiel ihnen wohl der Nationalheld Suchbaatar zum Opfer. Er war Oberbefehlshaber der Streitkräfte und galt als Verfechter des kommunistischen Wegs. Doch in Berichten der »sowjetischen Berater« steht wiederholt, dass er zuweilen »ermahnt« werden musste. Mit erst 30 Jahren starb Suchbaatar im Jahr 1923 völlig unerwartet, ohne vorher krank gewesen zu sein. Sein Tod wurde nie aufgeklärt. Gerüchte, dass er vergiftet worden sei, verstummen bis heute nicht.

Die Gründungsmitglieder der Mongolischen Volkspartei wollten nicht von Moskau abhängig sein, sie sprachen sich für einen eigenständigen Weg oder eine Annäherung an die Länder Westeuropas aus. Der erste Premierminister Dogsom Bodoo sagte: »Es war richtig, dass wir vom roten Russland militärische Hilfe erbaten, aber in unserer Innenpolitik wollen wir unabhängig sein.« Daraufhin wurde Bodoo der Konterrevolution bezichtigt und liquidiert. Das nächste Opfer war der Parteivorsitzende Dandsan. Auf dem Parteitag im Jahr 1924 als Verräter angegriffen, wurde er, noch während man tagte, in einem Seitental nahe der Hauptstadt erschossen.

Ideologische Abweichungen, ob nach rechts oder zu weit links, wurden mit dem Tode bestraft. Wer sich im Ausland aufgehalten hatte, wie etwa Nazagdordsh, der in Leipzig studierte und heute für sein großartiges Epos als Nationaldichter verehrt wird, wurde ebenso umgebracht wie viele weitere Intellektuelle. Von den Gründungsmitgliedern der Partei überlebte kein Einziger außer Tschoibalsan, weil er derjenige war, der die Befehle zur Ermordung seiner Genossen unterzeichnete.

Man kennt Stalin als Massenmörder, aber Tschoibalsan ist im Westen kaum jemandem ein Begriff, obwohl er Tausende und Abertausende unschuldiger Menschen ermorden ließ, die genaue Zahl ist unbekannt. Geschätzt werden bis zu 90 000 Opfer, dazu die politischen Häftlinge, die an Hunger und den unmenschlichen Haftbedingungen starben, bei einem knapp Zweimillionenvolk ein ungeheurer Aderlass. Fast in jeder Familie waren Opfer zu beklagen.

Wahrscheinlich war Tschoibalsan nur ein Werkzeug der Russen, aber ein besonders williges. Alle mongolischen Führer vor ihm hatten sich geweigert, die Mönche zu liquidieren, wussten sie doch um die enge Verflechtung der Bevölkerung mit ihren Klöstern. Stalin brauchte eine Marionette, und seine Wahl fiel auf Tschoibalsan, einen Menschen mit schwachem Charakter, dem Alkohol zugeneigt. Wegen Abweichung von der Parteilinie verhaftet, wurde ihm klargemacht, er könne sein Leben retten, wenn er die Anweisungen der Russen befolge. Nach seiner Freilassung begann sein steiler Aufstieg. Tschoibalsan entfesselte eine Hetz- und Terrorkampagne, gegen die sich keiner wehren konnte. Nicht allein in der Hauptstadt, auch in den entferntesten Landesteilen erlagen die Menschen dem tödlichen Dreiklang: Verhaftung, Verhör, Vernichtung. Obwohl Tschoibalsan während seiner Kindheit selbst in einem Kloster aufgewachsen war, ordnete er ihre Zerstörung an. Unwiederbringliche Kulturgüter gingen verloren, die geistigen Werte mongolischer Tradition, Literatur, Malerei, Baukunst – für immer vernichtet. Kinder, die ihre Ausbildung in den Klöstern erhielten, durften in ihre Familien zurückkehren, jugendliche Lamas kamen in Umerziehungslager, aber alle Mönche über 20 Jahre wurden in die Steppe transportiert und dort erschossen. Generalstabsmäßig rollten die Erschießungskommandos über das Land, von einem Kloster zum anderen. Der kranke Geist von Ungern-Sternberg schien in diesen Jahren auferstanden zu sein, wiedergeboren in den Gehirnen von verbrecherischen Beamten und ihren Erfüllungsgehilfen.

Das letzte Opfer Stalins war vielleicht Tschoibalsan selbst. Er hatte alle Anweisungen seiner sowjetischen »Berater« befolgt, Freunde nicht vor der eigenen Terrormaschine bewahrt und seine Unterschrift unter alle Todesurteile gesetzt. Doch den letzten Akt verweigerte Tschoibalsan: Er sollte die Mongolei verraten, denn Stalin wollte das Land der großen Sowjetunion einverleiben. Das brachte sogar Tschoibalsan, der so viele Menschenleben auf dem Gewissen hatte, nicht über sich. Er erkrankte an Krebs, kam zur Behandlung nach Moskau, wo er 1952 mit 57 Jahren starb. Sein Denkmal hat die Wende überlebt, es steht noch immer vor dem Gebäude der Universität. In den turbulenten Zeiten des Umbruchs bewarfen Studenten das Standbild mit roten Farbbeuteln. Die Verunstaltungen hat man sorgsam übertüncht. Ein wenig rosa ist es geblieben, aber daran stört sich keiner.

Nach dem Tod Tschoibalsans kam Zedenbal ans Ruder. Als perfekter Apparatschik verwaltete er die Friedhofsruhe. Unglaubliche 44 Jahre lang stand er an der Spitze eines Staates und blieb doch im Ausland fast unbekannt. Das Volk, das einmal mit einem Dschingis Khan die Welt beherrschte, hatte einen zum Bürokraten geschrumpften Führer bekommen, unscheinbar, mausgrau in seinem schlecht sitzenden Anzug. Unter seinem Regime mussten mongolische Lebensart, Tradition und Kultur durch sowjetische ersetzt werden. Der Identitätsverlust betraf alle Bereiche, selbst Essen und Kleidung, Musik und Tanz, Sprache und Schrift. Wer nicht russisch sprach, hatte keine Berufschancen. Durch die Benutzung der kyrillischen Buchstaben anstelle der mongolischen Schrift wurden die Menschen auf einen Schlag zu Analphabeten. Die Religion war sowieso verboten, und die mongolische Geschichte begann erst mit der so genannten Volksrevolution. Dschingis Khan wurde zur Unperson erklärt, sein Name durfte nicht mehr öffentlich genannt werden. Alte Handwerkstechniken wie das Filzen, Gerben und Verarbeiten von Leder galten als primitiv, die Waren als minderwertig.

Die Menschen, noch traumatisiert durch die »Säuberungswellen«, duckten sich. Gedanken, Gefühle und ihre Gläubigkeit verbargen sie in ihrem Inneren. Und tief versteckt in Nomadentruhen ruhten die Sakralgegenstände aus den Klöstern. Als ich in den Jurten zu Gast war und am Nomadenleben teilnahm, konnte ich nicht ahnen, was verloren gegangen war. Ich sah das, was trotz Unterdrückung überlebt hatte. Es schien mir reich, eigenständig und einzigartig.

Vom rosa Denkmal Tschoibalsans vor der Universität sind es nur wenige hundert Meter zum Suchbaatar-Platz, der nach den angeordneten Aufmärschen und Paraden doch noch zu einer ganz anderen Berühmtheit gelangen sollte. Die Ideen von Glasnost und Perestroika, die Gorbatschow in die Welt gesetzt hatte, flatterten wie der warme Frühlingswind in die erstarrte, nach innen gekehrte Mongolei. Die Keimzellen einer jungen, noch zaghaften Opposition entstanden. Eine Handvoll Intellektueller traf sich erstmals im September 1989, dann immer öfter, obwohl solche Treffen verboten waren. Die Bewegung wuchs schnell, die Samen hatten allzu lange verborgen in den Herzen der Menschen geschlummert. Woran nie zuvor jemand zu rütteln gewagt hatte, der Führungsanspruch der Partei, er wurde plötzlich in Frage gestellt. Mutig forderten Studenten demokratische Wahlen.

Die oppositionellen Gruppen nahmen sich die Montags-Demonstrationen in der DDR zum Vorbild und demonstrierten ihrerseits jeden Montag auf dem Suchbaatar-Platz. Zuerst waren es nur wenige, und die Passanten wunderten sich über das Grüppchen mit Schildern, auf denen »Glasnost« und »Perestroika« stand oder »Freie Wahlen«. Aber schon bei der vierten Demonstration war der Platz voller Menschen. Eine Band spielte Lieder wie »Die Zeit ist gekommen, aufzuwachen«. Und plötzlich erschallte aus der Menge der alte Kriegsruf wie zu Dschingis Khans Zeiten: »Mongolen! Auf die Pferde!«

Den Protestlern war klar, dass die alte Garde nicht so schnell ihre Macht aufgeben würde. Sie mussten mehr tun. Wieder waren es zuerst nur wenige, Studenten vor allem, die sich für einen Hungerstreik entschieden, notfalls bis zum Tod. Ihre Forderung hieß: Rücktritt der Regierung! Es war der 7. März 1990. In der Mongolei herrschte noch tiefer Winter mit Temperaturen unter minus 15 Grad. Mit Pelzmützen, Pelzstiefeln und in wattierte Mäntel gehüllt schützten sich die Streikenden vor der Kälte. Tag und Nacht hockten sie unter Suchbaatars Denkmal auf dem Platz. Diese Form des politischen Protestes hatte es in der Mongolei noch nie gegeben. In der Bevölkerung herrschte Verwirrung. Viele fragten: »Warum hungert ihr? Es gibt doch genug zu essen!«

Anführer war Zorig, ein Hochschullehrer für wissenschaftlichen Kommunismus, der in Moskau studiert und die Lehrinhalte seines Fachgebiets nicht mehr mit der Realität hatte in Übereinstimmung bringen können. Am folgenden Tag war die Gruppe der Hungernden bereits auf hundert angewachsen. Vorübergehende blieben aus Neugier stehen, stellten Fragen, andere beteiligten sich. Am dritten Tag waren auf dem Platz Tausende versammelt, von denen sich immer mehr den Hungerstreikenden anschlossen. Das Politbüro beriet die ganze Nacht. Fast alle stimmten für eine militärische Lösung wie auf dem »Platz des Himmlischen Friedens« in Peking, konnten sich aber gegen Präsident Batmunch, den ehemaligen Rektor der Universität, nicht durchsetzen – er entschied sich gegen das Blutvergießen. Was niemand für möglich gehalten hatte: Die Regierung trat geschlossen zurück – drei Tage, nachdem die Demonstranten mit ihrem Hungerstreik begonnen hatten! Am 29. Juni 1990 fanden zum ersten Mal in der Geschichte der Mongolei freie Parlamentswahlen statt.

Zorig, der Koordinator der Demokratiebewegung, wurde ins Parlament gewählt und später Minister für Infrastrukturentwicklung. Die Hydra aber lebt weiter, auch wenn ihr einige Köpfe abgeschlagen wurden. Am 2. Oktober 1998 wurde Zorig in seiner Wohnung umgebracht. Der Mord glich einer Hinrichtung.

Ich frage Enkhes Mutter Njamsuren, wie sie die Protestbewegung erlebte, was sie damals darüber gedacht hatte.

»Nun, von heute aus gesehen ist das alles anders«, sagt sie. »Damals konnte ich nicht verstehen, was passierte, und habe befürchtet: Oje, was machen diese Jungen nur. Sie stiften ein großes Durcheinander.«

Heimkehr der Takhi

Wer sich für Wildpferde interessiert, kommt nicht daran vorbei, den Hustai Nationalpark zu besuchen. Das Gebiet liegt etwa 100 Kilometer südwestlich von Ulaanbaatar und steht allen Besuchern offen. Selbst wer nur eine eintägige Rundfahrt gebucht hat, kann ziemlich sicher sein, Wildpferden zu begegnen. Wer mehr Zeit investiert und die Atmosphäre des Parks voll genießen möchte, kann ein Touristencamp aufsuchen und in einer der 14 traditionell eingerichteten Jurten übernachten.

Wenn ich touristische Pfade verlassen wollte, musste ich versuchen, mit Wissenschaftlern des Projekts »Wildpferde« in Kontakt zu kommen. Dank der Fürsprache Zolas, die mich auf meiner ersten Reise als Guide in die Gobi begleitet hatte, bekam ich die Genehmigung, mich im Zentrum des Schutzgebiets aufzuhalten – mehr noch, ich durfte beim Wächter Tudaree und seiner Familie in der Jurte übernachten, konnte ihn und andere Ranger bei ihren Kontrollritten auf Pferden begleiten oder das Gebiet allein nach allen Richtungen durchstreifen.

Obwohl die Przewalski-Urwildpferde in der freien Natur eigentlich schon ausgestorben waren, leben heute wieder einige hundert in der Mongolei. Benannt sind sie nach ihrem Entdecker, dem russischen Asienforscher Nikolai Michailowitsch Przewalski. Damals 1879, als er im Auftrag des Zaren das russisch-mongolische Grenzgebiet erkunden sollte, aber lieber durch Tibet, China, die Mongolei reiste und zweimal die Wüste Gobi durchquerte, war es üblich, dass Forscher so viele Tiere wie möglich für die Sammlungen der Museen erlegten. So gelangten Felle und Schädel der mongolischen Wildpferde nach St. Petersburg.

Przewalski hatte keine Ahnung, was er da geschossen hatte. Weder er noch irgendwer sonst glaubte, dass es noch Wildpferde gab. Die amerikanischen Mustangs, die »wilden« Pferde in Namibia, in Dülmen und in der Camargue sind lediglich verwilderte Hauspferde, deshalb glich die Entdeckung einer Sensation: eine neue Pferdeart! Im Jahr 1881 hatte der Zoologe Iwan Poljakow die Präparate untersucht und erkannt, dass es tatsächlich echte Wildpferde waren, die letzten wilden Pferde auf unserem Planeten.

Kaum waren sie entdeckt, waren sie auch schon bedroht. Die Begierde von zoologischen Gärten und Tierparks war geweckt; sie alle wollten ihre Sammlungen mit einem Urpferd schmücken. Der Hamburger Tierhändler Carl Hagenbeck rüstete um 1900 mehrere Expeditionen aus, um die begehrten Pferde nach Europa zu holen. Es war gar nicht so einfach, die Wildlinge lebend zu fangen, zumal es damals noch keine Gewehre mit Betäubungsspitzen gab.

Mongolen nennen die ungestümen Urpferde Takhi. »Nur Wind und Regen könne den Rücken eines Takhi berühren«, hieß es bei ihnen. Dennoch gelang das scheinbar Unmögliche. Reitertrupps hetzten die Herden über die Steppe. Immer wieder wechselten sie ihre erschöpften Reittiere aus, während die Urpferde ausdauernd galoppierten. War die Herde nach stundenlanger Hetze ermüdet, stellte sich der Hengst den Reitern in den Weg, um seinen Harem zu verteidigen. Er wurde als Erster erschossen, dann die Stuten. Nun war es ein Leichtes, den ermatteten Fohlen die Schlingen über die Köpfe zu werfen.

51 Fohlen waren es beim ersten Transport. Wie viele erwachsene Wildpferde dafür ihr Leben lassen mussten, ist unbekannt. Den Füllen stand ein strapaziöser Weg bevor. Von Todesangst gepeinigt wurden sie zuerst auf Lastern durch die Steppe gekarrt, dann mit einem Schiff nach Nowosibirsk befördert und schließlich mit der Eisenbahn nach Hamburg verfrachtet. Damit sie lebend ankamen, hatten die Tierhändler für Ammen gesorgt: Hauspferdstuten, die noch Milch gaben, weil ihre Fohlen kurz zuvor getötet worden waren. Deren abgezogene Häute wurden den kleinen Takhi übergestreift, damit die Ersatzmütter glaubten, ihr eigenes Kind zu säugen.

Nur 28 überlebten diesen Transport. Die Nachfrage nach der exotischen Pferdeart war ungleich höher, deshalb mussten neue Fang-Expeditionen ausgerüstet werden: Insgesamt 54 Takhi kamen auf mehreren Transporten nach Europa. Doch so makaber es klingt: Nur weil es damals diese Fangaktionen gab, leben heute wieder Wildpferde in der Mongolei. Denn während die Przewalskipferde in den Zoos der Welt eine neue Heimat fanden, starben sie in freier Wildbahn aus. Revolutionäre Unruhen und Kriege dezimierten die Herden. Kasachische Rebellen veranstalteten regelrechte Treibjagden auf die letzten Wildpferde, um ihre Kochkessel zu füllen. Die Konkurrenz der Weidetiere an den Wasserlöchern und eine Folge strenger Winter beschleunigten den Niedergang. Schließlich galten sie seit 1968 als ausgestorben.

Der starke Hengst mit seinen neun Stuten, zwei Fohlen und drei Jährlingen macht es mir leicht. Ich finde die kleine Herde jeden Morgen in einer geschützten Senke, wo sie regelmäßig die Nacht verbringen. Während die Gipfel in Sonnenstrahlen baden, ist es im schattigen Tal kühl und feucht. Tau perlt auf den Gräsern. Die Pferde ziehen am Hang der Sonne entgegen, breit aufgefächert und sehr langsam, denn es braucht Zeit, sich Schritt für Schritt den Magen mit saftigen Pflanzen zu füllen. An meine Anwesenheit haben sie sich gewöhnt. Ich kann ihnen folgen, ohne sie zu beunruhigen. Im Rucksack habe ich Wasserflasche und Proviant, so kann ich den ganzen Tag bei den wilden Pferden bleiben.

Der kühle Morgen ist bald vergessen. Die Sonne steigt höher, und es wird drückend heiß. Die Takhi sind längst den Hang hinaufgewandert, marschieren in einer Reihe über das felsige Granitplateau. Mit kantigen, schwer herabhängenden Köpfen ziehen sie gemächlich dahin – und einen Augenblick lang glaube ich, das lebendig gewordene Bild einer Höhlenmalerei zu sehen, fühle mich zurückversetzt in die Welt steinzeitlicher Jäger.

Der Leithengst geht am Schluss, so kann er seine Gruppe überblicken und rechtzeitig auf Gefahren reagieren. Erst bei einer nötigen Flucht würde er vorwärtsstürmen und an der Spitze seines Harems galoppieren, um ihn aus der Gefahrenzone zu führen. Jede Pferdeherde ist streng hierarchisch organisiert. Der Hengst ist der Boss, das sieht man auf den ersten Blick, doch auch unter den Stuten herrscht eine festgelegte Abstufung. Erst nachdem ich die Pferde individuell unterscheiden gelernt habe, fällt mir auf, dass immer nur eine bestimmte Stute die Gruppe anführt. Sie ist auffallend kräftig und scheint erfahrener zu sein als die anderen, gegen die sie sich durchgesetzt haben muss, denn auch die Weibchen fechten ihren Rang untereinander aus.

Ist der Nachwuchs zwei bis drei Jahre alt, wird er vom Hengst verjagt, und nicht nur der männliche, auch der weibliche muss weichen. Die jungen Stuten finden relativ leicht Aufnahme in den Harem eines fremden Hengstes, während die Junghengste eine so genannte Junggesellengruppe bilden. Sie stromern gemeinsam über die Weiden und üben sich spielerisch in Kämpfen, bis sie stark genug sind für einen eigenen Harem. Den finden sie nicht so einfach. Meist müssen sie erst gegen einen alten Hengst kämpfen und ihn besiegen.

Ein kurzes Schnauben des Hengstes alarmiert die Gruppe. Abrupt bleiben alle stehen. Mit nach vorn gerichteten Ohren sichern sie in eine Richtung. Ich blicke durchs Fernglas und sehe eine zweite Herde. Pferde sind territoriale Tiere, Begegnungen an den Grenzen ihres Gebiets sind deshalb immer riskant. Tudaree, bei dem ich zu Gast bin, hat mir erzählt, dass einer der Hengste von einem Rivalen so stark verletzt wurde, dass er verendete. Der Sieger eroberte so nicht nur ein neues Territorium, sondern konnte fortan auch über die Stuten des getöteten Hengstes verfügen.

Als würde sie nichts bemerken, kommt die andere Gruppe immer näher. Die Tiere »meiner« Herde stehen bewegungslos nebeneinander. Nur der Hengst und die starke Leitstute nehmen eine Drohhaltung ein. Mit weit vorgerecktem Hals und angelegten Ohren schreiten sie steifbeinig auf die Neuankömmlinge zu. Dann verharren beide Gruppen. Minutenlang stehen sie sich auf einer Entfernung von etwa 50 Metern gegenüber, ohne dass etwas geschieht. Endlich besinnt sich der fremde Leithengst, ändert ein wenig die Wegrichtung, und beide Herden entfernen sich lautlos voneinander.

Anders als die »bunte« Herde domestizierter Pferde wirken die Takhi auf den ersten Blick einheitlich: hellbrauner Rücken mit dunklem Aalstrich, weißer Bauch, sandfarbene Flanken und zebraartig gestreifte Beine. Aber mittlerweile kann ich die Mitglieder »meiner« Herde anhand der Färbung individuell unterscheiden. Bei einer Stute ist der Bauch hellbeige wie der Rücken, die andere ist haselnussbraun, hat aber einen leuchtend weißen Bauch, manche haben helle Beine mit Streifen, andere sind schwarz »bestrumpft«. Von Hauspferden unterscheiden sie sich durch ihren stämmigen Körperbau, den massigen Kopf, den kurzen, ziemlich dicken Hals, vor allem aber durch die Stehmähne. Bei ihnen wächst auf natürliche Weise die Mähne kurz, so wie Mongolen sie gern ihren Reitpferden schneiden. Mir fällt noch ein weiteres Merkmal auf: der Schweif. An der Wurzel ist er ledrig und ganz kurz behaart, ähnlich wie bei einem Esel, dann erst folgt die Quaste mit langen Haaren.

Ebenso wichtig wie die Tierbeobachtungen ist für mich das Gespräch mit den Wissenschaftlern, die mir bereitwillig Auskünfte geben über die Hintergründe des Wiederansiedlungsprogramms: Nachdem sie als Fohlen verschleppt, von Ammenstuten großgezogen und in den Zoos der Welt verstreut lebten, kehrten 84 von ihnen nach einigen Generationen zurück in ihre angestammte Heimat. Sie wurden Eltern von inzwischen über 100 in Freiheit geborenen Urpferden.

Begonnen hatte alles mit einer Reise von Jan und Inge Bouman nach Prag. Der holländische Psychologe und seine Frau, eine Sozialarbeiterin, besuchten den Prager Zoo. Beim Anblick der Przewalskipferde hatte der Tierfreund und Pferdeliebhaber eine Eingebung. »Wildpferde sollten nicht im Zoo, sondern in Freiheit leben«, sagte er zu seiner Frau. Beide waren sich sofort einig und widmeten von da an ihr Leben der »Befreiung der Wildpferde«. Trotz aller Widerstände gaben sie nie auf. Es dauerte 20 Jahre, bis ihre Zähigkeit endlich belohnt wurde.

Prag war für den Anfang wichtig, denn dort wurde das einzige Zuchtbuch über die Nachkommen aller Wildpferde geführt. Als Bouman Einsicht nahm, erschrak er: Von den 54 gefangenen Tieren hatten nur zwölf Nachwuchs bekommen. Alle heute lebenden Przewalskipferde – inzwischen sind es wieder einige tausend, die meisten davon in Zoos und Tierparks – stammen von diesen zwölf Vorfahren ab. Immer wieder waren Vater mit Tochter, Großvater mit Enkelinnen verpaart worden. Kaum ein Züchter hatte sich die Mühe gemacht, genetisch möglichst weit entfernte Zuchtlinien aufzubauen. Erbkrankheiten waren die Folge, die sich in Unfruchtbarkeit und hoher Sterblichkeit der Fohlen äußerte. Das Verlöschen der letzten Wildpferdart schien unvermeidlich.

Um dies zu verhindern, rekonstruierten die Boumans die Stammbäume und fertigten einen Zuchtplan, der genau vorschrieb, wer mit wem verpaart werden durfte. Mit dieser Idee stießen die Holländer auf massiven Widerstand der Zoologen. Die empörten sich gehörig: »Wie können Nichtbiologen sich anmaßen, uns Fachleuten Vorschriften zu machen!«

Die beiden Idealisten ließen sich nicht einschüchtern und züchteten fortan Wildpferde in eigener Regie. Dazu gründeten sie die »Stiftung zur Rettung der Przewalskipferde« und kauften möglichst entfernt verwandte Wildpferde, damit gesunde und widerstandsfähige Fohlen heranwachsen konnten. Ausgewählte Exemplare wurden in Semi-Reservaten in Holland und Deutschland, also in weiträumigen Freigehegen unter halbwilden Bedingungen auf die Umsiedlung vorbereitet.

Schließlich reisten Jan und Inge erstmals in die Mongolei und trafen dort Jachin Tserendeleg, Präsident des Mongolischen Naturschutzbundes, mit dessen Hilfe sie ein geeignetes Gebiet für die Auswilderung suchten. Das war schwieriger als gedacht. Überall wo Wasser und Weiden zu finden sind, ist die Konkurrenz durch die Nomaden mit ihren riesigen Tierherden zu groß. Einst waren es gerade die Viehzüchter gewesen, deretwegen die Wildpferde in die unfruchtbaren Regionen der Wüste Gobi abgedrängt wurden, wo sie nicht überleben konnten.

Als die drei Reisenden in Sachen Wiederansiedlung das Bergland Hustai Nuruu erkundeten, fanden sie endlich das ideale Gebiet: In dem 57 000 Hektar großen Areal hatten noch nie Menschen gesiedelt. Lange Zeit war es den mongolischen Herrschern, später den kommunistischen Machthabern als Jagdgebiet vorbehalten gewesen. Wölfe, Luchse, Füchse, Maral-Hirsche, Rehe, Wildschweine, Murmeltiere, Schwarzstörche, Steinadler, Mönchsgeier, Wanderfalken sind nur einige der Tierarten, die in den Hustai-Bergen ein Refugium gefunden haben. Felsen, Berge, Hügel und Täler bilden eine abwechslungsreiche Landschaft, die im Norden mit Nadelbäumen, aber auch mit Birken, Pappeln und Ulmen bewachsen ist. Im Süden breiten sich Steppen aus, und Bäche führen selbst im Sommer ausreichend Wasser.

Im Juli 1992, genau 20 Jahre nachdem Jan und Inge mit ihrem Kampf für die Freiheit der Takhi begonnen hatten, schnupperten die ersten Urwildpferde wieder mongolische Luft. In den folgenden Jahren brachte die holländische Stiftung weitere Pferde in den zum Schutzgebiet erklärten Hustai-Nuruu-Nationalpark, aus denen sich durch Nachwuchs inzwischen ein Bestand von annähernd 200 Tieren gebildet hat.

»Dreihundert bis fünfhundert sollten es schon sein. Das ist so eine kritische Grenze, damit eine Population durch Risiken, wie es sie in der Natur immer wieder gibt, nicht ausgelöscht wird«, hatte mir Ylvie, eine Biologin aus den Niederlanden, erklärt. »In der Gobi gibt es zwei weitere Reservate, betreut von Österreichern, die unter viel schwierigeren Bedingungen die Wiederansiedlung wagen. Wegen Wasser- und Futtermangel überleben nur wenige Fohlen. Vor allem auch, weil es dort eine Zecke gibt, die eine tödliche Krankheit überträgt. Jetzt versuchen sie, den Bestand mit Impfungen zu retten.«

Trotz aller Bemühungen bleiben Zweifel, ob es je gelingen wird, den Wildpferden Lebensräume zu garantieren, in denen sie wie früher ohne menschliche Einflussnahme leben können.

Biologen sind sich nicht sicher, ob das Przewalskipferd überhaupt der Urahn der Hauspferde ist. Statt nur 64 wie sein domestizierter Verwandter besitzt es 66 Chromosomen, und bei DNA-Vergleichen stellten österreichische Wissenschaftler fest, dass sich die Entwicklungslinien beider Arten schon vor 120 000 bis 240 000 Jahren getrennt haben. Da Pferde jedoch erst vor 6000 Jahren domestiziert wurden, können die Przewalskipferde eigentlich nicht die Vorfahren der Hauspferde sein. Wie dem auch sei, Haus- und Wildpferde lassen sich von ihrer genetischen Verschiedenheit nicht abschrecken und zeugen fruchtbare Nachkommen. Früher, als es noch frei lebende Wildpferde in der mongolischen Steppe gab, war es Brauch, Stuten von Takhihengsten decken zu lassen. Die Nachkommen der ersten Generation waren meist unbändig und ungestüm, die der zweiten sollen prächtige Rennpferde ergeben haben.

Da die Pferde der Nomaden schon von alters her frei weidend durch die Steppe ziehen, werden Vermischungen auch ohne menschlichen Einfluss nicht ausgeblieben sein – eine Erklärung für die Farbvarianten der Przewalskipferde, wie sie sonst bei Wildarten eher nicht zu beobachten sind. Ihre Wiederansiedlung wird durch diese Möglichkeit, sich zu vermischen, gefährdet, denn solange die Gruppen klein sind, würde das Erbgut der Takhi in wenigen Generationen in den Hauspferden aufgegangen sein. Zu den wichtigsten Aufgaben der Ranger gehört daher, Hauspferde zu vertreiben, um unerwünschte Kreuzungen zu verhindern.

Während ich mitten unter den Urwildpferden sitze, die mir inzwischen so vertraut geworden sind, dass ich mich ein wenig der Herde zugehörig fühle, fällt mir wieder Nikolai Przewalski ein, der Namensgeber der Tiere. Als ich noch wenig von ihm wusste, war er mir suspekt, weil für ihn die Takhi anscheinend nur den Wert von Sammelobjekten hatten. Später las ich Berichte über seine vier unglaublich weiten und anstrengenden Forschungsreisen, die ihn oft an die Grenze der totalen Erschöpfung führten, und musste meine Meinung über ihn korrigieren. Lange vor Sven Hedin war er einer der Ersten, der das noch unerschlossene Zentralasien erforschte und kartographierte. Er muss eine schillernde Persönlichkeit gewesen sein, charismatisch, aber zugleich herrisch und von arrogantem Auftreten.

1839 als Sohn eines Gutsbesitzers in Kimborowo im Gouvernement Smolensk geboren, besuchte er dort das Gymnasium und später in St. Petersburg die Militärakademie. Schon da galt sein bevorzugtes Interesse der Geo- und Kartographie, eine wichtige Voraussetzung für seine Forschungsreisen. Sein Lebenstraum war Lhasa, das unerreichte Ziel seiner vier Reisen. Als er 1888 zu seiner fünften Reise aufbrach, kam er nur bis Karakol. Dort, am Ufer des Sees Issyk-kul im russisch-chinesisch-mongolischen Grenzgebiet erkrankte er an Typhus und starb mit nur 49 Jahren. Die Grabinschrift – so hatte er selbst angeordnet – verschweigt seine militärischen, akademischen und wissenschaftlichen Titel und Ehrungen. Da steht nur ein einziges Wort: Reisender.

Wie jeden Abend, wenn es kühler wird und der Himmel sich rötet, führt der Hengst seine falbfarbenen Stuten vom Berg hinunter. Im Licht der Abendsonne halten sie an einem Bach und beginnen in ruhigen Zügen zu saufen. Ein Fohlen vergnügt sich mit Luftsprüngen, hüpft zum Leithengst, stupst ihn von hinten neckend an und erntet eine zärtliche Kopfnuss. Weiter ziehen sie in die schützende Senke, und ich beeile mich, vor Einbruch der Dunkelheit die Jurte meiner Gastgeber zu erreichen. Auf einmal höre ich einen seltsamen Laut – und weiß im nächsten

Augenblick: Wölfe! Nie zuvor habe ich sie in der Natur gehört, aber das Geheul ist unverwechselbar. Zuerst klingt es, als würde ein Mensch aus weiter Ferne rufen. Ein verwehtes «Juhu« dringt an mein Ohr. Eine kurze Pause, dann lang gezogene Heultöne. Kein Zweifel, das sind Wölfe! Ein ganzes Rudel. Sie müssen sehr nahe sein, denn ihr Raubtiergeruch steigt mir in die Nase, aber sehen kann ich sie nicht. Ich nehme mein Fernglas zu Hilfe. Doch umsonst, im Gewirr der Steine und beschattet von der Nacht kann ich nichts erkennen.

Für mich klingt das Wolfsgeheul nicht furchterregend, eher wie ein Hilferuf, traurig und melancholisch. Was aber würde ich tun, wenn sie mich angreifen? Unwillkürlich habe ich bei dem Gedanken mein Fernglas fester in die Hand genommen und muss lächeln, denn es ist gerade so groß wie meine Faust und wohl keine geeignete Waffe. Mach dich nicht verrückt, rüge ich mich, Wölfe jagen keine Menschen, jedenfalls nicht, solange sie andere Beute haben.

Mir fällt ein, was ein junger mongolischer Biologe mir gesagt hat, mit dem ich mich erst gestern unterhielt: »Was habt ihr nur für ein eigenartiges Verhältnis zum Wolf«, wunderte er sich. »Immer höre ich, dass ihr ihn schützen wollt, dabei gibt es bei euch gar keine mehr, weil ihr sie ausgerottet habt. Wahrscheinlich habt ihr deshalb ein Schuldgefühl, dabei wisst ihr gar nicht, wie Wölfe wirklich sind und wie viel Schaden sie anrichten können.«

Die Nomaden haben so großen Respekt vor dem *tzon,* dass sie seinen Namen nicht auszusprechen wagen, weil sie glauben, er würde dann erscheinen. Sie umschreiben ihn, nennen ihn »den Grauen« oder »das Tier mit den grünen Augen«. Der Wolf ist ihr mythischer Urfeind. Als Mörder ihres Viehs bedroht er ihre Existenz. War ich bei Nomaden zu Gast, kam das Gespräch meist schnell auf »den Grauen«, und meine Gastgeber berichteten verzweifelt, dass zehn, zwölf, gar zwanzig ihrer Pferde von Wölfen gerissen wurden. Gerade Pferde sind ihre bevorzugte Beute, denn diese sind in der Steppe sich selbst überlassen, während das Kleinvieh in der Nähe der Jurten und damit im Schutz der Menschen und der scharf abgerichteten Hunde bleibt.

»Die Grünäugigen sind eine Plage, und es werden immer mehr«, klagten die Nomaden. »Früher, ja, da war es besser!« Mit früher meinen sie die kommunistische Zeit, da gab es nämlich für alles einen Plan, auch für den Abschuss der *tzon*. Wer die vorgeschriebene Anzahl nicht ablieferte, dem wurden zur Strafe einige Schafe weggenommen. Notgedrungen erfüllten auch weniger jagdbegeisterte Nomaden ihr Soll, und die Wolfpopulation blieb tatsächlich niedrig. Greift heute ein Mongole nach seinem Gewehr, und in jeder Jurte gibt es mindestens eins, wählt er sich als Ziel lieber ein Murmeltier. Die Jagd auf die neugierigen Höhlenbewohner ist nicht so anstrengend, und man belohnt sich mit einem schmackhaften Braten.

»Viel zu selten werden noch gemeinsame Treibjagden organisiert, und so steigt die Anzahl der Wölfe, auch im Hustai-Nationalpark«, berichtet Ranger Tudaree. »Zuerst gab es hier nur wenige Wölfe, sie jagten allein und erbeuteten Murmeltiere und Ziesel. Seit die Takhi da sind, wird das Gebiet besser kontrolliert, niemand darf hier mehr schießen. Die Wölfe vermehrten sich, bald waren es zwanzig, letztes Jahr schon siebzig, ich schätze, es sind noch mehr, und sie jagen inzwischen in Rudeln, aber wir dürfen sie trotzdem nicht töten.«

In einem Schutzgebiet sollen natürliche Bedingungen herrschen, in die der Mensch möglichst wenig eingreift. Die *tzon* spielen dabei eine wichtige Rolle, sie halten die Population ihrer Beutetiere gesund, weil ihnen vor allem schwache und kranke Individuen zum Opfer fallen, so die Lehrmeinung. Die Schwächsten in diesem Fall sind die Fohlen, auch wenn sie gesund und kräftig sind. Werden sie im Mai oder Juni geboren, müssen Tudaree und die anderen Ranger nachts zur Wolfswache raus. Noch ist jedes einzelne Wildpferd für den Aufbau einer überlebensfähigen Population wichtig. Dennoch dürfen die Ranger die Wölfe nur durch Schüsse in die Luft vertreiben, was Tudaree bedauert. »Wir können nicht überall gleichzeitig sein. Vier Fohlen haben wir dieses Jahr schon verloren. Ein Jammer!«

Die Parkleitung aber will, dass die Takhi nicht unter kuscheligen Zoobedingungen aufwachsen, sondern als Wildtiere lernen, sich in der Wildnis zu behaupten.

»Die Takhi wissen sich zu wehren, ohne es erst lernen zu müssen«, hatte mir gestern Tudaree erzählt, »aber gegen die Überzahl kommen sie nicht an. Erst letzte Woche haben sie wieder ein Fohlen gerissen. Die

Stuten hatten sofort einen Kreis gebildet und ihre Jungen in die Mitte genommen. Wütend stürmte der Hengst auf die Wölfe zu und schlug sie in die Flucht. Nicht lange, da griffen sie erneut an. Wieder gelang es dem Hengst, sie zu verjagen, vorerst. Immer wieder das gleiche Spiel. Wölfe geben niemals auf. Ihre Strategie ist es, ein Opfer so lange zu jagen, bis sein Widerstand erlahmt, um es dann gemeinsam niederzureißen und zu töten.«

Allmählich verliert sich das Geheul der Wölfe in der Ferne, und ich bin doch erleichtert, dass sie sich davongemacht haben.

Wildes Eselleben

Amra, der Managerin des Jurten-Camps am Eingang des Hustai-Nationalparks, habe ich erzählt, dass ich promovierte Biologin sei. Am folgenden Tag fragt sie mich, ob ich an ihrer Wildesel-Konferenz, der *Asiatic Wild Ass Conference*, teilnehmen wolle. Einen Moment zögere ich, weiß ich doch aus meiner Erfahrung als Wissenschaftlerin, wie elitär es bei solchen Treffen zugehen kann. Amra beruhigt mich: »Ich habe für Sie die Erlaubnis bereits eingeholt.«

Als ich den Konferenzraum betrete, bin ich allein, es ist Mittagszeit. Ungestört kann ich die Tafeln, Poster und Fotos betrachten. Diese Art der Abbildungen mit ihren Tabellen und graphischen Darstellungen sind mir vertraut. Auf einmal stocke ich – das darf doch nicht wahr sein! Verantwortlich für diese internationale Wildesel-Konferenz zeichnet die Uni Halle! Halle an der Saale, ausgerechnet meine Uni! Ich lasse mich auf einen der Stühle fallen und versuche mich zu sammeln.

Unvermittelt sehe ich mich mit meiner eigenen Vergangenheit konfrontiert, einer Zeit, die unangenehme Erinnerungen in mir wachruft. Dabei liegt alles so weit zurück, dass ich überzeugt war, die damaligen Ereignisse könnten mir heute nichts mehr anhaben. Doch nun fühle ich mich wie in einer Zeitmaschine zurückkatapultiert in die ausweglose Situation vor meinem Fluchtversuch aus der DDR.

Ich versuche mich zu beruhigen. Bekam ich nicht nach einer zweijährigen Inhaftierung wegen Republikflucht eine neue Chance mit einem selbstbestimmten Leben in Freiheit? Warum also diese plötzliche Unsicherheit nach so vielen Jahren des Abstands? Ist es nicht eher zum Lachen? Da reise ich endlich in »meine« Mongolei und stolpere ausgerechnet in eine Tagung der Hallenser Wissenschaftler hinein. Meine Neugier erwacht; womöglich kenne ich sogar den einen oder anderen.

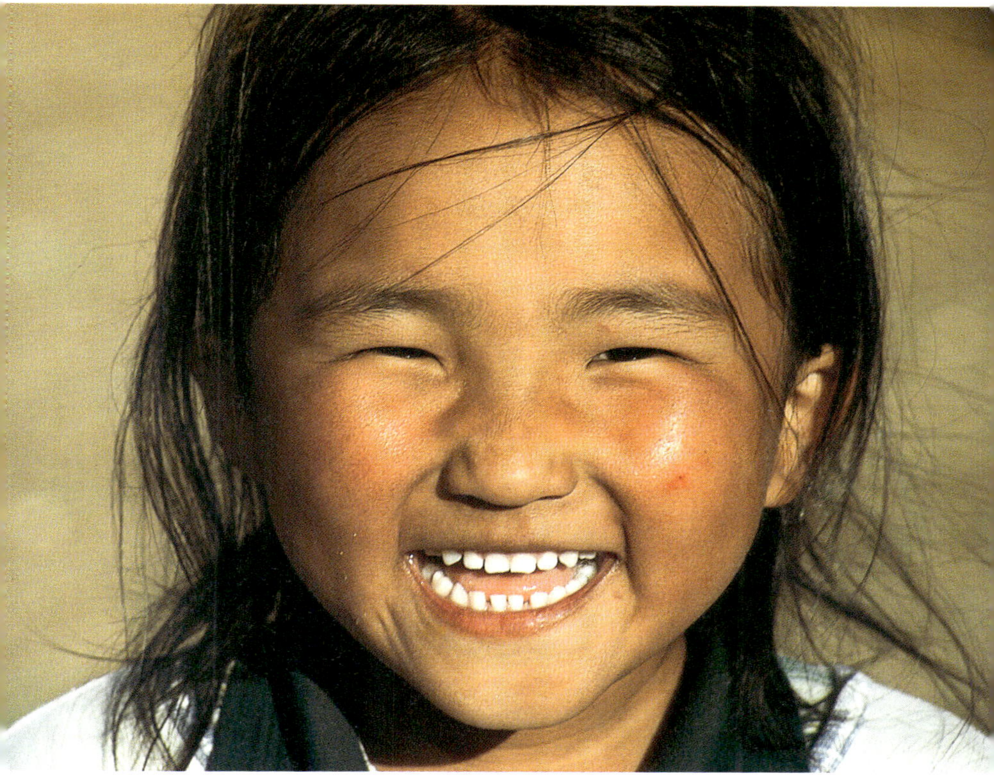

Chimka aus dem Changai-Gebirge

Bajan – inmitten ihres Reichtums

Wildpferde bei der Fellpflege

Wettkämpfe beim
Adlerfest der Kasachen
im Altai

Kasache mit Jagd-Uhu

Ungebundenes Pferdeleben

Kasachenmädchen
in Festtracht

Eintopfküche der Autorin

Familienaltar mit Frisierspiegel

Familientreffen bei Ganbaatar (re.)

Feierabend in Aralbais Jurte

Familienanschluss bei Bajan

Lebensfeindliche Gobi

Nervös gehe ich die Namensliste durch. Tatsächlich, einer der Teilnehmer ist mir persönlich bekannt. Inzwischen Professor, gehörte er bereits zu meiner Zeit an der Uni Halle zum so genannten Mongolei-Team. Ich erinnere mich genau an den Tag, als die Mitarbeiter der Universität in die Aula gerufen wurden, um die Expeditionsmitglieder zu verabschieden. Ich war damals nicht bei den »Auserwählten« – mein Trauma, offenbar bis heute.

Die Teilnehmer der Konferenz kommen vom Essen zurück und nehmen ihre Plätze ein. Ich mustere die Leute. Der Professor ist nicht dabei. Im Vorraum ist er auch nicht. Irgendwo muss er doch sein, schließlich steht sein Name auf der Liste, und nicht zuletzt ist er der Organisator der Konferenz. Schlagartig wird mir bewusst, dass ich ihn nicht erkenne, weil ich einen hochgewachsenen, jungen Mann mit schwarzen Haaren in Erinnerung habe. Doch zwischen damals und heute liegen drei Jahrzehnte. Statt nach dem Größten und Schönsten Ausschau zu halten, muss ich den Ältesten herausfinden.

Ja, da sitzt er, gleich in der ersten Reihe. Nur scheinbar höre ich den wissenschaftlichen Ausführungen über Wildesel zu; im Stillen probe ich, was ich sagen werde, wenn ich ihn in der Pause anspreche. Was ich damals nicht gewagt hatte, kann ich nun ganz locker angehen, jetzt, da ich weder gewinnen noch verlieren kann, weil ich fast alles erreicht habe, wovon ich früher einmal träumte.

In der Pause ist er sofort umlagert, jeder Teilnehmer will unbedingt mit dem berühmten Professor sprechen. Aufgeregt wiederhole ich im Stillen meine sorgsam formulierten Sätze. So ein Pech, gleich beginnt die nächste Vortragsstaffel. Einen kurzen Moment steht er allein da, schnell trete ich auf ihn zu und habe alles vergessen, was ich sagen wollte. Irgendwie muss ich aber meinen Namen genannt haben, denn er erinnert sich sogleich an die damalige Bestürzung, die meine Flucht aus der DDR an der Uni auslöste. Dann erzählt er mir wie nebenbei, dass die Teilnehmer dieser Konferenz anschließend in die Wüste Gobi fahren, um wilde Esel, die Kulane, zu beobachten.

Schon nehmen alle ihre Plätze ein. Wieder kann ich mich nicht auf die wissenschaftlichen Vorträge konzentrieren, sondern überlege angestrengt, wie ich es anstellen könnte, an der Exkursion teilzunehmen. Ist ja seltsam denke ich, wiederholt sich da nicht etwas? Immer noch das gleiche Muster? Na gut, aber der Unterschied ist, dass es heute ein zusätzliches Erlebnis wäre, damals jedoch meine gesamte berufliche Zukunft von der Nominierung abhing. Die nächste Pause nutze ich für einen Frontalangriff: »Professor, Sie können etwas gutmachen!«

Irritiert blickt er mich an. »Ich? Wieso? Weshalb?«

»Da ich vor dreißig Jahren nicht ins Mongolei-Team aufgenommen wurde, könnten Sie mich jetzt als kleine Entschädigung in die Gobi mitnehmen.«

Er ist verblüfft. »Da wollen Sie mit? Aber das geht nicht – die Teilnehmer sind seit Monaten ausgewählt. Wir mussten sogar einigen absagen, denn die Plätze in den Wagen sind limitiert.«

»Sehen Sie doch, wie klein ich bin. Da gibt es bestimmt noch einen halben Sitzplatz«, dränge ich.

Er mustert mich amüsiert. »Na, Sie sind mir ja eine! Nee, halbe Plätze gibt es nicht. Allerdings, wenn Sie unbedingt wollen ... vielleicht ... aber versprechen kann ich nichts.«

Als unser Konvoi von Ulaanbaatar aufbricht, ist der Himmel grau. Eisiger Wind faucht durch die Straßen, mitten im Hochsommer. Von den 70 Teilnehmern der Konferenz nehmen nur 19 an der Exkursion teil, da sind mehr als zwei halbe Plätze für mich frei. Mit Nita aus Indien, die neben mir sitzt, freunde ich mich spontan an. Patricia hingegen, eine anerkannte Wissenschaftlerin, die seit mehr als drei Jahrzehnten in Tansania forscht, verhält sich auffallend reserviert mir gegenüber. Vielleicht denkt sie, ich sei gar keine Biologin und hätte mich nur unter einem Vorwand eingeschlichen. Glücklicherweise bleibt sie die Einzige, die mir mit Vorbehalt begegnet.

Obwohl alle aus verschiedenen Ländern stammen, können wir uns problemlos auf Englisch verständigen. Uns verbindet aber viel mehr. Wie in einer großen Familie wissen wir sofort, was dem anderen wichtig ist, weil jeder ähnlich denkt und empfindet. Allerdings erinnere ich mich auch an die Kehrseite des Wissenschaftsbetriebs, an den erbarmungslosen Konkurrenzkampf um magere Forschungsgelder, um Anerkennung und Ruhm. Nirgendwo sonst ist der Nährboden für Intrigen und Bosheit, für Betrug und Verrat so üppig gedüngt wie an Universitäten und Instituten. Während dieser Exkursion ist von Rivalität jedoch nichts zu spüren. Auf ihrem Fachgebiet sind sie alle Spitzenleute, die von verschiedenen Forschungseinrichtungen stammen und voneinander wenig oder nichts zu befürchten haben. Die Stimmung ist heiter entspannt, voll freudiger Erwartung auf die Wüste Gobi und die wilden Esel.

Seit langem war ich nicht mehr mit Menschen unterwegs, für die Tiere wichtig, vielleicht sogar der Mittelpunkt ihres Lebens sind. Beglückt genieße ich die Gesellschaft in diesem Haufen Verrückter. Keiner guckt verständnislos, wenn man bei der Begegnung mit seltenen Tierarten in Begeisterung ausbricht. War das nun ein Würgfalke oder doch eher ein Wanderfalke? Dort eine Ansammlung Geier! Selbstverständlich halten wir an, zücken die Ferngläser. Wie viele Geier? Welche Art? Aha, Mönchsgeier. Wer von der Leidenschaft eines Feldbiologen befallen ist, für den sind das Beobachten der Tiere und das Bestimmen von Arten sinnerfüllend.

Unser Ziel am ersten Tag ist Mandalgow, die Provinzstadt von Mittelgobi. Obwohl der Ort nur 260 Kilometer von Ulaanbaatar entfernt ist, sind wir sieben bis acht Stunden unterwegs, die Zeit zum Vogelbeobachten und Einsammeln toter Tiere nicht mitgerechnet.

Die Wüste Gobi war einst der Grund eines riesigen Meeres, das Geologen Tethys-Meer nennen. Zurück blieb eine abflusslose Senke mit einer Ausdehnung von zwei Millionen Quadratkilometern. Der überwiegende Teil davon gehört zur Volksrepublik China. Der Anteil der Mongolei umfasst immerhin noch ein Territorium von der Größe Deutschlands, der Schweiz und Österreichs zusammen. Die Wüste ist naturgemäß noch weniger besiedelt als die Steppen- und Gebirgsregionen; gerade einmal zwei Menschen pro Quadratkilometer fristen ihr Leben in den Weiten dieser Ödnis.

Stunde um Stunde holpern und rumpeln wir durch eine völlig eintönige Landschaft. Längst sind die Weiden in eine Kiesebene übergegangen, in der markante Geländepunkte fehlen und verzweigte Fahrspuren leicht in die Irre führen. Geröllflächen, tiefe Rinnen und ausgespülte Löcher erschweren das Vorwärtskommen. Nach monatelanger Trockenheit sind kürzlich Regenschauer niedergegangen und haben wilde Zwiebeln herausgelockt. In der Wüste ist langes Zögern unverzeihlich, deshalb haben die Pflanzen sofort damit begonnen, ihre Blüten zu entfalten – ein weißes und rosafarbenes Blütenmeer, das bis zum Horizont reicht. Die dunklen Wolken haben wir hinter uns gelassen, die Sonne brennt herab, und es wird zunehmend wärmer, je weiter wir nach Süden gelangen.

Nita erforscht in Indien die Khur, eine andere Wildeselart, die in der Salzwüste des Indusdeltas überlebt hat. Sie führt während unserer Fahrt eine Strichliste über alles, was den Weg entlang sichtbar wird. Nicht nur Wildtiere protokolliert sie, auch die Anzahl der Jurten, Hirten und Herden. Patricia, die vorne sitzt, muss für sie jedes Mal den Kilometerstand ablesen.

»Was soll der Quatsch?«, beschwert sie sich genervt. »Dein Protokoll ist doch wissenschaftlich irrelevant.«

»Weiß ich!« Ein strahlendes Lächeln erhellt Nitas dunkles Gesicht. »Macht mir aber Spaß und hält mich wach.«

Ich finde, Nita hat Recht. Das Gerüttel und Geschüttel stumpft ab, aber bei der Arbeit mit einer Liste wird man automatisch zum aufmerksamen Beobachter und erlebt die Fahrt als Ereignis. Bereitwillig beteilige ich mich deshalb am »Datensammeln«, übernehme die Beobachtung der rechten Seite, und die sonst eintönige Fahrt wird abwechslungsreich und spannend. Nur Patricia geht unser Tun auf den Geist. Sie stöhnt: »Ach nee, nun haben wir schon zwei Irre.«

Am Nachmittag halten wir erstmals für eine Essenspause. Mir ist schon schlecht vor Hunger, habe ich doch in der Hektik des Aufbruchs zum Frühstück nur Milchtee getrunken. Ein Tuch wird am Boden ausgebreitet, Büchsen werden geöffnet, Brot geschnitten. Gerade will ich mich heißhungrig aufs Essen stürzen, ruft jemand: »Dort, ein Iltis! Leute, das ist ja ein Steppeniltis!« Aufgeregt greifen alle nach ihren Ferngläsern. Sein Fell ist heller als beim europäischen Iltis, und er ist auch ein wenig kleiner. Von unserer Anwesenheit lässt er sich nicht stören und jagt weiter nach Beute, setzt in weiten Sprüngen über die Ebene, saust in ein Zieselloch hinein, taucht an anderer Stelle wieder auf, springt weiter, bis er schließlich für länger in einem Bau verschwunden bleibt. Wir beglückwünschen uns gegenseitig zu dem einmaligen Erlebnis, denn die eigentlich nachtaktiven Tiere bekommt man selten bei Tageslicht zu Gesicht. Selbst der Professor versichert uns, er habe während seiner 38 Mongolei-Expeditionen jetzt erst seinen zweiten Iltis gesehen.

Auf unserer Weiterfahrt werden wir Zeugen eines Verkehrsunfalls, der kurioser kaum vorstellbar ist. Zwei Wagen haben sich frontal ineinander verkeilt. Wie konnte das passieren? In einer Gegend, überschaubar bis zum Horizont, wo man über Stunden keinem anderen Auto begegnet? Ein rätselhaftes Schicksal hatte zwei Fahrzeuge, die aus verschiedenen Richtungen kamen, zu einer der wenigen Erhebungen geführt, wo sie gleichzeitig auf der Kuppe ankamen und ungebremst ineinanderkrachten. Glücklicherweise wurde niemand ernstlich verletzt.

In Mandalgow beziehen wir Quartier in einem Hotel aus kommunistischer Zeit, geprägt vom Charme der Verwahrlosung. Die zweifelhaft sauberen Bettbezüge lassen wir unberührt und sind froh, unsere Schlafsäcke dabei zu haben. Mit einer Dusche hatte sowieso keiner gerechnet, nur die ungewöhnlich vielen Fliegen sind lästig.

Patricia, die mit Nita ein Zimmer teilt, verlangt dringend einen Eimer und eine Tasse. Die Besitzerin des Hotels versteht sie nicht, weil Patricia ihren Wunsch auf Englisch vorträgt. *Chubin* und *ajag* übersetze ich. Als sie das Gewünschte bekommt, strahlt Patricia. »Perfekt, mehr brauch ich nicht. So wasche ich mich auch in Tansania, mit einem Eimer und einer Tasse. Mädels, ich zeig euch meine Waschmethode, die ist genauso effektiv wie eine Dusche! Aber kommt nicht alle auf einmal in mein Zimmer, sondern eine nach der anderen.«

Keine von uns verspürt Lust, etwas über Körperwäsche mit Eimer und Tasse zu erfahren. Längst haben wir das Angebot vergessen, da rauscht Patricia wütend zur Tür herein. Ihre Haare, die sie in Form eines Männerhaarschnitts trägt, sind frisch gewaschen und stehen strubbelig in die Höhe. »Was denkt ihr euch denn, ich will nicht ewig auf euch warten. Hab schließlich noch was Besseres zu tun!«, poltert sie los.

»Aber Patricia, was ist passiert?«

»Ihr wolltet doch, dass ich euch zeige, wie man sich mit Eimer und Tasse wäscht!«

»Nein, wollten wir nicht!«

»Wie, nein? Ihr wollt meine Methode nicht kennen lernen?«

»Nein, Patricia, eigentlich nicht«, Wir müssen uns das Lachen verbeißen, die Situation ist gar zu komisch.

Das Zimmer teile ich mit Ekaterina und Natalija aus Russland und Ellen aus Deutschland. Es dauert nicht lange, da stellen Ellen und ich fest, dass wir beide in Greifswald studiert haben, allerdings im Abstand einer Generation. Es überrascht mich, vertraute Namen zu hören, Dozenten und Professoren, die ich kannte, als sie noch Studenten waren. Und auch der Lamarckzirkel, der unser Lebenselixier war, existiert bis heute. Seltsam, die Reise zu den Wildeseln wird für mich immer mehr eine Reise in die Vergangenheit.

Am Nachmittag des nächsten Tages erreichen wir Manlaj, einen kleinen Ort mit viel Raum zwischen den Häuschen und Jurten. In ihrer Mitte thront ein Heldendenkmal aus rot getünchtem Beton. Manlaj ist die erste Ortschaft in der Provinz, die auf mich hell und licht wirkt, vielleicht weil hier die Palisadenzäune weniger dicht zusammenstehen, die Wege breit und mit Sand bedeckt sind.

Auf der Weiterfahrt durch die Wüste verblasst allmählich das zarte Grün der Wildzwiebeln unter dem Sand, dessen Farbpalette von Goldgelb bis Braun und Grau reicht. Felsriegel, einmal aus Basalt, dann wieder aus Kalkstein, bringen Abwechslung in die sandige Ebene.

Wir rasten im Schatten einer jahrhundertealten Ulme. Ihr Stamm und die Äste sind dick und knorrig, die Krone bildet eine prächtige Kuppel. Weit und breit ist kein anderer Baum zu sehen. Ganz allein steht die Ulme in der Wüste und zeugt von einem Klima, das für Pflanzen einmal zuträglicher gewesen sein muss. Nachdem wir Brot mit Käse, Wurst und saure Gurken gegessen haben, bleibt noch Zeit, um Krötenkopf-Agamen zu fangen. Bei meiner Expedition mit Mandach im Gobi-Altai haben sie sich immer erst im letzten Moment, dann aber blitzschnell, vor den Pferdehufen in Sicherheit gebracht. Für Biologen sind sie nicht schnell genug, und bald sind einige von ihnen gefangen.

Oft habe ich mich gefragt, wieso gerade wir Biologen diesen Fangreflex haben. Bei mir war er schon in der Kindheit angelegt. Kaum konnte ich grabschen, waren Schnecken meine ersten Opfer, später fing ich alles, was sich bewegte: Käfer, Raupen, Spinnen, dann Eidechsen und Schlangen. Als Schulkind brachte ich meine Mutter zur Verzweiflung, weil ich unsere Wohnung in eine Menagerie für Wildtiere umfunktionierte. Heimlich quartierte ich Feldhasen, Hamster, Mäuse, Dohlen, Eichelhäher und Waldkäuze bei uns ein und machte mit einer Ringelnatter um den Hals meine Schularbeiten. Während ich als Kind ständig Konflikte mit den Eltern ausfechten musste, konnte ich als Studentin meine Leidenschaft ungehemmt ausleben. Sie war sogar erwünscht, und derjenige wurde mit guten Noten belohnt, der die artenreichste Tier- und Pflanzensammlung ablieferte. Geheilt vom Fangreflex wurde ich erst auf den Galapagos-Inseln. Dort musste ich ein Jahr lang, Tag für Tag, Meerechsen fangen, wiegen und markieren. Die Reptilien begannen mich zu fürchten, da entschied ich, lieber auf eine Karriere als Wissenschaftlerin zu verzichten und stattdessen als Beobachterin durch die Welt zu streifen. Doch das Zucken in den Fingern ist geblieben.

»Wir werden heute noch Kulane zu sehen bekommen«, verspricht unser Professor. Das kann er doch nicht einfach so behaupten, denke ich. Erst später erfahre ich, dass er schon vor unserer Exkursion die Gobi nach Wildeseln durchforscht hat. Und tatsächlich, noch vor Sonnenuntergang erfüllt sich seine Vorhersage.

In weiter Ferne flimmern kleine Pünktchen am Horizont, fünf Kilometer sind die Kulane entfernt. Mit einem einfachen Fernglas sind sie nicht zu identifizieren, erst beim Blick durch das feststehende Fernrohr können wir sie erkennen. »Näher lassen sie uns nicht heran«, sagt der Professor. »Offensichtlich haben sie bereits schlechte Erfahrungen mit Wilderern gemacht, die immer wieder aus Fahrzeugen auf sie schießen.«

Es dämmert schon, da taucht plötzlich im Licht unserer Scheinwerfer ein Wildesel auf. Er galoppiert neben uns her, bis er den Wagen mit hoch erhobenem Kopf triumphierend überholt. Gebannt blicken wir auf das prächtige Tier. Nur Patricia reagiert geistesgegenwärtig und schreit: »Gas weg!« Der mongolische Fahrer kann sie zwar nicht verstehen, bremst aber vor Schreck wegen ihrer Lautstärke.

Ein unerklärlicher Zwang veranlasst Wildesel, aber auch Antilopen und Gazellen, ihre Kräfte mit Fahrzeugen zu messen und dicht vor ihnen von einer Seite auf die andere zu wechseln. Vielleicht hängt dieses seltsame Verhalten mit Feinderkennung oder Revierverteidigung zusammen. Möglich, dass sie in dem Auto einen Gegner sehen, den sie zum Wettrennen herausfordern, um sich ein Bild von seiner Stärke zu machen. Je dichter das Fahrzeug neben ihnen ist und je mehr die Fahrt beschleunigt wird, umso weniger sind sie in der Lage, das Rennen zu beenden. Was wie ein scheinbar freiwilliges Spiel aussieht, ist für die Tiere lebensgefährlich, denn sie laufen, bis sie tot zusammenbrechen oder sich schwere Organschäden zuziehen, die nach quälendem Siechtum zum Tode führen.

In der Nacht erreichen wir ein Trockental. Im Licht der Autoscheinwerfer bauen wir unsere Zelte zwischen mächtigen Ulmenbäumen auf. Bevor ich einschlafe, höre ich einen Wolf heulen, ganz kurz nur, aber sehr eindringlich.

Am nächsten Tag, noch vor dem Frühstück, will ich die Gegend erkunden. Neugierig steige ich den Hang hinauf. Oben ist weit und breit – nichts. Nichts außer einer flachen Steinwüste. Nur eine Ebene aus dunklen Steinen. Still und einsam scheint sie sich ins Unendliche zu dehnen. Das Morgenlicht legt einen zarten Schleier über die leblose Ödnis, als wolle es mitleidig die erbarmungslose Härte der Wüste verhüllen. Die Wirkung auf mich ist paradox: Statt vom Anblick dieser lebensfeindlichen Welt deprimiert zu sein, erfüllt mich weihevolle Ergriffenheit. Es ist still, kein Laut ist zu hören, selbst der Wind schweigt. Und doch schwingt in dieser unendlichen Stille eine gewaltige unhörbare Musik. Eine Musik, die zwischen Himmel und Erde spielt.

Nach dem Frühstück geht die Fahrt weiter auf der Suche nach Kulanen. Zunächst finden wir nur tote Tiere, in der Sonne mumifizierte Kadaver und gebleichte Knochen. Von Wilderern angeschossen gelang ihnen die Flucht, nur um leidvoll zu verenden. Bei einem Schädel war der Unterkiefer von einer Schrotladung wie ein Sieb durchlöchert. Wie muss das Tier gelitten haben, bis es vom Tod erlöst wurde.

Sorgfältig vermessen wir die Überreste: Länge von Körper, Kopf, Beinen, Schwanz, Hufen. Am Schädel und an den Zähnen kann man besonders viel ablesen: Geschlecht und Alter, ob sich das Tier eher von Gräsern, Kräutern oder Blättern ernährt hat. Für die Forschung sind die Schädel wertvolles Vergleichsmaterial, deshalb nehmen wir sie mit.

Leider sind es nicht nur einzelne Wilddiebe, sondern ganze Banden, die vom Verkauf des gewilderten Eselfleischs profitieren. Wildhüter können die unter Schutz stehenden Kulane nicht wirklich vor dem Abschuss bewahren. Bevor die Ranger in der Weite der Landschaft die Verbrecher entdecken, sind diese mit ihrer Beute schon längst verschwunden, nicht selten über die Grenze nach China.

Nur wenn die in der Gobi lebenden Nomaden mit in das Schutzprogramm einbezogen werden, haben die wilden Esel eine reelle Chance zu überleben. Deshalb haben die Wissenschaftler an einem der Abende ein Treffen organisiert, zu dem neben den Wildhütern auch die Vertreter der Hirten eingeladen sind. Wir haben einen Hammel spendiert, und nach dem gemeinsamen Essen berichten uns die Nomaden aus ihrem entbehrungsreichen Leben. 470 Familien sollen es sein, die in einem Gebiet von 12 400 Quadratkilometern umherziehen, immer auf der Suche nach brauchbarem Weideland. Nicht selten müssen sie bis zu dreißig Mal im Jahr ihren Lagerplatz wechseln. Für 6000 Kamele, 40 000 Ziegen, 30 000 Schafe, 8000 Pferde muss in der kargen Wüstenlandschaft Wasser und Futter gefunden werden. Wen wundert es da, dass wildlebende Tiere kaum noch einen Lebensraum für sich behaupten können. Im Gespräch wird aber auch deutlich: Die Nomaden sind stolz darauf, dass es bei ihnen seltene Tiere gibt, derentwegen Ausländer von weit her kommen, nur um sie zu sehen. Sie begreifen sehr gut, welchen Schatz sie besitzen und dass es auch in ihrem Sinn ist, ihn zu bewahren.

Am letzten Tag unserer Exkursion wandern wir durch die Steinwüste und erklimmen einen Felsriegel. Von oben blicken wir auf der anderen Seite hinab in eine breite Talsenke, in der Gras wächst – und da sind sie endlich, die gesuchten wilden Esel. Mehrere hundert! Langsam grasend ziehen sie über die Ebene. Anmutig bewegen sie sich auf ihren festen, kleinen Hufen, graziös und mit kraftvollem Körper, der in ein hellbraunes, glattes Fell gehüllt ist. Die Wildesel wirken königlich, und tatsächlich galten sie früher als edles Jagdwild, das nur den Herrschern vorbehalten war. Die Maharadschas Indiens schmückten sich mit dem Titel »Wildesel«, vergleichbar der Bezeichnung »Löwe«, den Adlige bei uns im Mittelalter gern gebrauchten.

Wie war es möglich, dass gerade aus diesen Tieren, die Symbol sind für Stolz und Freiheit, die verachteten Hausesel wurden, degradiert zum Lastenträger, geschlagen und geschunden, deren erbärmliches Leben mir auf meinen Reisen immer wieder grausam vor Augen geführt wurde?

Stunden sitzen wir auf dem sonnenwarmen Felsgrat, schauen hinunter in die Ebene mit ihren Grüntönen und freuen uns über die Vielzahl der eleganten Kulane. In Gruppen stehen Weibchen und Fohlen beieinander. Junggesellentrupps ziehen in einer Reihe dahin, andere beugen die Köpfe zum Grasen oder scharren Kuhlen, in denen sie ein Staubbad nehmen. Es ist ein Bild vollkommener Friedfertigkeit, wie der Blick in ein vergangenes Paradies. Die Gesichter meiner Begleiter, die neben mir auf dem Felsen sitzen, leuchten vor Glück. Hunderte von Wildeseln zu sehen, das hatten wir nicht erwartet. Doch uns allen ist bewusst, dass wir den letzten Akt eines Schauspiels erleben, nach dessen Ende wieder eine Tierart weniger auf der Erde existieren wird.

Im hohen Norden

Als ich wie vereinbart in sein Büro in Ulaanbaatar komme, ist er nicht da. »Ein dringender Außentermin«, entschuldigt ihn Zaya, seine Sekretärin, und kocht für mich den besten Kaffee, den ich bislang in der Mongolei getrunken habe. Da wird die Tür schwungvoll aufgerissen, und Dr. Thomas Schrapel, der örtliche Leiter der Konrad-Adenauer-Stiftung, stürmt ins Zimmer, sprühend vor Energie, sportlich gekleidet, die dunklen Haare vom Wind zerzaust. Sein Enthusiasmus wirkt ansteckend. Nur einer, der seine Arbeit als Berufung empfindet, kann bei aller Ernsthaftigkeit zugleich so viel Begeisterung ausstrahlen.

Die KAS, wie die Stiftung abgekürzt heißt, war von allen Fördereinrichtungen die Erste, die schon 1993, gleich nach der politischen Wende, in die Mongolei kam, um die demokratischen Kräfte zu unterstützen und beim Aufbau eines Mehrparteiensystems zu helfen. Sie initiiert politische Schulungen der Abgeordneten sowie der Bevölkerung in der Provinz, unterstützt regionale Selbstverwaltung und die Ausbildung der Journalisten, motiviert sie in unabhängiger Berichterstattung und – was mich überraschte – fördert Protestbewegungen von Naturschützern. Thomas Schrapel erzählt mir von ungezügelten, wilden Aktionen der Viehzüchter, denen durch rücksichtslosen Abbau von Gold das Wasser im wahrsten Sinne des Wortes abgegraben und damit ihre Lebensgrundlage zerstört wurde.

»Die Leute warfen sich verzweifelt vor die Räder und Schaufeln der Bagger, um den Abbau zu stoppen«, berichtet der Leiter der Stiftung. »Wir zeigten ihnen bessere Wege, wie sie um ökologisch vertretbare Abbaumethoden kämpfen können.«

Ich werde hellhörig, frage weiter und will immer mehr wissen. »Na, dann kommen Sie doch mit nach Norden zum Chuwsgul-See. Dort findet diesmal unsere Jahrestagung statt. Da lernen Sie die Mitarbeiter aus allen *aimaks,* den Provinzen, kennen, und können sich selbst ein Bild von unserer Arbeit machen.«

Erfreut nehme ich die Einladung an. Besseres kann ich mir nicht wünschen, dabei hatte ich den Kontakt zur Stiftung nur aus Neugier gesucht. Bei einer Lesung in Erfurt kam ich mit dem dortigen Leiter ins Gespräch. »Unseren Mann in Ulaanbaatar, den sollten Sie kennen lernen!«, empfahl er mir. Aus dieser zufälligen Begegnung entstand ein Geflecht aus unerwarteten Erlebnissen und Begegnungen, die mich zum Chuwsgul-See führten und in eine wilde Taigalandschaft zu Rentieren, Wölfen und letztlich zu den Schamanen.

Da ich im Wagen der Stiftung aus versicherungsrechtlichen Gründen nicht mitfahren kann, muss ich eine andere Möglichkeit finden, zum Chuwsgul zu gelangen, der hoch im Norden liegt an der Grenze zu Russland, 680 Kilometer von der Hauptstadt entfernt. Wieder weiß meine Freundin Zola Rat. Sie vermittelt mir einen Fahrer mit geländegängigem Fahrzeug. Tsolonsuch, der eigentlich Lehrer ist, freut sich über den Zusatzverdienst während der Sommerferien.

Eigenartig, an 260 Tagen im Jahr scheint in der Mongolei die Sonne, heißt es, doch fast alle meine Reisen beginnen im Regen. So auch diesmal. Die Landschaft wirkt weich gezeichnet und verschwommen wie ein Aquarell. Mir kommt in den Sinn, dass man einzelnen Ländern bestimmte Farben zuordnen könne. Für die Mongolei sind das Grün- und Brauntöne, Farben, die sich nicht aufdrängen, so wenig wie die Menschen hier. Einmal hatte mich Enkhe gefragt: »Welchem Land ähnelt denn die Mongolei?« Spontan hatte ich geantwortet: »Deine Heimat ist unvergleichbar und einzigartig.« Jetzt aber erinnern mich die verschleierten, kahlen Hügel an Schottland. Bald jedoch dringt sanftes Licht durch den Dunst und lässt die Landschaft leuchten wie bei einer Hinterglasmalerei, durch die ein berittener Hirte seine Herde treibt. Dann bricht die Sonne strahlend durch die Wolken, und ein kobaltblauer Himmel wölbt sich über die Erde.

Nachdem wir die große Siedlung Bulgan hinter uns gelassen haben, sieht es aus wie im Allgäu. Kühe grasen auf saftigen Wiesen, die Hügel

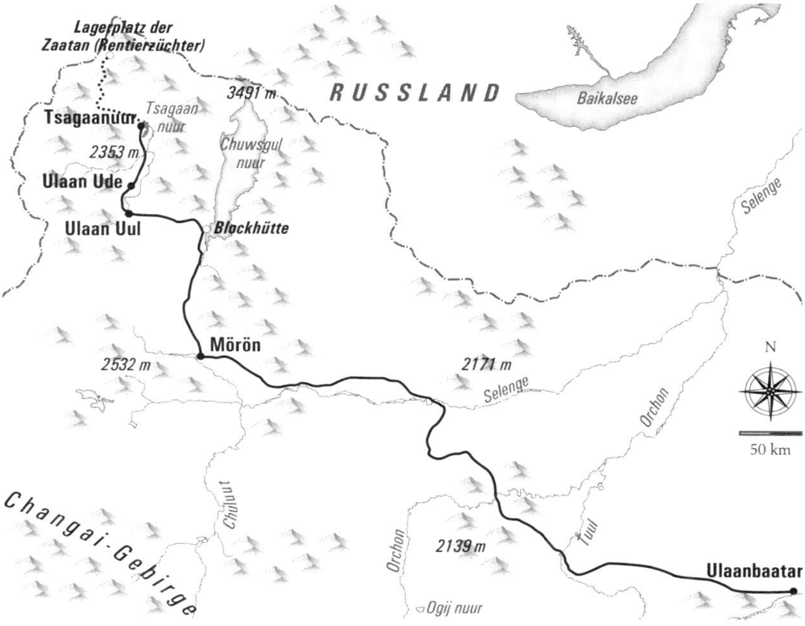

haben sich zu Bergen ausgewachsen, die mit Nadelbäumen bewaldet sind. Auf den Wiesen blühen Rittersporn und gelber Enzian.

Nach 480 Kilometer, für die wir zehn Stunden reine Fahrzeit gebraucht haben, bauen wir unsere Zelte neben einem Bach im Windschutz einer Felswand auf. Zum Team gehören Thomas Schrapel, Bujan, sein Stellvertreter, und Zaya, die Sekretärin. Die Mitarbeiter der sechs Außenstellen werden wir erst am Chuwsgul-See treffen. Auf einem originellen Gerät braten wir Rindfleisch: Von einem dreibeinigen Gestell hängt ein Grillrost freischwebend über der Glut. Gemütlich sitzen wir vor unseren Zelten und genießen ein Bier aus Ulaanbaatar. Ich nutze die Gelegenheit, um einiges über meine Mitreisenden zu erfragen.

Zaya, 24 Jahre alt, hat in München und Bamberg Germanistik und Kunstgeschichte studiert. »Mit welchen beruflichen Erwartungen bist du heimgekehrt?«, frage ich sie.

»Irgendeine Anstellung würde ich schon finden, hatte ich gehofft. Aber niemand brauchte mich, das war deprimierend. Da hörte ich, dass die Stiftung jemanden sucht, der Deutsch spricht. Bin ich also hin und habe an einem Sprachtest teilgenommen.« Keine Frage, dass Zaya den Test als Beste absolvierte, denn ihr reicher Wortschatz überrascht mich immer wieder von Neuem.

Mein nächster Gesprächpartner ist Bujan. Seine Mutter war Hebamme, der Vater hat im Untertagebau als Elektriker gearbeitet. Dank staatlicher Beihilfe konnten sechs ihrer Kinder studieren, wurden Ärzte und Techniker. Bujan wurde als 16-Jähriger zur Ausbildung als Tiefbohrer in die DDR geschickt, kam als Facharbeiter in die Mongolei zurück und war bei der Erschließung von Bodenschätzen in weit entlegenen Gebieten tätig. Seinem Vater blieb nicht verborgen, dass sein Sohn zu verwildern begann, denn neben der harten Arbeit gab es am Feierabend für ihn und seine Kollegen nur Kartenspiele und viel Wodka. Der Vater war überzeugt, allein der Wehrdienst könne aus seinem Sohn einen brauchbaren Menschen formen, und intervenierte so lange bei den verantwortlichen Stellen, bis Bujan eingezogen wurde. Meinen Einwand, das sei doch eine absurde Vorstellung, wischt Bujan beiseite. Er glaubt, sein Vater habe schon richtig gehandelt, denn anschließend war er motiviert genug, ein Studium zu beginnen.

Allmählich verfallen alle in nachdenkliches Schweigen. Ein Uhu fliegt über unseren Köpfen und landet am Hang gegenüber. Im Fernglas kann ich die feinen Nuancen seines Gefieders bewundern. Wie ein Spielzeug dreht der Nachtvogel seinen Kopf, dabei funkeln die gelben Augen.

Am Morgen wasche ich mich am Bach. Es ist warm, und kein Lüftchen weht, ungewöhnlich in diesem meist vom Wind durchbrausten Land. Unsere Fahrzeuge haben an diesem Tag häufig Wasserkontakt, schließlich gibt es weder Straßen noch Brücken, dafür viele Wasserläufe, die durchquert werden müssen. Mit dem Fluss Selenge jedoch kann es kein Fahrzeug aufnehmen, er ist nicht nur breit, sondern auch viel zu tief. Deshalb sind wir auf die Hilfe von Flößern angewiesen. Selten fährt ein Auto auf dieser Strecke, aber die Flößer haben uns kommen gehört und warten schon am Ufer. Das Überqueren des breiten Stroms ist abenteuerlich, und das Floß sieht aus, als würde es bald auseinanderbrechen. Zwar passen beide Wagen auf die Plattform, aber unter der schweren

Last taucht das Floß gefährlich tief ins Wasser ein. Auf dem gegenüberliegenden Ufer fehlt eine natürliche Anlegestelle, also müssen die Fahrzeuge in das halbmetertiefe Wasser plumpsen und durchs Ufergestrüpp an Land fahren.

Die Selenge ist mit 593 Kilometer für mongolische Verhältnisse nicht allzu lang, dafür aber sehr berühmt, weil sie in den Baikalsee mündet und zuvor ein fruchtbares Tal bewässert. Während einer Rast entdecke ich eine rote Lilie, eine einzige nur. Zaya macht ein Foto mit ihrer modernen Digitalkamera und behauptet, diese Pflanze sei eine Kartoffel. Meiner biologischen Ausbildung bin ich es schuldig und widerspreche pflichtgemäß: »Nein, das ist ein Zwiebelgewächs.«

»Schau in der Erde nach, da findest du eine Kartoffel!«, gibt sie mit überlegener Miene zurück.

»Aber Zaya«, will ich sie aufklären, »es gibt doch ganz verschiedene Pflanzenfamilien mit solchen Speicherorganen, zum Beispiel ...«

»... die Kartoffel!«, ergänzt sie.

»Die Knolle dieser Pflanze heißt aber Zwiebel«, versuche ich es noch einmal.

»Sie sieht wie eine Kartoffel aus!«, beharrt Zaya.

»Möglich«, gebe ich mich geschlagen.

»Also habe ich Recht! Habe es ja gleich gesagt: Es ist eine Kartoffel!«

Der Himmel verdunkelt sich. Es wetterleuchtet in den Wolken, und ein Regenbogen überspannt farbenprächtig das Land. Im Wagen sind wir geschützt, und doch ist uns unheimlich zumute, als wir geradewegs auf die blauschwarze Wetterwand zufahren. Plötzlich springt eine weiße Murmel auf den Kühler, hopst gespenstisch auf und nieder, und da prasselt es schon herab. Hagel! Wir halten an, starren hinaus. Die runden, kirschgroßen Eisstücke schlagen auf den harten Boden und springen meterhoch nach allen Richtungen davon. Nachdem sich der Hagelschauer ausgetobt hat, fahren wir weiter. Wenig später sehen wir eine Herde. Im Kreis stehen die Tiere dicht an dicht, mit den Köpfen nach innen. Die Hirtin sitzt auf ihrem Pferd und hat den *deel,* ihren einzigen Schutz, um sich geschlungen.

Nach 19 Stunden und 680 Kilometer Fahrt erreichen wir den Chuwsgul-See, auch Mongol dalai genannt. *Dalai* bedeutet eigentlich

Ozean, so wie der Titel des Dalai Lama mit »Ozeangleicher Lama« übersetzt werden kann. Auf Deutsch nennt man den Chuwsgul »Mongolisches Meer«. Er verdient diese Bezeichnung, denn mit seiner Länge von 134 Kilometer und 39 Kilometer Breite ist er fast fünf Mal größer als der Bodensee. Dennoch ist er nicht das größte Gewässer der Mongolei. Dieses Attribut gehört dem Uws-See, der aber kaum bekannt ist, zumindest nicht bei Touristen, die den Chuwsgul-See zu ihrem Lieblingsurlaubziel erkoren haben.

An seinem Westufer reihen sich Jurten-Camps aneinander. Nicht nur Ausländer, auch Mongolen verbringen hier erholsame Tage. Wer wie ich die Faszination eines fast menschenleeren Landes sucht, ist hier natürlich fehl am Platz. Doch ich bin ja aus anderen Gründen gekommen, nämlich um mehr über die Arbeit der Stiftung zu erfahren. Dabei kann ich nicht leugnen, dass der See wirklich schön ist. Malerisch liegt er eingebettet zwischen 3000 Meter hohen Bergen. Sein Wasser ist glasklar, denn wegen der Kälte wachsen Algen nur kümmerlich. Selbst im Sommer wird es nicht wärmer als 10 Grad. Es heißt, weil das Wasser so klar ist, könne man 24 Meter in die Tiefe schauen – bis zum Grund allerdings nicht, denn der See ist mit 262 Meter der tiefste Zentralasiens.

Wir fahren von Camp zu Camp – alle Hütten sind belegt. Zelte aufzubauen ist in den mit Waschhäuschen und Toiletten eingerichteten und umzäunten Arealen nicht erlaubt. Ich wundere mich, dass wir für die Tagung nicht angemeldet sind. Die mongolischen Teilnehmer hätten alles organisiert, erklärt mir der Leiter der Stiftung. Hier am See sei der Treffpunkt für alle Mitarbeiter, die aus verschiedenen Teilen des Landes stammen, und dann würden wir erfahren, wie es weitergeht.

Bei der Fahrt am Westufer entlang fällt mir auf, dass die Erschließung der Natur nicht allzu weit fortgeschritten ist, zumindest eine ausgebaute Straße gibt es bisher nicht. Unsere Wagen kämpfen sich glitschige Waldwege entlang, über Baumwurzeln und durch Wasserlöcher hindurch. Ohne Vierradantrieb kämen wir hier nicht weiter. In einem der letzten Camps bitten wir erfolgreich um Unterkunft und quartieren uns in Blockhütten ein, direkt am See.

Morgens werde ich vom Ruf der Möwen geweckt, gerade rechtzeitig, um den Sonnenaufgang zu erleben. Ich blicke über die Wasserfläche, aber sie erstreckt sich so weit, dass ich ihr nördliches Ende nicht sehen kann. 46 Flüsse münden in den Chuwsgul, aber nur einer, der Erijn gol, fließt südlich wieder aus ihm heraus. Im November beginnt der 1624 Meter hoch gelegene See zuzufrieren. Wenn dann das Eis meterdick ist, trägt es sogar schwer beladene Lastwagen. Die Route über den See soll inzwischen verboten sein, weil die Laster den trinkwasserreinen See mit Öl und Ruß verschmutzen könnten. Der Chuwsgul ist auch für sein spektakuläres Eisfest mit Schlittschuhlaufen und Pferdeschlittenrennen berühmt.

Unerwarteterweise verlassen wir heute schon den See. Gestern Abend, bald nach unserer Ankunft, kam eine Abordnung der mongolischen Mitarbeiter und meinte, die Tagung finde im hohen Norden statt. Also wieder hinein in die Wagen und weiter nordwestlich in Richtung Ulaan Ude und danach sogar bis Tsagaannuur. Zwei Tage werden wir unterwegs sein. Unser Konvoi besteht inzwischen aus acht Fahrzeugen.

Für mich ist die Änderung des Tagungsortes ein glücklicher Umstand, denn ich erlebe eine Landschaft, die so großartig und ursprünglich ist, wie ich sie mir nicht hätte ausmalen können. Tief prägen sich mir Bilder von wilder Schönheit ein: schmale Täler mit Wildbächen, weite Täler, durch die kristallklare Flüsse rauschen. An den Hängen weiden Yaks und Schafe. Die Berggipfel sind mit Lärchenwäldern bedeckt, die hohen Gipfel aber leuchten weiß vom Schnee.

Der Konvoi kriecht schwerfällig voran wie eine dicke Raupe. Immer wieder bleiben die russischen Kleinbusse, mit denen die Außendienstleiter unterwegs sind, im Morast stecken, müssen sich mit Abschleppseilen gegenseitig herausziehen. Nicht allein die Sümpfe fordern Höchstleistungen von Fahrern und Fahrzeugen, auch Pässe müssen überquert werden. Der höchste ist der 2100 Meter hohe Ulijn dawaa. Die Luft ist dünn, und der Wind fegt über den Grat. In dieser Höhe wachsen keine Bäume mehr, dafür schmücken Edelweiß und Enzian die steinigen Matten. Diese Bergkette, je nach bevorzugter Schreibweise der Kartographen Chordol sarda oder Choridol saridag genannt, besteht aus Kalkgestein und Kreide. Einer der weißen Kreidefelsen gleicht mit seiner Kegelform einem überdimensionalen Zuckerhut und leuchtet uns wie ein Wahrzeichen den Weg zum Pass. Dort thront nicht nur ein einzelner *owoo*, sondern gleich zwölf Steinhaufen stehen nebeneinander. Schädel und Geweihe vom Hirsch, Gehörne vom Steinbock und Wildschaf sind zu Opfergaben aufgehäuft. Die heilige Stätte ist über und über mit *chadag* behängt, den glückbringenden blauen Seidenschals, blau wie der »ewige Himmel«, der von den Schamanen als oberste Gottheit verehrt wird. Auf mich wirkt der Ulijn-dawaa-Pass wie ein mystisches Heiligtum, und ich beginne zu ahnen, wie lebendig diese uralte Religion noch ist, wie ihre unbesiegbare Kraft im Verborgenen weiterexistiert und nur zum Schein überdeckt wird von jüngeren Glaubensrichtungen. Denn dass die zwölf *owoo* den zwölf buddhistischen Jahren zugeordnet sind, fällt eigentlich kaum ins Gewicht. Die Energie, die von dem Kraftort ausgeht, ist spürbar tiefer, berührt die Wurzeln unseres Seins.

Eigentlich müssten wir Aufmerksamkeit erregen, als unser Konvoi in Ulaan Ude einrollt, doch die Bewohner wollen uns nicht durch ihre Neugier beleidigen und tun so, als kämen jeden Tag acht Fahrzeuge in ihren Ort gerollt. Bedächtig tritt der eine oder die andere aus dem Haus, bleibt einen Moment stehen, blickt prüfend zum Himmel, lässt den Blick wie zufällig über unsere Gruppe schweifen, erwidert unseren Gruß, besteigt das Pferd und reitet davon.

Die Ortschaft liegt am Ufer des Flusses Turg, ist umgeben von sanften Hügeln und überragt von schneebedeckten Gipfeln. Jurten gibt es in Ulaan Ude keine, die Häuser sind aus massivem Holz gebaut und gruppieren sich um einen freien Platz in der Ortsmitte, wo wir unsere Fahrzeuge parken. Jedes Haus am Platz besitzt einen Kaufladen. Wir stürmen ein Geschäft nach dem anderen, decken uns ein mit Keksen und Getränken für den Hunger unterwegs, denn gegessen wird immer erst am Abend.

Wir fahren ein paar Kilometer weiter und finden am Ufer des Turg den idealen Platz für unsere Zelte. Er liegt im Windschatten einer gewaltigen, senkrechten Felswand, um die kreischend Vögel fliegen. Sie sehen aus wie Mauersegler mit weißem Bürzel. Ein Schaf wird bei Nomaden gekauft, geschlachtet und am Lagerfeuer zubereitet. Jetzt, da alle zusammensitzen, erkenne ich, wie viele wir sind – eine Gruppe von über 30 Personen, denn die Leiter der Außenstellen haben ihre Mitarbeiter dabei. Thomas Schrapel und ich sind die einzigen Ausländer unter den vielen Mongolen.

Gemäß dem Motto »Hilfe zur Selbsthilfe« hat die Stiftung die Gründung einer Akademie »Schule der Demokratie« initiiert, die voll in mongolischer Hand ist, selbständig und unabhängig arbeitet und eigene Entscheidungen trifft. Die Stiftung kann Ratschläge geben, aber keine Weisungen erteilen.

An diesem Nachmittag habe ich die Akademie in Aktion erlebt. Neben der Schulung der gewählten Parlamentarier in den Ortsverbänden unterrichtet sie auch Nomaden in den wichtigsten Grundzügen der Demokratie. Jetzt wird mir verständlich, warum wir nicht im Urlauberparadies Chuwsgul geblieben sind, denn die Fahrt hat als Ziel, die Menschen auch in abgelegenen Regionen zu erreichen.

Den Viehzüchtern wird spontan eine Schulung angeboten. Diejenigen, die mitmachen, werden gebeten, auch ihre Nachbarn zu verständigen. Einer der Söhne galoppiert los. Inzwischen wird ein Aggregat aufgestellt, um Strom für den Projektor zu haben. Zuerst laufen Kulturfilme zur Unterhaltung. Nach und nach kommen immer mehr Menschen von überall her. Sie tragen ihre beste Kleidung wie zu einem festlichen Anlass. Drei Frauen fallen mir auf. Hoch zu Ross im blauen, grünen und violetten *deel* bilden sie eine farbenprächtige Einheit. Würdevoll reiten sie heran, steigen ab, binden ihre Reittiere fest und nehmen in der Jurte Platz. Als niemand mehr erwartet wird, beginnt die Schulung. Ein Film stellt Szenen aus dem Nomadenleben dar, Probleme werden angesprochen und Lösungswege gezeigt. Der Film kommt gut an, das wird an der Reaktion der Zuschauer spürbar.

Die Jurte ist brechend voll, wobei die traditionelle Sitzordnung nicht immer eingehalten wird. Auf der Frauenseite sitzt zwar kein einziger Mann, dafür haben sich viele Frauen auf der Männerseite niedergelassen, und Kinder drängeln sich in jede freie Nische. Ein Mitarbeiter der Akademie hält einen Vortrag. Obwohl er ernsthafte Themen anspricht, wie ich den Tabellen und Diagrammen entnehme, die er an die Leinwand projiziert, bringt er die Zuhörer oft zum Schmunzeln und provoziert sie zu Heiterkeitsausbrüchen. Wieder fällt mir auf, wie gern Mongolen lachen und dankbar sind für jeden Scherz, vielleicht weil ihr

Alltagsleben so hart ist. Den Inhalt des Vortrags kann ich nicht verstehen, dafür spricht der Redner zu schnell, und seine Ausdrucksweise ist für mich zu kompliziert, doch sein sympathisch-persönlicher Redestil ist erfreulich anzuhören.

Die Viehzüchter belassen es nicht beim stummen Zuhören, immer wieder unterbrechen sie den Vortragenden, stellen Fragen, bringen eigene Gedanken ein. Lebhaft geht es bei der anschließenden Diskussion zu. Die mongolischen Hirten sind die einzigen Nomaden auf der Welt mit hervorragender Schulbildung. Nicht nur, dass 95 Prozent lesen und schreiben können, sie sind geübt in Streitgesprächen, bilden sich eigene Meinungen, auch über politische Aspekte. Gern werden Broschüren mitgenommen, um die angesprochenen Themen zu vertiefen.

Als wir am nächsten Tag weiterfahren, liegt Nebel über den Lärchenwäldern. Mit dem verwachsenen Unterholz, den dicken Moospolstern, den Sümpfen und Mooren wirken die Wälder geheimnisvoll, und ich stelle mir vor, ich könnte durchs Dickicht streifen und vielleicht einem Bären begegnen oder Elche beobachten. Gleich bei Sonnenaufgang hatte ich mich in den Wald geschlichen in der Erwartung, ein Wildtier zu sehen. Plötzlich knackte es. Ich erstarrte. Schatten wischten zwischen Baumstämmen hindurch. Schon schoben sich dunkle, haarige Körper auf die Lichtung – Yaks! Eine Herde Grunzochsen, wie sie auch genannt werden. Mit ihren langen Hörnern und dem strähnigen Fell wirkten sie wie Urrinder auf mich.

Es ist noch früh am Morgen, als wir Ulaan Uul erreichen. Die Holzhäuser triefen vom nächtlichen Regen. Plötzlich durchbricht schallend ein Lautsprecher die schläfrige Ruhe. Es werden aber keine Ansprachen wie zu kommunistischer Zeit gesendet, zu meiner Erleichterung erklingen mongolische Lieder. Wie muss das gewesen sein, als die Menschen von früh bis spät mit politischen Traktaten beschallt wurden?

Bei unserer weiteren Fahrt nach Norden werden die Berge höher, die Täler tiefer, die Ausblicke grandioser. Die Almen leuchten bunt von Enzianblüten, Trollblumen, Silberwurz, Edelweiß. Dunkelgrüne Wälder bedecken die Berge, und die höchsten Gipfel sind in Schnee und Eis gehüllt. Seen reihen sich aneinander wie Perlen an einer Kette, in hellem Licht schimmern sie in silbernen und blauen Tönen. Pferde mit wilden, ungeschnittenen Mähnen stürmen über die Wiesen, und Yaks hüpfen in Bocksprüngen davon. Wie sie dabei mit ihren buschigen, hochgestreckten Schwänzen heftig wedeln, scheint es, als wollten sie mögliche Verfolger zum Narren halten.

In Tsagaannuur müssen wir uns registrieren lassen, denn wir befinden uns bereits im Grenzgebiet zu Russland. Einige Kilometer vom Ort entfernt am Rande eines Sees steht eine unbewohnte Blockhütte, dort bauen wir unsere Zelte auf und sammeln Champignons für ein opulentes Pilzessen. Der Himmel färbt sich orange, dann kupferrot. Die Mongolen beginnen zu singen, ihre Lieder klingen weit in die Nacht hinein. Das Sternbild »Großer Wagen«, auch als »Großer Bär« bekannt, leuchtet am Nachthimmel. Bei den Mongolen heißen diese auffallend hellen Sterne die »Sieben Alten« und werden als Schicksalslenker angesehen.

Am nächsten Tag ist die Natur wieder in Nebel gehüllt. Tau perlt an den Gräsern, verfängt sich in Spinnennetzen. Alles wirkt verschleiert, auch die Stimmung, denn gar zu lange wurde gestern gefeiert und gesungen. Die Tagung um 9 Uhr zu beginnen entsprang reinem Wunschdenken. Überhaupt können Mongolen mit westlichem Zeitdenken wenig anfangen. Die Uhr spielt keine zentrale Rolle – man fängt an, wenn es so weit ist, eben dann, wenn man sich genügend Zeit füreinander genommen hat und eine positive Grundstimmung entstanden ist.

Wenn Touristen sich über mongolische Unpünktlichkeit beschwerten, konnte ich das nicht nachvollziehen, aber ich hatte auch nie auf einen bestimmten Termin gedrängt, sondern abgewartet, was sich entwickeln würde. Kamen die Menschen dann von selbst auf mich zu, waren sie auf ihre Art stets pünktlich, verlässlich und verantwortungsbewusst. Diese Einstellung kann ein Reisender nur kultivieren, wenn er sich nicht selbst unter Zeitdruck stellt und nicht unbedingt auf seiner Reiseroute beharrt.

In der Blockhütte stehen zwei lange Tische mit schmalen Bänken, an denen insgesamt 18 Personen sitzen. Die sechs Außenstellenleiter, davon zwei Frauen, legen ihren Jahresrechenschaftsbericht vor. Es überrascht mich, dass alle frei sprechen. Jeder Vortrag endet mit einer scherzhaften Bemerkung, einem humorvollem Satz, einem hoffnungsvollem Ausblick, in jedem Fall mit einem Lächeln, auch wenn die angesprochenen Themen noch so problematisch waren. Nach drei Tagen geht die Tagung zu Ende, und ich bin sicher, die Teilnehmer kehren mit neuen Ideen und Eifer an ihre Arbeitsstätten zurück.

Mit meinem eigenen Fahrer bin ich unabhängig und habe noch etwas Besonderes vor. Im Museum der Schönen Künste in Ulaanbaatar hatte ich den jungen Künstler Enkhbat kennen gelernt, der dort seine Bilder ausstellte. Er hatte sich die europäische Malerei als Vorbild genommen und verschiedene Stile ausprobiert. Seinen eigenen würde er erst noch finden müssen, doch ein Thema hatte er bereits: Schamanen oder *böö,* wie sie auf Mongolisch heißen.

»Die Begegnung mit ihnen war mein bisher eindringlichstes Erlebnis«, hatte Enkhbat mir erzählt und dass er zum Malen an den Chuwsgul gefahren sei und Geisterbeschwörungen erlebt habe. Warum sollte ich nicht versuchen, Kontakt zu Schamanen aufzunehmen? Doch wie konnte ich sie finden? Gleich nach unserer Ankunft hatte ich den Verantwortlichen für den Chuwsgul-*aimak* gefragt, ob er helfen könne. Lange geschah nichts. Obwohl meine Ungeduld wuchs, sagte mir die Erfahrung, dass Mongolen niemals die Bitte eines Gastes ignorieren, und am letzten Tag, als die meisten schon ihre Sachen packen, geschieht alles ganz schnell.

»Haben Sie noch immer den Wunsch, den *böö* zu besuchen?«, werde ich höflich gefragt.

»Ja, natürlich, gern!«, antworte ich aufgeregt

»Also dann! Fahren wir!« Und schon geht es los.

Das Haus des Schamanen steht einsam auf einem Hügel mit Blick auf den weiten Talgrund, mit viel freiem Platz ringsum, den man zum Weiden der Herden braucht. Eine Frau tritt aus der niedrigen Tür, sie trägt eine weinrote Bluse und schwarze Hosen, ist schmal und zierlich, ihre Haare hat sie zu einem Pferdeschwanz gebunden. Sie wirkt jugendlich, ihr Alter ist schwer zu schätzen, 40, vielleicht 50 Jahre. Mit offenem, freundlichem Blick heißt sie uns willkommen. Bestimmt kommt nicht alle Tage eine Ausländerin in Begleitung von fünf Männern zu Besuch. Außer meinem Fahrer Tsolonsuch begleiten uns zwei örtliche Funktionäre und Bujan, der stellvertretende Leiter der Stiftung, um mir als Dolmetscher zu helfen.

Das Holzhaus ist wie eine Jurte eingerichtet, mit den typischen buntbemalten, kleinen Möbeln. Der Schamane liegt ausgestreckt auf dem Teppich und schläft. Er trägt einen braunen *deel* und Stiefel an den Füßen. Dutsche, so heißt die Frau des Schamanen, erklärt, ihr Mann Baldandorij habe gestern um Mitternacht die Geister gerufen, und nach der fünfstündigen Zeremonie sei er erschöpft eingeschlafen und noch nicht wieder aufgewacht. Früher habe Baldandorij als Viehzüchter bei der Genossenschaft gearbeitet. Sie selbst sei Melkerin gewesen und als Beste des Destrikts ausgezeichnet worden. Dass ihr Mann Schamane sei, habe sie nicht gewusst, als sie ihn heiratete. Er selbst habe die Berufung lange unterdrückt, aber Schamane zu sein sei ein Schicksal, dem man sich auf Dauer nicht entziehen könne. Heute sei sie stolz auf ihren Mann, weil er vielen Menschen helfen kann. Selbst von weit her kommen sie ihn besuchen.

Wir haben leise gesprochen, doch Baldandorij muss die Fremden in seiner Hütte gespürt haben. Er räkelt sich, schlägt die Augen auf, sofort ist er hellwach. Bei meiner Bitte, ob ich ihm Fragen stellen dürfe, lächelt er. Ein Runzelgeflecht überzieht sein Gesicht und lässt es schutzlos erscheinen. »Warten Sie, erst muss ich etwas essen«, sagt er, »Ich bin nämlich schrecklich hungrig.«

Er bleibt sitzen, wo er gelegen hat, rückt seine grünschwarze Kappe zurecht und zieht den Mongolenmantel glatt, an dem mir bernsteinfarbene Knöpfe auffallen. An der Wand hinter ihm hängen *chadag*, die heiligen blauen Seidenschals, dazwischen eine große, mit Leder bespannte Trommel, Fuchsfelle und Pferdegeschirr.

Dutsche reicht ihm eine Schale mit Nudelsuppe. Nachdem er seinen Hunger gestillt und getrunken hat, entzündet er eine lange Pfeife und erzählt mir seine Geschichte: Er wuchs bei seinem Großvater auf, der ein berühmter Schamane war, und begleitete ihn zu den Zeremonien. Wenn der Geist über seinen Großvater kam, fürchtete er sich und verstand nicht, was vor sich ging. Baljinnyam, sein Großvater, ist seit langem tot, aber noch immer verehrt und bewundert er ihn als guten Menschen und großen Schamanen. Nie habe er seine Hilfe versagt, selbst in der Nacht bei Sturm und Regen ritt er zu den Hilfesuchenden und Kranken.

Als Baldandorij zehn Jahre alt war, bemerkte der Großvater, dass sein Enkel hellsichtig war. Mit 14 erkrankte der Junge schwer und wäre fast gestorben. Nach seiner Gesundung schenkte ihm der Großvater eine Maultrommel und versprach, ihn zum Schamanen auszubilden. Er konnte sein Versprechen aber nicht einlösen, denn in dieser Zeit gingen Kontrolleure durch die Jurten und beschlagnahmten alle Utensilien der Schamanen, verbrannten ihre Gewänder und Trommeln.

Weil Baldandorij nicht die Nachfolge des Großvaters antreten konnte, wurde er mit Unglück überhäuft. Seine besten Pferde wurden von Wölfen gerissen, Krankheiten dezimierten seine Herden, ein Kind starb. In seiner Not ging er zu einer Schamanin, damit sie die Dämonen vertreibe. Sie sagte zu ihm: »Warum kommst du zu mir? Du selbst bist ein *böö,* weißt du das denn nicht? Deine Kräfte sind stärker als meine.« Baldandorij erinnerte sich an die Maultrommel, die ihm der Großvater einst geschenkt hatte, und begann auf ihr zu spielen. Das Instrument, wie es auch in der alpenländischen Volksmusik bekannt ist, wird mit dem Mund gehalten und mit den Fingern an der Maultrommelzunge gezupft, die Mundhöhle dient als Resonanzkörper, wobei ein geheimnisvoller Klang entsteht.

Der Geist des Großvaters half ihm, ein guter Schamane zu werden, wie es sie in seiner Familie seit Jahrhunderten gibt. Soviel er inzwischen weiß, ist er in der Generationenfolge der zwölfte. Bei seinen fünf Kindern zeigte sich die Berufung bisher nicht, vielleicht überspringt sie eine Generation, wie es zwischen ihm und seinem Großvater der Fall war.

Ob ich zuschauen dürfe, wenn er wieder Geister beschwört? »Oh, das kostet lange Vorbereitungen. Es muss der richtige Tag sein, den Mond und Sterne bestimmen. Der Himmel muss sein Einverständnis geben, ebenso meine Hilfsgeister, aber das tun sie nur, wenn ein Mensch in Not ist. Du brauchst meine Hilfe doch nicht, oder?«

»Nein, das nicht. Ich wollte nur dabei sein – wenn es möglich ist.«

»Natürlich, das darf jeder, doch ich muss mich erst erholen. Die letzte Nacht war anstrengend und hat meine ganze Kraft gefordert. Wenn ich aus der Trance erwache, kann ich mich an nichts erinnern. Dutsche muss mir dann alles erzählen.«

Meine Begleiter sind moderne und gebildete Menschen, doch jeder bittet den Schamanen um Weissagung und glückbringenden Segen. Dazu braucht es keine großen Vorbereitungen. Baldandorij muss weder sein Schamanengewand anlegen noch die Trommel schlagen oder tanzend in Trance fallen. Er entzündet lediglich ein Bündel Salbei. Beißender Qualm füllt den Raum. Eine geraume Weile spielt er auf seiner Maultrommel, wendet dem Fragenden den Rücken zu, versinkt in Stille. Endlich murmelt er etwas, und Dutsche übersetzt seine Worte in verständliches Mongolisch.

Vielleicht weil schamanische Praktiken so lange unterdrückt waren, leben sie heute wieder auf. Dabei ist Schamanismus im eigentlichen Sinn keine Religion, sondern ein Aspekt innerhalb des viel umfassenderen Animismus – dem Glauben, dass die Natur von Geistern, Dämonen und Gottwesen bewohnt ist. Jeder Berg oder See hat seinen »Besitzer«, wie es Zola ausgedrückt hat, und die *owoo* sind ihre Altäre. Die Menschen versuchen, die dämonischen Kräfte der Naturgottheiten zu besänftigen und sie durch Opfergaben, Kulthandlungen und Zeremonien wohlgesinnt zu stimmen. Verständlich, dass der Mensch sich hier angesichts der Weite der Landschaft mit ihrem extremen Klima, wo er den Elementen und Gewalten der Natur ausgesetzt ist, klein und machtlos fühlt. Nur der respektvolle Umgang mit den sichtbaren und unsichtbaren Kräften sichert sein Überleben. Dabei helfen ihm Schutzgeister, verstorbene Vorfahren, die in den *onggot* verkörpert werden.

Der Glaube, dass die Natur mit unsichtbaren Wesen beseelt ist, hat seit Urzeiten bis heute überdauert und seine Spuren in allen Religionen hinterlassen. Im Denken und Handeln der Mongolen ist dieser Glaube besonders tief verwurzelt. Jeder übt ihn aus, wenn er Steine auf einen *owoo* legt, von jedem Essen ein bisschen dem Feuer übergibt, aber niemals Unrat im Ofen verbrennt, weil das den Feuergott, den Beschützer der Jurte, beleidigen würde. Flüsse und Seen dürfen nicht verunreinigt werden, wertvolle Dinge schmückt man mit dem *chadag* in den Farben des Himmels, und Reisende werden mit den Worten verabschiedet: »Mögest du immer unter dem Blauen Himmel deinen Weg nehmen.« Der »Blaue Himmel« steht dabei für den obersten Gott, den Schöpfer aller sichtbaren und unsichtbaren Dinge.

Der Schamane fungiert als Mittler zwischen den Menschen und den Geistern, zwischen Diesseits und Jenseits. Er kann die Schwelle in die andere Welt, die jeder am Ende seines Lebens überschreiten muss, schon zu Lebzeiten überqueren und wieder zurückkehren. Indem er sich in einen ekstatischen Zustand versetzt, löst sich seine Seele vom Körper und begibt sich auf Reisen. Diese Jenseitsreisen unternimmt die Seele des Schamanen, um eine verlorene Seele zu finden, wie etwa die eines Kranken, und sie zur Rückkehr zu bewegen. Denn die Ursache einer Krankheit liegt im Verlust seiner Seele.

Die griechische Sage von Orpheus, der seine Eurydike aus der Unterwelt zurück ins Reich der Lebenden holen wollte, ist demnach die Beschreibung einer Schamanenreise. Orpheus, begabt als Sänger und Lautenspieler, verschafft sich Zugang ins Totenreich. Musik, Rhythmen, Poesie sind wichtige Hilfsmittel, um in Trance zu fallen. Orpheus findet die Seele seiner Geliebten im Hades, doch es gelingt ihm nicht, sie zurückzuholen. Auf dem Weg zum Licht dreht sich Orpheus um und Eurydike muss für immer in der Unterwelt bleiben.

Der Übergang in die Totenwelt ist auch für die Seele des Schamanen riskant und voller Gefahren. Raum und Zeit gibt es dort nicht, und alles ist substanzlos und durchlässig. Ohne den Schutz von Hilfsgeistern würde die Seele sich verirren und nie wieder den Weg zurückfinden. Je stärker diese Geister sind, umso besser die Heilkräfte des Schamanen, vor allem wenn er Seelen zurückbringen kann, die sich in der Gewalt von Dämonen befinden. Hilfsgeister sind immer die Urahnen. Sie sind es auch, die einen Menschen geradezu zwingen, Schamane zu werden, denn keiner wird es aus freiem Willen. Die Berufung geht mit einer schweren Krankheit einher, meist während der Pubertät, eine Zeit voller Qual und Leid, Albträumen, Depression und Verwirrung bis zum Wahnsinn. Wer sich verweigert, dessen Krankheit verschlimmert sich, er durchleidet scheinbar seinen Tod.

Als Wanderer zwischen Himmel, Erde und Hölle hat jeder Schamane seine eigenen Hilfsmittel, Methoden und Spezialaufgaben. Es gibt Heiler, Magier, Wahrsager oder Zauberer. Manche können mit Steinen, den so genannten *zad*-Steinen, das Wetter beeinflussen. Als 1978 eine Feuerwalze die Wälder um den Chuwsgul zu zerstören drohte, erinnerten sich die Verantwortlichen in der Provinzstadt Moron an einen alten Schamanen mit großen Kräften. Obwohl die Parteigenossen das Treiben der Schamanen als Aberglaube und Volksverdummung verteufelten, wussten sie, dass nur ein Regen das Feuer noch stoppen könne. Also befahlen sie dem Schamanen, seine *zad*-Steine zu benutzen, und siehe da, der Regenzauber wirkte. Ein gewaltiger Guss besiegte den Waldbrand. Der Schamane aber wurde verhaftet und wegen illegaler Tätigkeit zu einer Gefängnisstrafe verurteilt – von denselben Leuten, die befohlen hatten, den Regen herbeizuzaubern.

Bayarhu, der Leiter des Infozentrums in Tsagaannuur, der mich mit dem Schamanen bekannt gemacht hat, fragt, ob ich auch die Zaatan kennen lernen wolle. Die Zaatan sind Rentierzüchter und leben mit ihren Tieren tief in den Wäldern. Sie nennen sich selbst Urianchaj und sprechen eine alttürkische Sprache. Von den Mongolen erhielten sie die Bezeichnung Zaatan, von *zaa bug* für Rentier.

Etwas Geheimnisvolles haftet ihnen an, den letzten Rentierzüchtern im hohen Norden der Mongolei. Im *Know-How*-Reiseführer hatte ich gelesen: »Veranstalter bieten immer häufiger Fahrten zu diesem aussterbenden Volk an, um den ultimativen Kick zu befriedigen. Gerade weil die Anreise durch die undurchdringliche Taiga fast schon nicht mehr machbar ist, beschwerlich auf Pferden oder mit dem Hubschrauber, denken manche – nichts wie hin! Ungefragt brechen sie in das abgeschiedene Leben der Zaatan ein und nötigen sie durch ihre pure Anwesenheit zur Gastfreundschaft.«

Diese Information hatte mich derart abgeschreckt, dass ich gar nicht erst in Erwägung zog, diese Menschen mit meinem Besuch in Verlegenheit zu bringen.

»Morgen reite ich los«, wiederholt Bayarhu sein Angebot. Er ist Zaatan-Bevollmächtigter, und es gehört zu seinen Aufgaben, alle paar Wochen Inspektionsreisen zu unternehmen. Seit Jahren schon kümmert er sich um dieses Volk. Er zeigt mir einen Projektor, ein sehr schweres, altes Modell, mit dem er den Zaatan Schulungs- und Dokumentarfilme vorgeführt hat mit der Absicht, sie über das Leben in der Mongolei aufzuklären. 80 vielleicht auch 120 Kilometer müssten wir reiten, sagt Bayarhu. Er wisse nicht genau, wo wir sie finden würden. Ständig ziehen sie umher, immer auf der Suche nach Rentierflechten.

Nun bin ich doch neugierig geworden, und meine Bedenken schwinden, denn als Begleiterin Bayarhus werde ich mich nicht als Eindringling fühlen müssen. Nachdem ich mich von den Teilnehmern der Tagung verabschiedet habe und meinen Fahrer bei der Familie von Bayarhu gut untergebracht weiß, reiten wir los. Wie ich es schon mit Mandach erlebt habe, sind wir mit je zwei Pack- und Reitpferden unterwegs. Wir folgen Wildwechseln, kämpfen uns durch dichtes Gestrüpp und hohe Farne, überwinden umgestürzte Bäume und reiten durch Moospolster, unter denen unergründliche Sümpfe lauern. Urweltliche Taiga!

Das Wort Taiga bedeutet »Wildnis«. Da wachsen mächtige Lärchen, sibirische Zirbelkiefern und silberstämmige Birken. An lichten Stellen leuchten Margeriten, Eisenhut und Weidenröschen, auch Feuerkraut genannt. Es riecht nach Pilzen. Seltsam still ist es in diesem Urwald. Schon ein Zwitschern der Meisen lässt aufhorchen. In dieser geheimnisvollen Welt des Waldes fühle ich mich wie ein zwergenhaftes Wesen.

Drei Tage sind wir unterwegs, bevor wir die ersten weißen Flechten sehen, die den Waldboden überziehen. »Rentierflechte«, sagt Bayarhu, »da können die Zaatan nicht weit sein.«

Mir ist die Flechte aus heimischen Gebirgswäldern bekannt, nur sah ich sie noch nie in solcher Fülle. Die weißen oder lindgrünen Flechten sehen aus wie Minibäumchen, weswegen man sie gern als gestalterische Elemente bei Modelleisenbahnen verwendet. Gerade die Menge lässt mich an Bayarhus Behauptung zweifeln. Wenn Rentiere in der Nähe wären, hätten sie die Flechten längst vertilgt. Doch mein Begleiter behält Recht. Auf einer Lichtung stehen einige Zelte, die an indianische Tipis erinnern. Rauch steigt aus ihrer Mitte, hebt sich hell ab gegen die dunkle Wand des Waldes.

Schon sind wir von Kindern umringt, Frauen laden uns ein. Bayarhu ist ihnen bekannt, und in die freundliche Begrüßung werde ich wie selbstverständlich mit eingeschlossen. Fünf Familien leben hier mit ihren Rentieren. Die Tiere liefern ihnen alles, was sie brauchen, vor allem Milch, die mit 14 Prozent vier Mal fetter ist als Kuhmilch, außerdem Fleisch, Häute, Leder, Sehnen und Knochen. Früher besaßen sie nur Gegenstände, die vom Ren stammten oder aus Holz und Stein gemacht waren. Doch schon längst haben auch bei den Zaatan Produkte aus der Zivilisation Einzug gehalten und wecken Sehnsüchte nach mehr. Noch leben die Rentierzüchter in ihren Zelten, den *urz*, weil sie damit sehr mobil sind. Auf- und Abbau geschieht ohne großen Zeitaufwand: Drei schlanke Stämme werden am oberen Ende zusammengebunden und mit Planen verkleidet; früher waren die *urz* mit Fellen, Häuten und Birkenrinde bedeckt. Auch selbstgefertigte Leder- und Fellbekleidung gibt es nur noch selten zu sehen, mit Ausnahme von Handschuhen und Mützen. Die meisten kleiden sich mongolisch in *deel* oder zunehmend westlich in Jeans und Shirts.

Die Zaatan sind letzte Reste des einst mächtigen Volkes der Toba, die noch vor Dschingis Khan ein Großreich in Zentralasien errichtet hatten. Wie üblich im Verlauf der Geschichte von Völkern, wurden sie besiegt. Die wenigen Überlebenden wichen der Übermacht Stärkerer und zogen immer weiter nach Norden, bis sie ein sicheres Gebiet in der unwegsamen Taiga fanden. Es heißt, Dschingis Khan wollte die als besonders mutig und zäh geltenden Zaatan unbedingt in seiner Reiterarmee haben, doch sie ließen sich nicht zwingen, verbargen sich lieber tief in den Wäldern.

Als die russische Revolution Asien in Brand setzte, war ihre abgeschiedene Ruhe für immer vorbei. Der Kampf zwischen Weißgardisten und Rotarmisten tobte auch im russisch-mongolischen Grenzland und forderte unter den Zaatan ungezählte Opfer. Unter kommunistischer Herrschaft mussten die Rentierhirten ihre nomadische Lebensweise aufgeben und durften ihre Rentiere nur noch in staatlich kontrollierten Kolchosen halten. Die Kinder mussten acht Jahre lang in Internaten fern von ihren Eltern leben und durften nur noch mongolisch sprechen. So kommt es, dass viele zwar lesen und schreiben können, doch ihre alttürkische Muttersprache mitunter kaum noch beherrschen. Zudem kehrten nur wenige Jugendliche nach der Ausbildung zurück, weil sie dem harten Leben in der Taiga entwöhnt waren. Bayarhu schätzt, dass heute auf mongolischem Gebiet gerade noch 35 Familien nomadisch mit ihren Rentieren leben.

In der Nacht weckt mich mein Begleiter. Er will mit mir zu einer Schamanin reiten, die um Mitternacht ein krankes Kind heilen werde. Heftig fegt der Wind durch die Baumwipfel. Es rauscht gewaltig wie eine Meeresbrandung. Sterne glitzern zwischen den Ästen. Ich lasse mein Pferd dicht hinter dem vom Bayarhu laufen. Der Weg scheint kein Ende zu nehmen. Wie lange reiten wir schon durch die Nacht, ein, zwei Stunden?

Schattenhaft erkenne ich ein mit Leder bespanntes Zelt, die Behausung der Schamanin Gomba. Innen hocken Männer, Frauen, Kinder dicht beieinander, erhellt vom schwachen Lichtschein einer Öllampe. Bayarhu raunt mir zu, Gomba sei eine berühmte *böö*, sogar ein wenig gefürchtet wegen ihrer Zauberkraft.

»Wo sitzt sie denn?«, frage ich, denn ich kann keine Person entdecken, der etwas Geheimnisvolles anhaftet.

Er weist auf eine rundbäckige Frau, vielleicht 45 Jahre alt, mit gutmütigem, mütterlichem Gesicht. Ihr Lächeln erlischt, als sie die Schamanentracht anlegt, eine Art Kaftan aus Fetzen farbiger Stoffe, auf die Felle und Federn appliziert sind. Bunte Schnüre und Bänder hängen herab, schlängeln sich wie Schlangen über den Rücken. Spiegelscherben sind aufgenäht und eigenartige Metallteile, die aussehen wie Pfeile, Messer und Haken. Eisenringe rasseln wie bei einem Kettenhemd. Und das ist dieser Mantel auch – eine Rüstung, ein Schutzpanzer für den Kampf mit den Dämonen. Die Tiere, die ihre Häute, Felle und Federn gespendet haben, stellen der Schamanin auch ihre Kräfte und Fähigkeiten zur Verfügung. In der Anderwelt ist sie so den bösen Mächten überlegen, weil sie fliegen, schwimmen, tauchen, galoppieren kann. Die flatternden Stoffbahnen verwirren ihre Verfolger, die Spiegel blenden; schon die Medusa wurde von ihrem eigenen Spiegelbild getötet.

Das Gewand wiegt schwer. Die Schamanin braucht Hilfe beim Ankleiden, zumal es hinten zu schließen ist. Der Kopfschmuck ist eine Art Krone mit Adlerfedern, Bändern und Tüchern. Ein Vorhang aus Schnüren verdeckt ihr Gesicht. Die Heilerin schlägt mit dem Schamanentrommelstock aus dem Knochen eines Rentiers auf eine lederbespannte Trommel, die fast so groß ist wie sie selbst, und singt zu den dumpf hallenden Schlägen. Der Rhythmus wird immer schneller. Sie wiegt sich hin und her, stößt schrille Schreie aus: »Ah, juja, jeha, jo johe!« Dom-dom-dom, dröhnt die Trommel. »Ah-yah-yah!«, kreischt die Schamanin, ihre Stimme hoch und tief, ansteigend und sinkend. Sie wimmert und winselt, hustet und spuckt. Die pfeifenden, schnalzenden und knurrenden Laute aus ihrem Mund klingen bedrohlich und könnten genauso gut dem Rachen eines wilden Tieres entstammen, das sich unter uns befindet. Inmitten der Zaatan-Familie fühle ich mich in die Steinzeit zurückversetzt, als der Mensch in den Tieren seine nahen Verwandten sah, die größer, mächtiger, stärker waren als er selbst, die er aber dennoch beherrschen konnte, indem er sich die Tiergeister untertan machte. So ist nicht der Schamane von Geistern besessen, sondern sie sind gewissermaßen seine Helfer, die ihm bei seinen Praktiken zur Seite stehen.

Das kranke Kind, um das es eigentlich geht, liegt fest in eine Decke gehüllt im Arm seiner Mutter. Die Schamanin bezieht es nicht in die Zeremonie ein, widmet sich ganz dem Kampf um die Seele des Kindes. Sie dreht sich wie wild im Kreis, droht zu stürzen, fängt sich wieder und verfällt in Zuckungen. Ihr Körper schüttelt und biegt sich, ihre Augen rollen nach hinten, gespenstisch leuchten die weißen Augäpfel.

Drei Leute treten vor und stellen ihr Fragen. Bayarhu flüstert mir zu, ein Verstorbener finde keine Ruhe und suche seine Angehörigen mit Unglück heim. Sie wollen wissen, was sie tun sollen, um ihn zu besänftigen. Die Schamanin singt wieder, wiegt den Kopf hin und her. Und plötzlich redet sie mit der Stimme des Toten, so sagen jedenfalls diejenigen, die ihn gekannt haben.

Bayarhu schiebt mich plötzlich nach vorn und fordert mich auf: »Stelle deine Fragen!« Überraschend bin ich der Schamanin nun ganz nah. Mein Hals ist trocken. Vom Qualm brennen mir die Augen. Mein Herz schlägt hart gegen die Rippen. Der Kopf fühlt sich leer an. Fragen? Was soll ich fragen? Ob ich die *böö* bitte, Kontakt zum Geist meines Vaters aufzunehmen? Lebte mein Vater noch, hätte ich zahllose Fragen. Wie glücklich wäre ich, wenn ich mich mit ihm unterhalten könnte, von Angesicht zu Angesicht. Durch den Mund der Schamanin möchte ich nicht mit ihm sprechen. Was sollte er auch denken von mir, seiner Tochter, wenn ich ihn ohne Not störe in seiner Todesruhe?

Vielleicht sollte ich sie über mein eigenes Schicksal befragen? Was wäre wichtig für mich zu wissen? Das Wichtigste war jetzt meine Reise durch die Mongolei. Hat sich mein Leben damit schon erfüllt? Steht mir mein Ende bevor? Sollte ich danach fragen? Wüsste ich den Tag meines Todes, könnte ich meine Kräfte bündeln, aus dem Vollen schöpfen, die verbleibende Zeit tief und zugleich gesteigert erleben, nicht mehr haushalten mit der Energie für eine Zukunft, die es nicht gibt, Gefährliches wagen, auf das ich aus vernünftigen Gründen verzichtet habe. Versuchen, den Everest zu besteigen? Doch ich traue den Geistern dieses Wissen um mein Leben und Sterben nicht zu. Gar zu versponnen ist das Schicksalsgeflecht. Und – würde nicht mein Wissen um ein bestimmtes Datum dieses verändern, weil ich mich dann anders verhalte und sich schon deshalb ganz neue Netzwerke bilden? Hätte Ödipus nicht das Orakel befragt, wäre er nicht mit dem ihm unbekannten Vater in tödlichen Streit geraten, ebenso wenig wäre er seiner Mutter begegnet und hätte sie nicht geheiratet. Weissagungen erfüllen sich manchmal nur deshalb, weil man an sie glaubt.

Gomba erwacht aus der Trance. Eine Frau hilft ihr beim Ablegen der Schamanentracht. Sie lässt sich das kranke Kind reichen, wiegt es in ihren Armen und flüstert ihm etwas ins Ohr. Es schaut etwas entgeistert an die Decke und versteht natürlich nichts von dem, was eben geschehen ist.

Wir verabschieden uns und reiten zum Lager unserer Gastgeber zurück. Der neue Tag kündigt sich an. Ich bin vom Erlebten immer noch aufgewühlt und beschließe, statt mich hinzulegen, einen Spaziergang zum nahe gelegenen See zu machen. Ein Dunstschleier liegt über dem Gewässer. Auf einem Ast, der aus dem Wasser ragt, hockt ein schwarzes Etwas. Bei genauerem Hinsehen erkenne ich den Kormoran. Er hat sicher schon gefischt, denn er breitet seine Flügel zum Trocknen aus. Meine Schritte hinterlassen eine Spur im Gras, beim Gehen streife ich Tautropfen ab, die an jedem Grashalm hängen.

See und Wiese hüllen sich immer dichter in wabernden Nebel, der schließlich auch in den Wald eindringt. Im milchigen Weiß verwandeln sich Büsche in Kobolde und bemooste Baumstümpfe in Trolle. Flechten hängen von Zweigen, greifen mit feuchten »Fingern« in mein Gesicht.

Beängstigend laut kracht ein Ast. Lange starre ich ins Unterholz, kann nichts erkennen und gehe vorsichtig weiter.

Wieder narren mich die Nebelschleier, lassen eine Astgabel wie ein Geweih erscheinen. Der Ast bewegt sich eigentümlich, bekommt ein Auge und eine lange Nase. Vor mir steht ein Riese, über zwei Meter hoch, ein massiger Körper auf schlanken, hohen Beinen – tatsächlich ein Elch. Er kümmert sich nicht um meine Anwesenheit, zieht schweigsam wie eine Spukgestalt an mir vorbei ins sumpfige Dickicht.

Es ist so still, dass ich außer meinen Schritten nur das Rauschen der Nadelbäume höre, die sich sanft im Wind wiegen. Ein Kratzen von Krallen und der schemenhafte Schatten auf einem umgefallenen Baum erregen meine Aufmerksamkeit. Ich schleiche mich näher und erkenne zwei Streifenhörnchen. Eins verfolgt das andere, dann bemerken sie mich, richten sich auf den Hinterbeinen auf und recken dabei den buschigen Schwanz in die Höhe. Bisher kannte ich diese gestreiften Tiere, die auch Burunduk genannt werden, nur aus Zoogeschäften, wo sie in engen Drahtkäfigen bis zur Erschöpfung von einer Ecke in die andere springen. Husch, verschwindet das eine im Reisiggewirr, das andere in einer Baumhöhle. Nicht lange, da schaut es neugierig wieder hervor. Ich habe mich inzwischen bis auf einen Schritt genähert, und nun blicken wir uns direkt in die Augen. Flink springt es aus der Höhle, klettert einen Baum hinauf, wo oben schon das andere wartet. Einträchtig hocken sie nebeneinander auf dem Ast, zwei anmutige Plüschtierchen, und blicken interessiert auf mich herab. In der Nähe pocht ein Specht gegen einen hohlen Stamm. Er hat gelbe Federn am Kopf, die bei der Schlagbewegung wie eine goldene Kappe leuchten.

Weiter gehe ich in den Wald hinein, der sich den Berghang hinaufzieht. Je höher ich steige, umso lichter wird es. Als ich den Gipfel erreiche, bin ich dem Nebel entkommen. Wie ein weißer See liegt der Dunst unter mir.

Plötzlich habe ich das ungute Gefühl, nicht mehr allein zu sein. Langsam wende ich den Blick: Da steht er. Lautlos ist er hinter mir aufgetaucht, starrt mich unverwandt mit schrägen, gelbgrünen Augen an – ein Wolf! Am helllichten Tag! Die Sonne beleuchtet sein Fell, es schimmert in verschiedenen Farben, grau, braun, gelb, die Brust ist hell, fast weiß. Wie ein Blitz in die Netzhaut brennt sich sein Anblick für immer in mein Gedächtnis.

Vielleicht bin ich durch die Begegnungen mit der Schamanin sensibilisiert, oder durch die Anstrengungen der Reise ist mein Sein durchlässiger geworden, empfänglich für unerklärliche Vorgänge, denn ich spüre die Verbindung zwischen mir und dem Wolf wie ein Strömen gegenseitigen Verstehens. Und wie sich aus Tönen eine Melodie formt, vernehme ich die Botschaft: »Ich bin, und ich werde immer sein.«

Lautlos, wie er auftauchte, ist er wieder verschwunden. Der Platz, wo er eben noch stand, ist leer. Vor meinen Augen hat er sich aufgelöst wie ein Trugbild. Doch er war wirklich da und hat einen Teil von mir mit sich genommen und mir dafür ein Stück von sich gegeben.

Von Jurte zu Jurte

Obwohl uns Körpergeruch peinlich ist, er mit Waschorgien vernichtet und mit Parfüm übertüncht wird, ist er doch eine wichtige Informationsquelle, entscheidet auf subtile Weise über Sympathie und Antipathie, über Freund und Feind. In der Mongolei wird das gegenseitige Beschnüffeln regelrecht zelebriert. Zur Begrüßung und beim Abschied beriecht man die Schläfen des Gegenübers, zieht dabei laut hörbar die Luft ein. Ich erschrecke jedes Mal und stelle mir vor, wie meine eigene Ausdünstung dem anderen in die Nase stechen muss.

Nie zuvor habe ich meinen Eigengeruch derart stark bemerkt. Sonst ist man von einem Mischmasch von Gerüchen umgeben. Wenn alle ihre Düfte verströmen, nimmt man sich selbst weniger deutlich wahr. Doch die Mongolen verbreiten kaum einen Geruch. Gewiss, die Kleidung der Männer ist mit dem Schweiß der Pferde getränkt und die der Frauen vom Rauch des Herdfeuers imprägniert, aber einen spezifischen Körpergeruch kann ich so gut wie nie wahrnehmen.

Bei der Rückfahrt von Altai nach Ulaanbaatar, eingepfercht zwischen 23 Menschen auf engstem Raum, bin ich die Einzige, die ein zwiebeliger Geruch umgibt. Meine Nachbarin sitzt körpereng an mich gepresst, lediglich der Hauch eines unbekannten Aromas steigt mir in die Nase, aber so schwach, dass ich ihn kaum wahrnehmen kann. Erdig riecht sie, wie schwere, dunkle Erde. Die unbekannte Frau wird mir in diesem Moment nah und vertraut, und ich verstehe, warum es wichtig ist, sich riechen zu können.

Als ich in Ulaanbaatar Zanjans Büro betrete, liegt ein kräftiger Geruch in der Luft. Eindeutig – es riecht nach Mensch. Nachdem ich so lange nur mich selbst hatte riechen müssen, freue ich mich. Aha, also gibt es doch Mongolen, deren Körpergeruch meine Nase registrieren kann.

Ich hatte um ein Gespräch gebeten, wollte mich über das Projekt »Ger to Ger« informieren. Zanjan legt in Englisch los. Er denkt wohl, das sei für mich einfacher zu verstehen. Wäre es auch, wenn er mich nicht mit einem rasanten Wortschwall überfallen würde.

»Oh, langsamer bitte. Wo haben Sie denn so hervorragend Englisch gelernt?«

Zanjan lacht schallend. »Ich bin kein Mongole – aber so was Ähnliches, nämlich ein Inuit, wenn auch nur ein halber, mütterlicherseits.«

Er ist in Alaska geboren und dort aufgewachsen, wollte aber die Welt kennen lernen, buchte Flüge und ein Ticket für die Transsibirische Eisenbahn. Auf der Fahrt nach Peking hielt der Zug in Ulaanbaatar. Zanjan wollte sich nur kurz umsehen, vielleicht eine Zeitung oder etwas zu essen kaufen. Als er zurückkam, setzte sich der Zug gerade in Bewegung und verließ den Bahnhof ohne ihn. Die Hoffnung, die Fahrt in einem anderen Zug bald fortzusetzen, erfüllte sich nicht. Erst wieder in einer Woche, lautete die niederschmetternde Auskunft. Das war vor elf Jahren gewesen. Seitdem lebt Zanjan in der Mongolei.

»Was mir passiert war, betrachtete ich als Schicksal, als vorbestimmte Fügung, der ich mich nicht entziehen, die ich annehmen und das Beste daraus machen wollte. So blieb ich einfach da, schrieb mich an der Universität in Ulaanbaatar ein, studierte, arbeitete später für internationale Hilfsorganisationen und leite nun das Projekt ›Ger to Ger‹.«

Der Name »Von Jurte zu Jurte« ist Programm. Die Touristen wandern, reiten oder kutschieren auf Yakkarren durch das Land. Bei ihren Gastgebern lernen sie unverfälschtes Nomadenleben kennen und helfen zugleich, diese Lebensweise zu erhalten.

Seit der Wende 1990 können Besucher ungehindert in die Mongolei einreisen. Mit jedem Jahr wächst ihre Zahl und noch schneller die der Reiseagenturen. In einem Land, wo bezahlte Arbeit rar ist, verspricht der Tourismus eine gute Einnahmequelle zu werden. Überall im Land sprießen Jurten-Camps aus dem Boden wie Pilze nach dem Regen. Von der neuen Geldquelle profitieren jedoch nur einige clevere Geschäftsleute; sie verdienen wahrscheinlich nicht schlecht, denn die Mongolei ist alles andere als ein Billigreiseland. Laut Statistik gibt ein Reisender 100 bis 200 Dollar pro Tag aus für Unterkunft, Verpflegung, Führer,

Dolmetscher, Fahrer und Fahrzeug. Die Nomaden aber, die mit ihren Viehherden und Traditionen dem Land erst seinen unverwechselbaren Charakter geben, erhalten nicht einmal die Krümel des begehrten Kuchens. Auch der Tourist, abenteuer- und naturhungrig, bekommt nicht wirklich, was er sucht, denn die Menschen sieht er nur im Vorbeifahren. Wie sie wirklich leben, kann er nur erahnen. Wer weiß schon, dass die Hälfte der Landbevölkerung unterhalb der Armutsgrenze lebt. Immer mehr Hirten, die ihr Vieh durch Klimakatastrophen verlieren, sehen sich gezwungen, nach Ulaanbaatar zu ziehen, wo die meisten noch tiefer ins Elend stürzen. Auch wenn es dem begeisterten Mongolei-Reisenden nicht so erscheint – die Nomadenkultur wird es in absehbarer Zeit nicht mehr geben.

Mit seinem Projekt will Zanjan dieser negativen Entwicklung entgegenwirken, indem er die Hirtenfamilien als Gastgeber direkt mit einbezieht und finanziell beteiligt. Damit verbessert sich deren Lebenslage, und in Zukunft könnte es auch für die Jugend wieder attraktiv sein, die traditionelle Nomadenwirtschaft fortzuführen. Die ausländischen Touristen wiederum erleben den nomadischen Lebensstil wirklichkeitsnah und bekommen das, was sie sich eigentlich wünschen: direkten Kontakt zu den Menschen. Die Hälfte der Einnahmen kommen den Gastfamilien zugute, mit der anderen werden Krankenstationen, Schulen und andere Einrichtungen auf dem Lande unterstützt, denn »Ger to Ger« ist ein Nonprofit-Unternehmen einer Schweizer Hilfsorganisation.

»Eigentlich klingt das alles zu schön, um wahr zu sein«, sage ich. Zanjan lässt sich von meiner Skepsis nicht beirren. Ich solle das Projekt selbst prüfen, schlägt er vor. Im Archangai-*aimak* bietet er eine Tour von sieben Tagen und sechs Nächten an. Dabei übernachtet man allein, zu zweit oder in kleinen Gruppen bei Gastfamilien in deren *ger* oder im eigenen Zelt und wird von ihnen verpflegt. Wer will, kann auch beim Melken helfen oder Lämmer einfangen und dabei einen handfesten Einblick ins Nomadenleben gewinnen. Der Gast wird dann zu Pferd oder mit Yaks zur nächsten Familie begleitet, kann aber auch wandern. Die Etappen von 20 bis 30 Kilometer sind markiert, und das Gepäck wird mit Yakkarren transportiert.

»Wie wurden denn die Familien gefunden und ausgewählt, die jetzt in das Projekt eingebunden sind?«, will ich wissen.

»Wir arbeiten natürlich mit den örtlichen Organen zusammen. Mit ihnen wurde über die mögliche Wegstrecke gesprochen. Dabei legen wir Wert darauf, dass es Nomaden mit wenig Vieh sind, die also das zusätzliche Einkommen dringend benötigen. Wir haben die Tour erkundet, ob sie landschaftliche Höhepunkte bietet, ob die einzelnen Etappen gut zu Fuß oder besser zu Pferd zu bewältigen sind, und haben mit den Nomaden selbst gesprochen. Sechs Familien kamen in die engere Wahl. Wir haben sie geschult und auf die ausländischen Gäste vorbereitet.«

Für Nomaden, die traditionell gastfreundlich sind, ist es selbstverständlich, jeden, der ihre Jurte betritt, zu bewirten. Vor Fremden haben sie keine Scheu, doch diese Situation ist neu für sie, und sie warten aufgeregt auf die Ankunft der Gäste.

»Von den Touristen erhalten wir extrem positive Rückmeldungen. Sie überschlagen sich vor Begeisterung. Kein Wunder, denn sie gewinnen einen Einblick in das Leben der Gastgeber, wie es sonst nicht möglich ist«, sagt Zanjan und zeigt mir Berichte von Besuchern aus Europa, USA, Australien. Wie aber wirkt sich das Experiment auf die Nomaden selbst aus? Haben sie Schwierigkeiten und Probleme? Was gibt es zu beachten, was zu verbessern? Um deren Meinung zu erkunden, wollen Zanjan und sein Team vor Ort vorsprechen, und ich werde eingeladen, an der Inspektionsreise teilzunehmen.

Es ist ein sonniger Sonntag im September, als wir uns unserem mongolischen Fahrer anvertrauen. Außer Zanjan und mir sitzen im Jeep noch Julia aus Sardinien, Brian aus Kalifornien, Ron aus Israel und Bagi aus Ulaanbaatar. Julia studierte in Merano Volkswirtschaft; ihre Diplomarbeit schrieb sie in Ecuador über Kleinkredite, mit denen die arme Bevölkerung im Gebiet von Ambato Marktstände oder Kleinhandwerk einrichten konnten. Ein ähnliches Projekt betreut sie in Südafrika. In der Mongolei schreibt sie einen Bericht für die Weltbank und berichtet auch über Zanjans Projekt. Der 23-jährige Brian absolvierte ein Ökologiestudium, sammelte Berufserfahrungen in Mexiko und arbeitet im

Rahmen eines Praktikums in Zanjans Projekt. Ron entdeckte während einer Weltreise, dass es ihm in der Mongolei am besten gefiel. Er kam zurück, gründete eine erfolgreiche Reiseagentur mit 30 mongolischen Mitarbeitern, ist mit Zanjan eng befreundet und unterstützt sein Projekt nach Kräften. Bagi, die einzige Mongolin in unserer Gruppe, hatte einen gut bezahlten Job als Tourismusmanagerin bei einem Reiseunternehmer. Jetzt bei »Ger to Ger« verdiene sie entschieden weniger, erzählt sie, habe sich jedoch für diese Arbeit entschieden, weil sie etwas für ihr Land und die Menschen tun möchte, damit es eine Zukunft für sie gibt.

Wir fahren Richtung Westen, zunächst auf einer asphaltierten Straße, ein Teilstück der geplanten Millennium-Straße, mit deren Bau schon 2001 begonnen wurde und die einmal mit 4000 Kilometer Länge die Mongolei durchqueren soll. Für den Bau ist der Staat auf ausländische Investoren angewiesen. Die Türkei will einen Abschnitt bauen, als Gegenleistung wurde den Türken die Lizenz zum Ausgraben einer alttürkischen Siedlungsanlage versprochen.

Unser Ziel ist der Archangai-*aimak*, eine Provinz im Changai-Gebirge mit Wäldern und Weiden, auf denen sich zwei Millionen Grasfresser das Futter teilen. Für knapp 100 000 Menschen gibt es dagegen reichlich Platz. Während bei uns über 250 Menschen auf einem Quadratkilometer leben müssen, sind es dort gerade mal zwei.

Nach 460 Kilometern Fahrt erreichen wir Zezerleg, die Bezirksstadt der Provinz Archangai. Der Ort liegt 1690 Meter hoch und gleicht einem Luftkurort. Wir fahren durch Straßen mit hohen Alleebäumen, eine Rarität in der Mongolei. Zum Aussteigen bleibt keine Zeit, denn wir wollen noch bei Tageslicht die erste Jurte erreichen.

Bevor die Sonne am Horizont versinkt, sehen wir zwei Filzzelte in einem weiten Talgrund. An einem signalisiert ein rotblaues Schild, dass es zum »Ger to Ger«-Projekt gehört. Hier wohnt Batochir mit seiner Familie. Wir bauen unsere Zelte auf, werden fürsorglich mit Milchtee und Nudelsuppe bewirtet. Die Leute von der Nachbarjurte sind auch dabei, denn es ist immer ein Ereignis, wenn Besuch kommt und man Neuigkeiten erfahren kann. Zanjan hat einen Fragebogen ausgearbeitet. Er möchte über das Tourismusprojekt hinaus eine Studie über die Lebenssituation der Landbevölkerung erarbeiten, um Ansätze für effektive Hilfe zur Selbsthilfe zu finden. Bagi, unsere Dolmetscherin, stellt die Fragen und führt das Protokoll: Wie viele Tiere von welcher Art? Wie viele Verluste durch Krankheiten, Wölfe, Viehdiebstahl? Wie hoch sind die Kosten für die Schulbildung der Kinder? Welche medizinischen Einrichtungen sind vorhanden? Wie gelangt man dorthin? Wie teuer?

Batochirs Gesichtsausdruck zeigt, dass er konzentriert zuhört, doch seine Antworten fallen eher wortkarg aus. Dafür sprudelt seine Frau los wie ein Wasserfall, erzählt vom Sohn, der vom Pferd in den Bauch getreten wurde und noch immer schwer verletzt im Krankenhaus liegt, der Tochter, die an Wochenenden kommt, wenn sie als Lehrerin frei hat, um die Eltern zu unterstützen, oder von den Nachbarn, die in Notfällen helfen.

»Unser Leben ist nicht planbar«, sagt Batochirs Frau. »Durch Krankheiten, Unfälle, Wetterkatastrophen können wir von einem Tag zum anderen alles verlieren. Das Vieh ist unsere einzige Lebensversicherung. Wenn wir es einbüßen, ist alles verloren. Deshalb tun wir jeden Tag einfach das, was nötig ist. Wir leben von Tag zu Tag.« Sie lächelt, als sie von diesen harten Tatsachen spricht.

Am Morgen entscheide ich mich dafür, zur nächsten Jurte zu wandern. Julia schließt sich an, die anderen reiten voraus. Ich genieße es, endlich wieder eine lange Strecke zu Fuß zu gehen, die Erde unter meinen Füßen zu spüren. Ein weites Tal liegt vor uns mit sanft ansteigenden Hängen. Im Talgrund wachsen Laubbäume in lichten Hainen. Kohlmeisen und samtköpfige Sumpfmeisen zwitschern in den Baumkronen. Die Blätter färben sich herbstlich. Von der Blumenpracht des Sommers künden vertrocknete Fruchtstände und letzte violett blühende Astern.

Batdelgers *ger* steht an einem rauschenden Fluss mit klarem, kaltem Wasser. Seiner Rolle als Gastgeber bewusst, begrüßt er uns auf Englisch: *»My name is Batdelger. What is your name?«*

Ungewöhnlich für Mongolen ziert sein Gesicht eine riesige Nase, die auch noch rötlichblau gefärbt ist. Seine Herzlichkeit, sein fröhliches Lachen, seine fast kindliche Freude über unseren Besuch nimmt uns sofort für ihn ein. Strahlend und stolz, dass er einige Wörter in der fremden Sprache sagen konnte, präsentiert er uns ein Heft, in das sich seine früheren Gäste eingetragen haben, und bittet uns, das ebenfalls zu tun.

Die jüngste Tochter, fünf Jahre alt, mit hellem, gelocktem Haar, nähert sich uns zutraulich. Die älteste Tochter ist schon verheiratet. Die Jurte, die sie vor einem Jahr zur Hochzeit bekam, steht neben der ihrer Eltern. Sie habe gerade ihr erstes Kind zur Welt gebracht, erzählt der Vater, und ein Schatten huscht über sein Gesicht. Er lässt uns teilnehmen an den Ängsten, die sie durchlittenen haben. Doch zuvor sagt er beschwichtigend: »Jetzt alles gut! Tochter und Enkelin sind am Leben!«

Im *aimak*-Krankenhaus in Zezerleg erfuhr die Schwangere, sie müsse nach Ulaanbaatar, nur dort sei ein Kaiserschnitt möglich. Aber wie hinkommen? Krankentransporte gibt es in der Mongolei nicht, die Eltern mussten selbst ein Fahrzeug organisieren. Sieben Stunden braucht ein Auto von Zezerleg nach Ulaanbaatar, sieben Stunden über Schlaglochstraßen. Schütteln und Rütteln mit einem Kind im Bauch, das nicht auf natürlichem Weg geboren werden kann. Wir sind betroffen und voller Mitgefühl.

»Sie leben! Das ist das Wichtigste!«, sagt nun auch Batdelgers Frau. Im Gegensatz zu ihrem Mann, der verschmitzt lacht und seine Reden mit lebhaften Gesten unterstreicht, hockt sie meist schweigsam und in sich gekehrt auf ihrem Schemel am Herd. Ein Pferd musste geschlachtet werden, um die Kosten für die Geburt der Enkelin zu bezahlen, erzählt Batdelger. Eine Keule behielten sie für sich, und Batdelgers Frau zögert nicht, das Fleisch in Stücke zu schneiden und uns das Beste, das sie haben, anzubieten.

Der zweite Wandertag führt weiter hinein in die Bergwelt des Changai, die Täler sind enger und tiefer, die Berge steiler. Auf den Wiesen wachsen herbstlich gelbe Gräser. Es ist eine einsame Wegstrecke, keine Jurten weit und breit. Gabelt sich der Pfad, weist ein Pflock mit Holzpfeil die Richtung. Am blauen Himmel kreisen Raubvögel. Ab und zu zwitschert ein Wiesenpieper, sonst höre ich nur den Wind. Die braunen und gelben Farben überwiegen, hier und da ein blauer Enzian wie ein vom Himmel gefallener Tropfen. Nach dem steilen Anstieg auf einen Pass weitet sich mein Blick über eine weglose Ebene. In der Ferne leuchten drei Jurten wie weiße Hoffnungspunkte.

Diesmal bin ich allein unterwegs. Als ich beim *ger* von Lhamjov eintreffe, sind die anderen mit ihren Pferden schon lange da. Lhamjov ist gerade dabei, mit nachbarschaftlicher Hilfe Filz herzustellen. Diese alte Technik ist fast vergessen, denn während der kommunistischen Herrschaft wurden die Nomaden genötigt, fabrikgefertigten Filz zu kaufen. Dieser isoliert aber weniger gut, saugt sich mit Feuchtigkeit voll und hat eine geringere Lebensdauer, weil in Fabriken minderwertige Tierhaare und Abfälle aus den Spinnereien unter die Wolle gemischt werden. Lhamjov und seine Nachbarn kehren wegen der besseren Qualität zur alten Technik zurück, auch weil sie stolz darauf sind, dass die Herstellung von Filz eine eigenständige Erfindung der Nomadenkultur ist.

Der Vorgang ist einfach, wenn auch zeitaufwändig und mühevoll: Auf einer Matte verteilt man Schafwolle, schön locker und möglichst gleichmäßig. Mit siedendem Wasser wird die Wolle besprengt und mitsamt der Matte eingerollt. Die Rolle steckt man in eine Lederhülle und schiebt eine Stange hindurch, deren beide Enden mit einem Seil am Sattel eines Pferdes befestigt werden. Das Pferd trabt nun durch die Steppe, im Schlepptau die Rolle. Sie rollt über Unebenheiten und Steine, wobei die Wolle ständig gedrückt und gepresst wird. Die feinen Wollhärchen, durch das heiße Wasser bereits aufgeweicht, verkrallen sich ineinander und bilden schließlich einen homogenen Wollteppich. Kein anderes Material isoliert besser als dieser handgefertigte Filz.

Zum vierten *ger* wandern wir alle gemeinsam, denn wie mir Brian gesteht, sind bei ihnen allen die Hinterteile wund geritten – nach nur zwei Tagen! Ich erzähle von meiner fast zweimonatigen Pferdetour mit Mandach, die mir außer blauen Flecken keine weiteren Blessuren eingebracht hatte, obwohl ich auf einem mongolischen Holzsattel geritten bin.

Die Jurte von Otgonbat und seiner Familie liegt zwar an einem Fluss, aber das Ufer des fast stehenden Gewässers ist morastisch und mit Binsen bewachsen. Sauberes Wasser zu schöpfen ist so gut wie unmöglich. Beim Ausfüllen des Fragebogens ergibt sich, dass diese Familie noch ärmer ist als die drei bisher besuchten. Im Gegensatz zu den anderen, die nur zwei bis drei meist schon erwachsene Kinder haben, sind hier vier Jungen und ein Mädchen zu versorgen. Für fünf Kinder Schuluniformen, Hefte, Bücher, Essen und Internat zu bezahlen übersteigt weit ihre finanziellen Möglichkeiten. Irgendwie haben sie es bisher geschafft, aber wie lange noch? Die Analphabetenquote im Land wächst, seit der Staat nicht mehr für alle Kosten aufkommt. Und die Qualität des Unterrichts ist nicht besonders hoch, weit unter dem Niveau, mit dem die Eltern in der Zeit des Kommunismus ausgebildet wurden.

Otgonbats Frau Pagma wirkt duldsam und mütterlich, zugleich ist aber ihr starker Wille zu spüren. Mit Gesten und ohne viele Worte ruft sie ihre Kinder zur Ordnung, die wegen uns, den Fremden, natürlich aufgekratzt sind. Ihr Mann Otgonbat ist nicht da. Er begleitet Touristen zum nächsten *ger*. Ich beobachte, wie Pagma Milchtee in Schalen füllt, die nicht wie üblich mit einem alten Lappen poliert werden. Bagi bemerkt meine Überraschung, und mit dem Stolz einer Lehrerin über eine gute Schülerin, sagt sie: »Ja, wir haben mit den Nomaden auch über Sauberkeit gesprochen.«

»Aber ist es denn nicht beleidigend für eine Nomadenfrau, wenn sie sich in ihrer eigenen Jurte Vorschriften machen lassen muss?«, wende ich ein.

»Nomaden sind nicht begriffsstutzig. Pagma hat sofort verstanden, dass es Menschen mit ganz anderen Lebensgewohnheiten gibt. Deshalb hat sie uns auch mit Fragen überhäuft, denn sie möchte, dass sich die Gäste bei ihr wohlfühlen«, erwidert Bagi.

Pagma ist die erste Nomadin, die für uns ein Essen auf europäische Weise zubereitet. Sie dünstet fein gehackte Zwiebeln, Kartoffelstücke und Krautstreifen nicht wie üblich in Hammelfett, für die Gäste hat sie Speiseöl gekauft, und sie würzt nicht nur mit Salz, sondern verwendet auch Pfeffer.

»Den habe ich ihr mitgebracht«, sagt Bagi. »Stell dir vor, sie wusste zuerst gar nicht, was das ist.« Für Bagi, die aus der Stadt kommt, ist gewürzloses Kochen undenkbar.

Pagmas Gericht schmeckt hervorragend, und ich bin froh, nicht den obligatorischen Fleisch-Nudel-Eintopf vorgesetzt zu bekommen. Ist das aber nicht ein zu starker Eingriff in das Leben der Nomaden?

Bagi teilt meine Bedenken nicht. »Keine Sorge, sie leben so weiter wie bisher. Pagma macht das nur für uns und für ihre ausländischen Gäste.«

»Ist es nicht schade, wenn die ein verfälschtes Bild vom Nomadenleben bekommen?«

»Ach was, das ist kein großer Eingriff. Ein bisschen Sauberkeit, ein wenig Pfeffer im Essen, diese kleinen Korrekturen sind doch keine Verfälschung. Für die meisten Ausländer ist das Leben der Nomaden ohnehin ein Schock. Manche sind regelrecht traumatisiert von so viel Armut.«

»Ja, arm ist Pagmas Familie wirklich. Wie kommt es, dass gerade sie uns am großzügigsten bewirtet und mehr als die anderen eure Ratschläge befolgt?«

»Vielleicht gerade weil sie arm ist. Sie will beweisen, dass sie es trotzdem schafft, und bemüht sich besonders. Pagma ist ehrgeizig und eine ganz Liebe. Ich mag sie sehr«, sagt Bagi.

Am Abend spielt Pagmas Bruder auf der Pferdekopfgeige. Ein dunkler, schwermütiger Klang schwingt durch die Jurte. Die *morin chuur* hat einen trapezförmigen Resonanzkörper aus Holz und einen langen Hals mit einem geschnitzten Pferdekopf zur Zierde. Die Saiten sind aus Pferdehaaren, daher der weiche Klang.

Morin heißt auf Mongolisch Pferd, und in der Geschichte, die von der Entstehung der Pferdekopfgeige handelt, geht es um ein Zauberpferd und ein schönes Mädchen, um Liebe und Eifersucht. Wie immer bei mündlichen Quellen gibt es verschiedene Varianten, aber bei allen heißt der Jüngling, der die erste *morin chuur* baute, Namschil Chöchöö. Er war berühmt für seine Sangeskunst, dichtete wundervoll und konnte gut schnitzen. Einmal weidete er seine Herde an einem See, setzte sich ans Ufer und sang. Da teilte sich das Wasser, und ein schönes Mädchen im grünen Gewand ritt mitten durch den See. Sie überredete Chöchöö, ihr zu folgen. In der Heimat der Schönen wurde er von ihren Eltern freundlich aufgenommen und erfreute alle mit seinem Gesang. Nach drei Jahren voller Glück und Freude überfiel ihn die Sehnsucht nach seiner ersten Frau, die er ohne Nachricht zurückgelassen hatte und zu der er nun zurückkehren wollte. Das schöne Mädchen schenkte ihm zum Abschied ein Zauberpferd, damit er sie jede Nacht besuchen könne, denn das Pferd konnte schnell wie ein Gedanke durch die Luft fliegen.

Seiner ersten Frau fiel die häufige Abwesenheit ihres Mannes schließlich auf, und sie begann ihm nachzuspionieren. Eines Morgens sah sie ihn auf seinem Zauberpferd. Nach der Landung legte das Pferd seine beiden Flügel zusammen und verbarg sie hinter den Vorderbeinen. Die Frau fing das Pferd ein und tötete es. Chöchöö war nun der Weg zu seiner fernen Geliebten für immer verwehrt. Er versank in Trauer, weigerte sich zu essen. Da erschien ihm eines Nachts im Traum das schöne Mädchen, und wieder trug sie das grüne Gewand. Sie forderte ihn auf, ein Musikinstrument mit einem Pferdekopf zu schnitzen und es mit den Haaren seines toten Pferdes zu bespannen. Die Geliebte sprach: »Wenn du auf der *morin chuur* spielst, wirst du dich an mich erinnern, und wir werden in der Musik für immer vereint sein.«

Der nächste Morgen, unser vierter Wandertag, beginnt trüb und grau. Ein scharfer Wind weht uns ins Gesicht. Das Gepäck transportieren wir auf einem Karren, gezogen von einem kräftigen Yak, den Otgonbats Nachbar führt, denn Otgonbat ist immer noch nicht zurück. Der Yakkarren sieht urtümlich aus. Die Räder aus Holz sind roh behauen. Ein mit der Axt entrindeter Baumstamm, an dem noch Rindenstücke hängen, dient als starre Achse. Quer zusammengenagelte Bretter bilden die Ladefläche, die direkt über der Achse liegt. Je schwerer die Ladung, umso stärker die Bremswirkung. Bergauf ist das mühevoll für die Zugtiere, bergab aber bremst sich der Karren von selbst und überrollt die Tiere nicht. Auch wenn dieser Transportkarren auf den ersten Blick wie eine primitive Fehlkonstruktion wirkt, so ist er, wie alles in der Nomadenkultur, wohlüberlegt und über Jahrtausende erprobt. Bei ihren Umzügen von Weide zu Weide reicht die Anzahl der Familienmitglieder nicht, um auf jedem Karren einen Bremser zu postieren, also musste ein sich selbst bremsender Wagen erfunden werden.

Als wir das fünfte *ger* erreichen, ist die nasskalte Herbststimmung schon längst einem strahlend blauen Septemberhimmel gewichen. Von weitem hören wir aufgeregtes Blöken von Schafen und hektisches Meckern zahlloser Ziegen. Was geht da vor? Warum diese Panik? Wölfe? Am hellen Tag? Menschen rennen hin und her, treiben Tiere in einen Kral.

»Wir wollen sie impfen«, erklärt Purevdorsch, unser neuer Gastgeber. Die geimpften Tiere erhalten ein Kennzeichen: die Schafe einen roten Fleck auf die Stirn, die Ziegen ein gefärbtes Horn. Wie rot gehörnte Teufelchen springen die Ziegen ins Freie, und die Schafe trotten mit einem Kainsmal von dannen.

Mir fällt wieder die Geschichte ein, die ich bei der Eselkonferenz gehört hatte: Sehr viel Geld und Mühe war in ein von der DDR finanziertes Programm gesteckt worden, das die Ausrottung der Rachenbremse zum Ziel hatte. Dieses Insekt, auch Dasselfliege genannt, legt seine Eier in die Nasen von Huftieren. Aus den Eiern schlüpfen Larven. Sie sehen aus wie Fliegenmaden, weiße, fette Maden, nur viel größer – drei bis fünf Zentimeter lang. Wenn diese Monstermaden in Nase, Rachen, Kehle und sogar in der Lunge schmarotzen, geht es dem Wirtstier, wie man sich vorstellen kann, nicht gut. Das arme Opfer mag nicht mehr fressen, magert ab, gibt kaum noch Milch. Die Parasiten töten das Tier nicht direkt, schwächen aber seine Widerstandskraft, so dass es an Infektionskrankheiten eingehen kann.

Um ihre Herden von den Quälgeistern zu befreien, nahmen die Hirten bereitwillig an dem Programm teil. Der Erfolg war durchschlagend. Nach drei Jahren schon gab es kaum noch Dasselfliegen. Die Wissenschaftler jubelten. Noch eine flächendeckende Behandlung, und die Rachenbremse wäre für immer besiegt gewesen. Keiner hatte damit gerechnet, dass Mongolen von einer tiefen Ehrfurcht gegenüber allen Lebensformen beseelt sind. Die nomadischen Hirten wollten nicht, dass die Parasiten, auch wenn sie Schaden stiften und ihre Tiere leiden müssen, für immer von der Erde verschwinden. Wir Menschen haben nicht das Recht, ein Lebewesen, das der Himmelsgott geschaffen hat, auszurotten, war ihre Überzeugung. Die Anzahl der Schmarotzer verkleinern, das geht in Ordnung, aber ganz verschwinden lassen vom Antlitz der Erde, das sollte nicht sein. Fortan sonderten sie bei jeder Impfaktion einige Tiere aus.

Purevdorsch gefällt die Geschichte. Jedes Lebewesen habe seine Aufgabe und stehe mit allen in einer Beziehung, ob nützlich oder schädlich. »Früher, als wir noch die Genossenschaft hatten, haben sie alles probiert, um die Produktivität zu erhöhen: Einkreuzung anderer Rassen, Winterställe, Medikamente. Hat alles nichts genützt«, sagt er.

Interessiert wende ich mich an den Viehzüchter. Ob er mir mehr über das *negdel*-System, die Genossenschaft, erzählen könne?

Purevdorsch, ein Mann über 40, lächelt bescheiden: »Weißt du, in dieser Zeit haben wir genauso gelebt wie heute, wir haben die Herden gehütet und sind mit unserer Jurte von Weide zu Weide gezogen. Der Unterschied – wir brauchten uns über den Absatz der Erzeugnisse, über Gewinn oder Verlust keine Gedanken machen. Das hat die Genossenschaft für uns getan, ob wir nun viel oder wenig erwirtschaftet haben, man hat uns immer gleich viel bezahlt. Nein, ganz stimmt das nicht, es gab zwei Lohnformen: eine für das Hüten und eine für die abgelieferten Produkte: Fleisch, Wolle und Milch. Wenn jemand viel ablieferte, wurde im nächsten Jahr der Plan erhöht. Im Vertrag zwischen der Genossenschaft und jedem einzelnen Viehzüchter wurde festgelegt, wie viele Tiere er zum Hüten übernehmen und was er nach einem Jahr abliefern sollte, und dann gab es wieder einen Vertrag, jedes Jahr einen neuen. Was sollte man sich da anstrengen? Jeder hat sich bemüht, nicht über das Soll zu kommen, denn dann musste er ja beim nächsten Mal noch mehr abliefern. Wer dennoch übereifrig war – was hatte er schon davon? Eine Medaille aus Blech.«

»So konntet ihr mit diesem System recht gemütlich leben und hattet euer Auskommen.«

»Na ja, von den Vätern und Großvätern wussten wir, wie es früher war, als sie gezwungen wurden, der Genossenschaft beizutreten. Freiwillig machte da keiner mit. Erst 1960 war es der Regierung gelungen, alle Herden zu verstaatlichen, ab da gab es keine unabhängigen Nomaden mehr. Wir Jüngeren waren daran gewöhnt, konnten uns nichts anderes vorstellen. Mir zum Beispiel hat die Genossenschaft eine hundertköpfige Schafherde übergeben. Nur Schafe, keine anderen Tiere. Im Herbst trieb ich die Herde zur Kontrollstelle, dort hat man einige der im Frühjahr geborenen Lämmer einem anderen Viehzüchter zur Mast gegeben. Die alten Muttertiere wurden geschlachtet und durch Jungtiere ersetzt. Die Genossenschaft hat mit mir einen neuen Vertrag gemacht und mich wieder für ein Jahr mit hundert Schafen losgeschickt.«

»Freut ihr euch, dass dieses System mit seinen Einschränkungen endgültig vorbei ist?«

»Wie man es nimmt. Als die Privatisierung 1991 begann, waren die Menschen entsetzt. Die Genossenschaft, von der wir ein sicheres und regelmäßiges Einkommen bezogen hatten, existierte nicht mehr. Wovon sollten wir also leben? Die staatlichen Herden wurden aufgeteilt, nicht immer gerecht. Einige verstanden es, sich auf Kosten der Mehrheit zu bereichern. Die große Frage war: Wer würde in Zukunft das Fleisch, die Wolle, die Felle kaufen? Würden wir uns gegen die Händler behaupten können? Die Festpreise waren aufgehoben, jetzt diktierte der freie Markt, aber meist zu unserem Nachteil. Schlimm traf es auch die Alten. Ihre Altersversorgung, die sie vom Staat bekommen hätten, war verloren.«

»Wie erging es Ihnen selbst, Purevdorsch?«

»Mit hundert Schafen hätte ich meine Familie niemals ernähren können. Da half nur, zur alten Methode zurückzukehren und alle vier Tierarten gemeinsam zu halten. Ist auch besser für die Umwelt, denn jede Art weidet das Gras in verschiedener Höhe ab und ist auf unterschiedliche Pflanzen spezialisiert. So ist die dünne Grasnarbe besser vor Überweidung geschützt. Ich kannte mich aber nur mit Schafen aus, hatte noch nie mit anderen Tieren zu tun gehabt. Ich fragte herum bei den Alten, wie sie es früher gemacht haben. Langsam habe ich dazugelernt, machte viele Fehler. Zuerst jedoch musste ich eine eigene Herde haben. Wir kratzten unsere Ersparnisse zusammen, die aber nicht ausreichten. Da hütete ich zusätzlich die Tiere von anderen. Der Himmel half uns, und ganz allmählich wurden meine Herden größer. Anderen war der Himmel nicht so wohlgesinnt, mehrere harte Winter hintereinander ... aus! Manche waren so verzweifelt, dass sie ihre Buddhafiguren aus der Jurte warfen und darauf herumtrampelten. Sie haben den Himmel in ihrer Wut angeschrien und beschimpft. Ja, auch Selbstmorde gab es, das war vorher völlig unbekannt in unserer Nomadenkultur.«

Die anderen vom »Ger to Ger«-Team sind auf unser Gespräch aufmerksam geworden und haben zugehört. Betroffen schweigen wir. Zum ersten Mal haben wir eine Ahnung bekommen, welche persönlichen Dramen sich hier abgespielt haben. Jede Umbruchsituation, auch eine an sich positive, vernichtet Existenzen.

»Nun weiß ich, warum es plötzlich kein Fleisch mehr gab«, sagt Bagi. »In diesen Jahren war ich noch ein Kind, trotzdem kann ich mich an die Angst erinnern, verhungern zu müssen. Kein Fleisch! Was sollte man sonst essen? Damals gab es weder Gemüse noch andere Lebensmittel zu kaufen, nur ein wenig Mehl auf Zuteilung. Meine Mutter ist in ihrer Not in die Provinz gefahren. Wir hatten dort keine richtigen Verwandten, nur ganz entfernte, denen konnte sie manchmal einen Hammel abhandeln.«

Am nächsten Morgen wandern wir am Fluss Chuluut entlang zur letzten Jurte unserer Tour. Sie gehört der Familie von Batchuluun. Der Fluss hat sich tief eingegraben und eine Flussaue geschaffen, wo Weiden und andere Laubbäume wachsen. Bei Batchuluun treffen wir die beiden Touristen, die uns immer einen Tag voraus waren. Während sie auf ihren Fahrer warten, der sie zurückbringen soll, berichten sie begeistert von ihren Erlebnissen. »Schade, dass es vorbei ist. Würde ich glatt wieder machen!«, sagt Gilbert, ein quirliger Franzose. Eike aus Berlin war als Kind einige Jahre in Ulaanbaatar, weil ihr Vater im Fleischkombinat gearbeitet hatte.

Als ich später Enkhe von dieser Begegnung berichte, vermutet sie sofort, Eikes Vater könnte mit ihrem Vater befreundet gewesen sein, denn er habe immer die Gäste aus der DDR betreut und sich mit einem besonders gut verstanden. Das könnte demnach Eikes Vater gewesen sein. »Er hat meinen Bruder gerettet«, sagte meine Freundin. »Jara litt nämlich an einem angeborenen Herzfehler.« Von mongolischen Ärzten aufgegeben, wäre er bald gestorben. Da vermittelte der deutsche Freund den Jungen an die Charité in Berlin. Die Operation gelang und war ein voller Erfolg.

Die Sonne steht tief am Horizont, über ihr türmen sich schwarze Wolkenbänke. Der Wind zerreißt sie in Fetzen und jagt sie über den Himmel. Die Sonne aber wirft ihr grelles Licht auf die kahlen, gelbbraunen Hügel. In diesem unwirklichen, fast plastischen Licht reitet ein Hirte neben seiner Herde. Und wie so oft in der Mongolei fühle ich mich in eine andere Zeit zurückversetzt und habe das Empfinden, längst vergangene Bilder zu sehen.

Die Straßenkinder von Ulaanbaatar

Eisiger Wind fegt durch die Straßen der Hauptstadt. Es liegt Schnee. Mitte September – und schon der erste Wintereinbruch. Ich bin auf dem Weg zu einem Treffen mit meinen Freunden Ron und Zanjan. Wenige Meter von mir entfernt bewegt sich ein Kanaldeckel, wird von innen angehoben und beiseitegestoßen. Eine Dampfwolke steigt empor. Drei Kinder, nicht älter als acht bis zehn Jahre, klettern aus dem dampfenden Loch. Wie Spukgestalten aus der Unterwelt wirken sie auf mich. Sie strecken ihre kleinen, schmutzigen Hände den Passanten entgegen, betteln um etwas Geld, eilen weiter, tauchen unter im dichten Verkehr.

Wer waren die drei? Noch immer ratlos über das Erlebte berichte ich Ron und Zanjan von meiner Begegnung. Ron kennt sich aus und macht mich mit Enkhmaa, einer Polizeiärztin, bekannt. Sie kümmert sich seit zehn Jahren um obdachlose Kinder und Jugendliche. Mit ihren schwarzen, streng nach hinten gekämmten Haaren und den blank polierten Stiefeln wirkt die 48-Jährige im ersten Moment etwas einschüchternd. Im Gespräch dann erlebe ich sie als eine warmherzige, engagierte Frau. Dass sie das Leiden der Kinder bestenfalls lindern, aber nicht deren Ursache beseitigen kann, macht sie betroffen und lässt sie oft verzweifeln. Enkhmaa ist für die medizinische Untersuchung und Betreuung der Jugendlichen verantwortlich, die bei Polizeirazzien aufgegriffen werden. Im Laufe der Jahre hat sie Tausende verwahrloste Kinder behandelt.

Ihre Patienten dürfen nicht länger als eine Woche in Polizeigewahrsam bleiben, so die Vorschrift, obwohl die meisten Kinder schlimme gesundheitliche Probleme haben: offene Wunden, Knochenbrüche, Verbrennungen, Infektionskrankheiten, chronische Nieren- und Lungenleiden. Aufgabe der Polizei ist es, Eltern oder Verwandte ausfindig zu machen und sie zu ermahnen, die Kinder besser zu behandeln. Doch das fruchtet wenig. Viele Eltern schicken ihren Nachwuchs sogar zum Betteln auf die Straße und kaufen sich von deren »Verdienst« billigen Alkohol.

»Inzwischen sind es nicht mehr nur Kinder – ganze Familien leben auf der Straße«, sagt die Ärztin. »Sie leben in Heizungsschächten, Abwasserkanälen und Kellern. Im Straßenbild fallen sie nicht weiter auf, dabei wird die Not ständig größer, denn vieles spielt sich im Untergrund ab, wo die Kinder oft in die Gewalt von Kriminellen geraten.«

Schlimm ist vor allem, meint Enkhmaa, dass sie auch später keine Chance haben werden. Ihnen fehlt nicht allein die Schulbildung, sie sind auch nicht gewohnt, Pflichten zu erfüllen, Regeln einzuhalten und Gesetze zu achten. Wild und unabhängig wachsen sie auf, unterliegen keiner Kontrolle der Erwachsenen, bleiben sich selbst überlassen. Steckt man sie in Heime, fühlen sie sich bevormundet und rennen zurück in ihr vermeintlich freies Leben. Es gibt aber auch Hilfszentren, wo Kinder freiwillig hingehen und tagsüber betreut werden. Dort können sie eine Dusche nehmen und erhalten ein Frühstück, nehmen am Schulunterricht teil sowie an Kursen in Kochen und Nähen, anschließend dürfen sie spielen. Abends gehen sie zu ihren Familien zurück, die am Stadtrand von Ulaanbaatar in Jurten leben, oder in die Heizungsschächte zum Schlafen.

Meist aber hat Enkhmaa mit Kindern zu tun, denen auf diese Weise nicht zu helfen ist. Kinder, die von zu Hause wegrennen, weil sie dort geschlagen oder missbraucht werden. Sie bleiben nicht im Heim, gehen auch nicht freiwillig in die Betreuungszentren. Aber ihr, der Ärztin, vertrauen sie sich an, wenn sie medizinische Hilfe brauchen. Manchmal, wenn sie durch Ulaanbaatar gehe, erzählt Enkhmaa, höre sie ein Flüstern neben sich und eine kleine Hand schiebe sich in die ihre. Ein Dankeschön, das ihr Herz berühre.

Ich möchte einige ihrer Schützlinge kennen lernen. Enkhmaa ist einverstanden, doch wir müssen warten, bis es dunkel ist, vorher habe es keinen Zweck. Sie kommen erst nachts aus ihren Verstecken.

Wir nehmen ein Taxi und fahren ins Stadtzentrum. Trotz der späten Stunde flutet der Verkehr durch die Hauptstraßen, Fahrzeug reiht sich an Fahrzeug, grell durchschneiden die Scheinwerfer die Dunkelheit. An einem Platz bittet Enkhmaa den Fahrer, anzuhalten. Beim Aussteigen wird sie sofort von vier Jungen umringt. Sie tragen Anoraks, Hosen und Turnschuhe, die Kleidung ist weder zerrissen noch schmutzig. Ich hätte sie nicht für Straßenkinder gehalten. Einzig die langen Stangen, die alle bei sich tragen, wirken etwas sonderbar. Mit denen verteidigen sie sich gegen Angreifer, erklären die vier. Da ist Chosbajar. Ich hätte ihn auf acht geschätzt, doch er ist elf und der Einzige von den Freunden, der in die Schule geht. Oder besser ging, denn gerade heute wurde ihm der Schulranzen gestohlen. Nun weiß er nicht, was er tun soll.

Der zwölfjährige Otganbajar ist der Älteste der Gruppe. Sein Vater ist gestorben. Die Mutter hatte keine Arbeit und wusste nicht, wovon sie ihn und seine jüngeren Geschwister ernähren sollte. Nun lebt er seit zwei Jahren auf der Straße. Manchmal besucht er seine Mutter und bringt ihr etwas von seinem erbettelten Geld.

»Hinter jedem Kinderschicksal steht die Geschichte der Eltern«, sagt Enkhmaa.

Tsendbaatar und Batschi sind beide erst acht Jahre alt und werden von den Älteren beschützt. Wir sind eine Familie, sagen die vier von sich, obwohl sie nicht miteinander verwandt sind. Sie sehen alle um Jahre jünger aus, ihr Wachstum ist wegen der mangelhaften Ernährung gehemmt. In einem Jutesack sammeln sie leere Flaschen, Büchsen und Kronenverschlüsse, wofür sie in den Abgabestellen Geld bekommen. Außerdem verrichten sie Gelegenheitsarbeiten, bewachen vor Hotels und Restaurants die Autos der Gäste, säubern die Scheiben, waschen Geschirr, erledigen Botengänge. Wenn es gut läuft, beträgt der Tagesverdienst umgerechnet sechs, an schlechten Tagen zwei Euro. Die Passanten anzubetteln bringe nicht viel. Sie haben sich auf Restaurants spezialisiert, wo ihnen mildtätige Mitarbeiter die Essensreste aufheben.

Sie zeigen uns ihren Schlafplatz. Enkhmaa scheint schon öfters dort gewesen zu sein, denn ohne Umstände klettert sie den Gullyschacht hinunter. Unten verlaufen dicke Rohre. Dampf zischt gefährlich aus einem Leck. Otganbajar, der Zwölfjährige, weist stolz darauf: »Das ist unser Kocher. Da können wir unser Essen warm machen.«

In einer Ecke liegen schmutzige Schaffelle, Decken und zerrissene Autositze. Hier schlafen die Kinder. Unter den Lumpen bewegt sich etwas, ein junger Mann kriecht hervor. Es ist Dalaibajar, 18 Jahre alt, der weder Hände noch Füße hat. Seine traurige Geschichte: Weil er keine Fahrkarte besaß und die Fahrgäste anbettelte, warf ihn ein Schaffner aus dem Zug. Damals war er kaum sechs Jahre alt. Es war Winter, weit und breit niemand, der ihm hätte helfen können. Fast erfroren wurde er gefunden, die Arme mussten ihm bis zu den Ellenbogen, die Beine bis zum Oberschenkel amputiert werden. Bevor sein Leben begonnen hatte, war es praktisch schon zu Ende. Dalaibajar hat dennoch Hoffnung: »Wenn ich einen Rollstuhl hätte, dann könnte ich mich bewegen, in den Straßen herumfahren, teilhaben am Leben.«

»Aber wir sind doch für dich da, Dalaibajar«, tröstet ihn sein Freund Batschi. »Wir sorgen für dich!«

Dalaibajar seufzt: »Wenn ich wenigstens nicht immer Hunger hätte.« Den ganzen Tag hat er noch nichts gegessen. Zusammen mit Otganbajar gehe ich zum nahen Supermarkt. Dort darf er sich aussuchen, was er und seine Freunde brauchen. Ich beobachte den Jungen dabei. Was wird der Zwölfjährige in den Einkaufswagen legen? Die Verführung muss groß sein, aus den Regalen alles das herauszugreifen, wonach ihn sonst vergeblich gelüstet.

»Darf ich auch einen Beutel Bonbons nehmen?«, fragt er schüchtern. Ich erlaube es ihm gern, und sein graues, vom harten Leben gezeichnetes Gesicht leuchtet auf, wird plötzlich ganz weich. Ich schaue in den Wagen und bin sprachlos: zwei Cola, zwei Fischbüchsen, ein Brot und ein Glas Gurken! Der Junge deutet meinen Gesichtsausdruck falsch, weist auf das Glas mit den sauren Gurken und sagt bittend: »Wir haben doch so lange schon keine mehr gegessen.«

Endlich finde ich meine Sprache wieder. »Aber Otganbajar, das ist doch viel zu wenig! Ihr sollt doch alle fünf satt werden. Nein, da muss ich dir helfen, den Wagen zu füllen.«

Dank Enkhmaa gewann ich einen Einblick in eine Wirklichkeit, die ich sonst nie wahrgenommen und kennen gelernt hätte – eine Welt zwischen den Welten.

»Meine Arbeit ist sehr schwer«, sagt sie zum Abschied. »Oft will ich aufgeben und lieber als Ärztin in einem Krankenhaus arbeiten. Aber dann denke ich an diese Kinder. Wer steht ihnen bei, wenn nicht ich?«

Die mit dem Adler jagen

Aralbai ist berühmt, weit über die Mongolei hinaus. Er ist ein *berkutschi,* einer, der mit dem Adler jagt. Das letzte Jahr gewann er mit seinem Steinadler den ersten Preis beim Adlerfestival in Sagsai. Seitdem kennt man sein Foto auch im Ausland: Er sitzt auf seinem robusten Pferd, trägt einen schwarzen, wattierten Mantel, dazu Lederstiefel und Fellmütze. Leicht lehnt er sich zurück, weil der Adler auf seiner Faust die Schwingen geöffnet hat. Das dunkelbraune Pferd steht auf einer Felsklippe, unten breitet sich die mongolische Steppe aus, im Hintergrund, vom Wolkennebel verschleiert, die Berge des Altai. Ein Foto, das auf schon mystische Weise die Einheit von Mensch, Tier und Landschaft widerspiegelt. Ein Bild, das Sehnsüchte weckt. So vollkommen ist es, dass ich an seiner Echtheit zweifele. Das muss inszeniert sein, denke ich, so perfekt kann die Wirklichkeit nicht sein.

Jener Mann auf dem Foto ist mein Gastgeber. Ich sitze neben ihm auf dem Ehrenplatz in seiner Jurte. Zärtlich wiegt der große Adlerjäger seine einjährige Enkelin im Arm und lächelt mir zu: »Morgen, wenn in der Nacht frischer Schnee gefallen ist, reiten wir los und lassen den Adler steigen.«

Mein Gastgeber ist Kasache. Vor über 160 Jahren ist diese Volksgruppe in die Mongolei eingewandert und lebt seither in der Provinz Bayan Olgij, nahe der Grenze zum heutigen Kasachstan. Aber sie kamen nicht auf direktem Weg, sondern nahmen den Umweg über China. Im Jahr 1750 verließ Abak Kerei seine Heimat Kasachstan und siedelte sich mit seiner Familie in Westchina an. Er hatte zwölf Söhne, die Stammväter fast aller heute in der Mongolei lebenden Kasachen, denn 1844 führte ihr Stammesoberhaupt Kazakh die auf 500 Familien angewachsene Gruppe von China in das mongolische Altaigebiet.

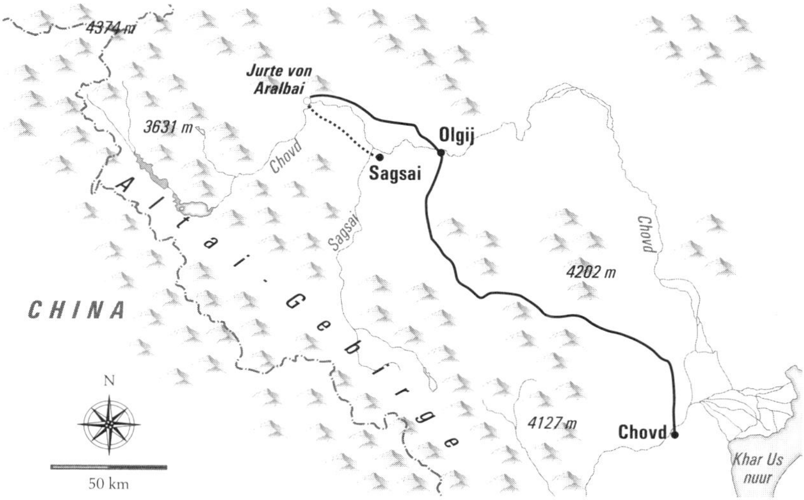

Meine Bemühungen, Kontakt zu Adlerjägern zu bekommen, waren nicht erfolgreich gewesen. Zufällig erfuhr Ron von meinem Problem. »Da kann ich helfen«, verkündete er leichthin. Und tatsächlich, als Inhaber eines Reisebüros organisierte er alles: den Flug nach Chovd, die Jeepfahrt zur Familie von Aralbai und den Besuch des jährlichen Adlerfestivals.

Mit Aralbais Frau und den Kindern kann ich mich nicht verständigen, sie sprechen Kasachisch, das zur zentralasiatischen Turksprache gehört. Aralbai beherrscht aber auch das Mongolische, so kann ich mich mit ihm unterhalten. Viele Kasachen sind nach Kasachstan abgewandert, damals als die Sowjetunion zerfiel und Kasachstan unabhängig wurde. Die erstarkende islamische Bewegung hatte verführerisch um ihre Moslembrüder im Ausland geworben. Er selbst ist auch Moslem, denkt aber nicht daran, seine Heimat, die Mongolei, zu verlassen, denn der Propaganda traut er nicht. Arbeit, Wohnung, Kindergeld hatte man den Immigranten versprochen. Einige Enttäuschte, deren goldene Träume im Wind zerstoben sind, kamen zurück. Aralbai meint, die meisten würden ihren Weggang bereuen, könnten aber nicht zurück, weil sie ihr Vieh verkauft haben. Zweimal neu anfangen, das schaffen die wenigsten.

Aralbais Jurte ist geräumig. Sie ist mehr als drei Meter hoch, dadurch liegen die Dachstreben schräger auf als beim mongolischen *ger*. Schon von weitem erkennt man kasachische Behausungen an ihren Steildächern, dem größeren Umfang und der Ausrichtung der Tür nach Osten. Der Nachteil: Sie sind weniger windstabil, und es wird mehr Heizmaterial benötigt. Dafür hat die Familie reichlich Platz. Die Kleinen müssen sich bei ihrem Spiel mit Holzklötzchen nicht einschränken, die Töchter können sich mit ihrem Webrahmen, den bunten Filzarbeiten und den Stickereien farbenprächtiger Wandteppiche ausbreiten. Ringsum sind die Wände mit ihren Handarbeiten verkleidet, was dem Raum ein buntes, exotisches Aussehen verleiht. Ein Monat Arbeit, täglich mehrere Stunden, stecken in einem zwei Meter langen Behang, übersetzt Aralbai die Antwort auf meine Frage. Jede Familie habe ihre eigenen Muster, und kein Teppich gleiche dem anderen.

Auf seinem Stühlchen hockt der Adler. Es ist seltsam, diesen großen Raubvogel in so enger menschlicher Gesellschaft zu erleben. Wie ein Familienmitglied hat er seinen Platz in der Jurte. Vier Adler hat Aralbai als Küken aus dem Horst geholt, geduldig mit Fleischbrocken gefüttert und dann zur Jagd abgerichtet. Was aus den anderen drei geworden sei, will ich wissen.

»Einer wurde von einer Kuh getötet. Es war Sommer; der Adler saß auf seiner Holzstange vor der Jurte. Da kam die Kuh dahergerannt und spießte ihn auf. Wir haben eine siebentägige Trauerzeremonie gehalten und ihn in die Berge getragen. Ich bat seinen Geist um Verzeihung und begrub ihn«, berichtet der 48-Jährige, und in seiner Stimme schwingt noch immer Trauer um den Verlust eines Freundes.

Die beiden anderen habe er fliegen lassen. Die Jäger borgen sich die Vögel gewissermaßen von der Natur, um ihnen nach spätesten zehn Jahren die Freiheit wiederzugeben, erfahre ich. Sie haben dann noch ein langes Leben vor sich, können 40 Jahre alt werden und viel Nachwuchs bekommen.

Ob er tatsächlich glaube, dass ein an Menschen gewöhntes Tier in der Wildnis überleben und einen Partner finden könne, frage ich zweifelnd. Er hoffe es sehr, es sei aber fast unmöglich, freigelassene Adler aus der Entfernung zu identifizieren. Ein Jäger allerdings, der seinen Adler an einem Merkmal erkennen konnte, spürte ihm nach und fand seinen Horst mitsamt Gelege.

In der Nacht beginnt es zu schneien. »Das richtige Wetter zur Beizjagd«, verkündet Aralbai am nächsten Morgen. Seine Söhne satteln unsere Pferde. Damit er nichts sehen kann, trägt der Adler eine *tomaga*. Diese Lederhaube, verziert mit silbernen Nieten und roten Halbedelsteinen, ist maßgeschneidert seiner Kopf- und Schnabelform angepasst. Der Augenschutz muss sein, denn Adler sind sensibel; an zu viel Aufregung könnten sie sterben. Außerdem dürfen sie die Beute erst sehen, wenn ihnen der Jäger das Signal zum Angriff gibt. Vor den Krallen schützt Aralbai seinen rechten Arm mit einem dicken Lederhandschuh, dem *biyalai,* der bis zum Ellenbogen reicht. Sechs Kilo wiegt der Steinadler. Dieses Gewicht kann niemand lange halten, deshalb befestigt der Adlerjäger eine Holzgabel am Sattel als Stütze für den Arm. Aralbai hat sie mit einem geschnitzten Adlerkopf verziert, bemalt und lackiert.

Hoch stiebt der Pulverschnee, als unsere Pferde antraben. Vom Raureif überzogene Grasbüschel glitzern in der Sonne. Frostblau spannt sich der Himmel über uns. Die Kälte lässt unsere Atemluft gefrieren, und die Pferde beginnen zu dampfen, als sie eine Anhöhe erklimmen. Im Schnee zeichnen sich Tierspuren ab, doch Aralbai schüttelt den Kopf. »Zu alt«, murmelt er.

Sein Adler sei ein Weibchen, erfahre ich von ihm, während wir langsam durch die weiße Winterwelt reiten. Bei Greifvögeln seien die Weibchen größer und stärker, deshalb bevorzuge man sie zur Beizjagd. Sechs Wochen nachdem es aus dem Ei geschlüpft war, habe er das Küken aus dem Horst geholt. An den langen Krallen erkannte er das Weibchen. Wie denn sein Vogel heiße, will ich wissen.

»Die Adler sind zwar für uns wie Familienmitglieder, aber Namen geben wir ihnen nicht. Wir nennen sie nach ihrem Alter: Tastuler, Ana, Khana.« – Dreijähriger, Vierjähriger, Fünfjähriger.

Schon sein Vater und Großvater haben Adler abgerichtet. In kommunistischer Zeit war die Beizjagd einige Jahre lang verboten. Warum, hat keiner der Adlerjäger verstanden. Die Machthaber erließen einfach ein Gesetz, und die Kasachen mussten ihre Steinadler freilassen.

»Mein Vater hat geweint«, erzählt Aralbai. »Er liebte seinen Tastuler, denn er war ein ganz besonderer Vogel. Wie bei den Menschen gibt es Kluge und Faule, Gutmütige und Aggressive, sogar Missgünstige und

Hinterhältige. Sein geliebtes Steinadlerweibchen war im Charakter meinem Vater ähnlich, sie bildeten eine verschworene Einheit. Für die anderen *berkutschi* war es aber auch nicht leicht. Zwei Jahre mühseliger Arbeit waren verloren; so lange dauert es nämlich, bis ein Beizvogel abgerichtet ist. Ohne ersichtlichen Grund wurde das Gesetz eines Tages aufgehoben, das war 1987, da holte ich mir noch im selben Jahr meinen ersten Adler«, schließt Aralbai seinen Bericht und gibt mir ein Zeichen.

Er hat offenbar eine frische Tierspur entdeckt, vorsichtig folgen wir ihr. Angespannt mustert der Jäger den Schnee. Da, vor den Hufen der Pferde springt ein Hase auf und stiebt davon. Schon hat Aralbai dem Adlerweibchen die Kappe vom Kopf gezogen und die Fußfesseln gelöst. In Bruchteilen von Sekunden erspäht der Vogel den Hasen, stößt sich kraftvoll mit beiden Füßen vom Handschuh ab, spannt seine Schwingen, gleitet wie ein Schatten über die Erde, stürzt herab, hockt mit gespreizten Flügeln über der Beute. Aralbai galoppiert heran, schwingt sich vom Pferd, hat zwischen die Finger des Handschuhs einen Fleischbrocken gesteckt, damit der Adler von seiner Beute lässt. Beizvögel werden so abgerichtet, dass sie ihr Opfer nicht töten. Das darf nur ihr Herr, weil Felle, die ein Adlerschnabel zerfetzt hat, wertlos sind.

Aralbai hängt den toten Hasen an seine Satteltasche. Mit dem Adler auf dem Arm steigt er aufs Pferd, nachdem er ihm wieder die Kappe über die Augen gestülpt hat. Sonst würde er unruhig sein und fliegen wollen, denn er nimmt Dinge wahr, die der Mensch nicht sehen kann.

Aralbai entdeckt einen Fuchs, und wieder lässt er seinen Beizvogel steigen. Der Fuchs entkommt, bevor der Vogel ihn einholen kann. Daraufhin schraubt sich der Adler höher und höher. Sein Gefieder schimmert golden in der Sonne – *Golden eagle* heißen Steinadler auf Englisch. Majestätisch schwebt er ohne Flügelschlag auf breiten Schwingen dahin, sein Schatten gleitet tief unten über den glitzernden Schnee.

»Auf fünf Kilometer Entfernung kann er den Fuchs noch erspähen«, sagt Aralbai, der voll Sorge beobachtet, wie sich sein Goldstück weiter und weiter entfernt. »Ein eigensinniger Vogel! Er will davonfliegen.«

Aralbai stößt einen schrillen Jodler aus. Jeder Adlerjäger hat seinen speziellen Ruf, auf den sein Vogel trainiert ist. Noch einmal jodelt Aralbai, da ändert der Vogel seine Flugbahn, schwenkt in unsere Richtung, setzt zum Sinkflug an, landet zielsicher auf dem Arm des Jägers, der ihn sogleich mit Fleisch belohnt.

»Ein Adler frisst zwei Kilo am Tag. Im Sommer füttern wir reichlich mit fettem Murmeltierfleisch, im Winter zur Jagdsaison gibt es magere Kost, denn bei der Jagd soll er Hunger haben. Ein satter Adler fliegt auf und davon«, weiß Aralbai.

Er treibt sein Pferd auf einen Felsvorsprung, blickt von oben über das weite Land. Es ist die gleiche Pose wie auf dem bekannten Foto. Die Wirklichkeit hat die Phantasie eingeholt.

Die Tage sind kurz im Oktober. Es dunkelt, als wir die Jurte zwischen Weiden, Pappeln und Birken auf einer Uferbank am Chovd gol erreichen. Aralbais Frau und seine Töchter haben Schafe und Ziegen wie üblich in einer Reihe zusammengebunden und sind mit Melken beschäftigt, Frauenarbeit auch bei den Kasachen. Der jüngste Sohn, acht Jahre alt, hat sich einen gutmütigen Ziegenbock ausgesucht und reitet auf seinem Rücken.

Aralbai ist nicht der Einzige, der am Festival teilnimmt. 40 *berkutschi* aus allen Richtungen treffen sich in Sagsai. Zwei Tage reiten wir von seiner Jurte bis zu der kleinen Siedlung Sagsai am gleichnamigen Fluss. Die Nacht verbringen wir in der Jurte eines befreundeten Kasachen. Während des Zwei- Tage-Ritts sitzt das Steinadlerweibchen ständig auf Aralbais Arm.

In Sagsai hat Ron eine Unterkunft im »Blue Wolf Ger« für mich organisiert. Ich teile die hohe, geräumige und mit farbig bestickten Wandteppichen verkleidete Jurte im kasachischen Stil mit fünf anderen Besuchern des Adlerfestes. Wir sind nach Nationalität und Hautfarbe eine bunte Mischung: Evina, mit 26 Jahren die Jüngste, ist Australierin, ihre Eltern aber stammen aus China. Sie wird wegen ihres Aussehens von den Mongolen für eine der ihren gehalten, kann aber weder Mongolisch noch ein einziges Wort Chinesisch. Sie fand ihren Beruf als Bankkauffrau zu wenig sozial und hat sich deshalb für ein Kinderhilfsprojekt in Ulaanbaatar engagiert. Fred, Afroamerikaner aus Oklahoma, hat einen Job bei einer Baufirma in Peking. Neben seinen afrikanischen Vorfahren, so erzählte er mir, habe er auch indianische. Er sei von einem

Stamm adoptiert worden und habe bei der Zeremonie den Namen Grayhawk erhalten. Zeev, ein Fotograf aus Israel, ist Rons Freund und lebt seit zehn Jahren in der Mongolei. Maria und Miguel sind Spanier aus Barcelona. Der Biologe Miguel hat sich auf Kleinstlebewesen in Gewässern spezialisiert und sich einen lang gehegten Traum erfüllt: die Seen der Mongolei unter die Lupe zu nehmen.

Das zweitägige Fest beginnt am Vorabend mit einem Folkloreabend im Kulturhaus von Sagsai: kasachische Lieder und Tänze in farbenprächtigen Kostümen, dazu Musik von Saiteninstrumenten. Einer Maultrommel sowie einer Muschel werden dunkle Töne entlockt. Der Festsaal ist voll bis auf den letzten Platz mit Bewohnern aus Sagsai und der Umgebung. In den ersten Reihen sitzen die Ehrengäste: die 40 Adlerjäger. Für uns Ausländer hat man extra Stühle reserviert.

Sagsai ist eine kasachische Siedlung, sofort erkennbar an der Moschee. Die im Oktober mitunter kräftige Sonne hat den Schnee noch einmal tauen lassen, die Niederungen mit Schmelzwasser gefüllt und gelbes Gras freigegeben. Als Festplatz wurde eine Ebene unterhalb eines Hügels gewählt, drei Kilometer von unserem Camp entfernt. Ungewöhnlich wirkt in einer sonst einsamen Landschaft die schon von weitem sichtbare Menschenansammlung. Mit Pferden, Kamelen und Jeeps sind Hunderte Menschen aus dem Umland herbeigeströmt, um sich beim Adlerwettbewerb zu vergnügen, sich beim Bogenschießen und Reiten zu messen und Waren, vor allem Handarbeiten, zu verkaufen. Alle haben ihre Festtagskleidung angelegt: die Männer ihre traditionellen Ledermäntel und Pelzkappen aus dem Fell des Steppenfuchses, die Frauen Gewänder in leuchtenden Farben und mit Federn geschmückte, hohe Hauben.

Der Wettbewerb beginnt: Ein Adlerjäger nach dem anderen reitet mit seinem Beizvogel an den Preisrichtern vorbei. Beurteilt wird das Aussehen von Adler und Reiter, Kleidung, Haltung, Zusammenspiel zwischen Mensch und Tier.

Nächster Programmpunkt: Der Jäger lockt seinen 300 Meter entfernten Adler, der auffliegen und auf seiner Faust landen muss. Erstaunlich ist die Vielfalt der Rufe. Manche der Triller und Jodler klingen für menschliche Ohren so komisch, dass die Zuschauer in Gelächter ausbrechen, vor allem wenn trotz verzweifelter Lockrufe ein Adler stur hocken bleibt. Entweder ist es dann ein junges, noch nicht austrainiertes Tier, oder es ist durch die ungewohnt vielen Menschen verunsichert. Andere Vögel kreisen lange, bis sie ihren Herrn endlich in der Menge entdecken. Einer flog zu einem Zuschauer, der unabsichtlich durch heftiges Gestikulieren auf sich aufmerksam gemacht hatte. Aralbai ruft nur einmal, und schon breitet sein Adlerweibchen die Schwingen aus, segelt zu ihm hin und landet sicher auf seinem Arm. Achtungsvolles Raunen unter den Zuschauern ist zu hören.

Beim dritten Programmpunkt, der »Fuchsschleppe«, zieht der Reiter ein Fellbündel hinter sich her, das vom Adler gestellt und gefangen werden muss. Auch diese Aufgabe meistert Aralbais Adler mit Bravour. Er steigt auf, schießt mit angelegten Schwingen wie ein Pfeil zu Boden und nimmt die »Beute« mit scharfen Krallen in die Zange.

Wer keinen Adler hat, kann an Wettbewerben im Bogenschießen und am Pferderennen teilnehmen. Beim Passgang-Pferderennen zählt nicht allein die Geschwindigkeit, es geht auch darum, diese schwierige Gangart während des ganzen Rennens durchzuhalten. Was Kamelen angeboren ist, muss Pferden erst mühsam beigebracht werden, nämlich die Vorder- und Hinterbeine auf jeweils einer Seite gleichzeitig zu bewegen.

Nachdem die Veranstaltungen des ersten Tages beendet sind, schließe ich mich Maria und Miguel an, die aus einigen der umliegenden Teichen Wasserproben entnehmen wollen. Mich interessieren die Triops oder Rückenschaler, bis drei Zentimeter kleine Tierchen. Sie sind die ältesten lebenden Fossilien und existieren schon seit unvorstellbaren 220 Millionen Jahren auf unserer Erde. Ihren Rücken bedeckt ein Schild, aus dem pfeilförmige Schwänze herausragen. In den Gewässern Mecklenburgs bin ich diesen urzeitlichen Tieren zum ersten Mal begegnet. Miguel hält mir den Kescher hin, in dem gleich mehrere Triopse einer mongolischen Art zappeln. Ein befreundeter Biologe, der über diese Tiere forscht, würde sich bestimmt über einige Exemplare freuen. Da kommt mir die besondere Überlebensstrategie der Urzeitkrebse zupass: Dauereier. Ob sie Trockenheit oder Frost ausgesetzt sind – aus den widerstandsfähigen Eiern schlüpfen noch nach Jahren die Larven, sobald sie mit Wasser der richtigen Temperatur in Berührung kommen.

Deshalb kratze ich am Ufer reichlich Schlamm zusammen, später erfahre ich, dass aus den Proben tatsächlich Triopse »ausgebrütet« werden konnten.

Der Zöllner am Flughafen in Ulaanbaatar war ratlos, als er den inzwischen getrockneten Schlamm in meinem Gepäck entdeckte. Was das sei, fragte er streng, und ob ich eine Ausfuhrgenehmigung habe? Mir fiel kein passendes Wort ein, und so sagte ich spontan »Modder«. Irgendetwas muss der Klang dieser Bezeichnung bei ihm ausgelöst haben, denn er winkte mich daraufhin mit angewidertem Gesichtsausdruck durch die Sperre.

Am darauf folgenden Tag, einem Sonntag, werden die Wettkämpfe fortgesetzt, die Sieger ermittelt und die Preise verliehen. Der Höhepunkt soll aber eine Fuchsjagd sein. Die fünf Besten der vergangenen Prüfungen müssen mit ihrem Adler einen lebenden Fuchs jagen, der in 500 Meter Entfernung freigelassen wird. Nicht fair, weil der Fuchs nicht die geringste Chance hat, sein Leben zu retten.

Bis zum Finale werden die Zuschauer mit Geschicklichkeitsspielen unterhalten. Beim *tiyn teru* muss ein Reiter im vollen Galopp in den Boden gesteckte Papierblumen greifen. Viele versuchen sich, nur wenigen gelingt das Kunststück. Keiner schafft es, mehr als zwei Blumen zu »pflücken«.

Ungebremste Begeisterung löst das *kyz kuar* aus, ein Wettreiten zwischen Mann und Frau. Die Frau soll flüchten, der Mann sie verfolgen und als Zeichen seines Sieges küssen, alles im Galopp. Die Spielregeln sind bekannt, doch keine Frau hält sich daran. Statt zu flüchten, verfolgen sie den männlichen Partner, schlagen mit der kurzen Reitpeitsche auf ihn ein, und so sind es die Männer, die ihr Heil in der Flucht suchen müssen. Die Frauen reiten scharf, lassen ihren Partner nicht entkommen, immer wieder saust die Peitsche nieder. Die Geprügelten atmen auf, wenn das Ziel erreicht ist, und lachen verlegen. Die Zuschauer jubeln. Einer Frau gefällt das Spiel so gut, dass sie nacheinander drei Männer überredet, mit ihr das *kyz kuar* zu reiten.

Den Hauptpreis verfehlt Aralbai diesmal knapp. Sein Adler stößt zwar als Erster auf den Fuchs nieder, doch das Opfer macht einen rasanten Sprung zur Seite. In der Natur hätte diese Wendigkeit sein Leben gerettet. Doch bei fünf Adlern gleichzeitig gibt es kein Entkommen. Ich wünschte mir, dieser Programmpunkt würde gestrichen.

Der Abend endet mit einem Festessen, auf das sich alle gefreut haben. Auch Maria und Miguel schmeckt das gekochte Hammelfleisch vorzüglich, während ich hungrig bleibe und wegen des intensiven Kochgeruchs keinen Bissen hinunterkriege. Anschließend spielt die Musik, und im Kulturhaus wird getanzt. Wir wollen eigentlich nur zuschauen, aber gleich zu Beginn wird Maria von einem Kasachen und Miguel von einer jungen Kasachin geholt. Zu meiner Überraschung fordert mich eine Bäuerin in Stiefeln und hellblauem Kopftuch auf. Ohne Pause geht es weiter. Sobald die Musik ein neues Stück beginnt, werden wir drei auf die Tanzdiele gezogen. Am Ende hüpfen alle im Kreis um ein Paar in der Mitte. Nie zuvor hat mir Tanzen so viel Spaß gemacht. Es spielt keine Rolle, wer mit wem – was zählt, ist die Freude an der Musik und der Bewegung. Das eigentlich Beglückende ist das Erlebnis der Gemeinsamkeit und die Selbstverständlichkeit, mit der die Kasachen ihren Abend mit uns teilen.

Auf den Spuren einer Legende

Hier also war es, wo Temudschin geboren wurde, mit einem Klumpen geronnenem Blut in der Faust. Ein sichtbares Zeichen, ein Omen, um den zukünftigen Helden zu offenbaren, der später einmal Dschingis Khan genannt werden sollte. Seinen Spuren will ich folgen am Fluss Onon und im Chentij-Gebirge.

Meine Freunde in Ulaanbaatar hatten mir geraten, ein Fahrzeug zu mieten und mich zum Ort Binder fahren zu lassen, eine Tagesreise nordöstlich der Hauptstadt. Dort soll ich nach Ganbaatar fragen. Bei ihm bin ich gestern Abend angekommen und habe die Nacht in seinem Blockhaus verbracht.

Gleich am frühen Morgen mache ich mich auf, die Gegend zu erkunden. Von einer Anhöhe habe ich einen guten Blick auf die unscheinbare Ortschaft und den Fluss Onon, der sich wie ein grünes Reptil durch die gelbe Grasebene schlängelt. Wenn ich dem Chronisten Glauben schenken soll, kam Temudschin, der spätere Dschingis Khan, am 31. Mai 1162 in einer Jurte an diesem Fluss zur Welt. Er war der Erstgeborene seiner Mutter Höelün, gefolgt von vier Brüdern und einer Schwester. In der Familienchronik »Die geheime Geschichte der Mongolen« habe ich viel erfahren über die schwere Kindheit Temudschins. Nach dem frühen Tod seines Vaters wurden er, seine Geschwister und die Mutter von den Stammesmitgliedern mitsamt dem Vieh verlassen. In völliger Armut kämpften sie ums Überleben. Mutter Höelün grub mit ihrem Wacholderstab Wurzeln, Zwiebeln und wilden Rhabarber aus dem Boden, die Kinder stellten Fallen, angelten und bauten Reusen.

An Dschingis Khan interessiert mich, dass er zunächst kein strahlender Held war, dem von Anfang an alles gelang. Ihn plagten Ängste und Selbstzweifel, Trauer und Verzweiflung. Von Feinden bedrängt

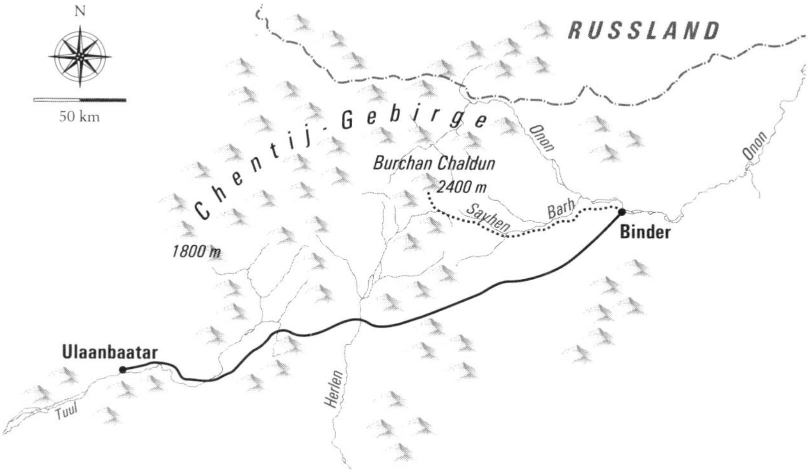

suchte er Schutz im Chentij-Gebirge. Hoch auf dem heiligen Berg Burchan Chaldun klagte er dem Berggott sein Leid und legte sein Schicksal in dessen Hand.

Ich bin mir sicher, will ich etwas vom Mythos Dschingis Khans begreifen, muss ich zum Gipfel des heiligen Berges gelangen. Der schwierige Weg dorthin beginnt hier an seinem Geburtsort, wo er mit 44 Jahren von allen Stammesfürsten zum Großkhan gewählt wurde.

Das gelbe Herbstgras streift an meinen Beinen, der Duft der Kräuter füllt die Luft und kitzelt meine Nase. Die Sonne geht unter, als ich das Blockhaus meiner Gastfamilie wieder erreiche, wo Ganbaatar, seine Frau Orna und ihre fünf Kinder mich schon erwarten. Orna – groß, schlank, feingliedrig, mit länglichem, eher europäischem Gesicht – entspricht nicht dem Bild einer typischen Nomadin. Wenn sie das Haus verlässt, zieht sie sich geschmackvoll an und wirkt eher wie eine Städterin. Sie kümmert sich um die Landwirtschaft und betreibt nebenbei einen kleinen Kaufladen in ihrem Blockhaus. Ihre Kälber verbringen die Nacht hinter einem Gatter, während die Mutterkühe frei in der Steppe weiden. Morgens kommen sie von selbst angetrottet und werden von ihr gemolken. Nachdem die Kälber ihre Milch bekommen haben, stromern sie gemeinsam durch den Ort und fressen Gräser entlang den Wegen.

Die Kühe aber, braun und schwarz gefleckt, ziehen wieder hinaus in die weite Steppe. Am Abend treffen sich Kühe und Kälber erneut vor dem Eingangstor zum Grundstück, und die Prozedur wiederholt sich.

Ganbaatar versteht es, Holz zu bearbeiten. Das Haus hat er mit Hilfe von Freunden selbst gebaut, den Giebel mit einer geschnitzten und bemalten Zierleiste geschmückt und auch die Umzäunung des Dschingis-Khan-Denkmals gestaltet, wie mir Orna berichtet. An dem Ton, wie sie von ihrem Mann spricht, spüre ich, dass sie ihn sehr mag und seine Kraft und Geschicklichkeit bewundert. Er werde öfters von der Gemeinde mit Zimmermannsarbeiten beauftragt, sagt sie stolz. Ihr Mann ist kräftig und robust, mit breitem Mongolengesicht und schmalen Augen, die vor Lebensfreude funkeln.

Ich weiß, will ich in das wilde, sumpfige Bergland des Chentij vordringen, brauche ich diesmal ganz besondere Pferde. Ganbaatar will sich bemühen und schickt den Hirten Amra zu einer entfernten Weide, um nach geeigneten Tieren zu schauen. Es wird allerdings zwei bis drei Tage dauern, bis er zurück sein wird.

Amra, ein junger Mann von 24 Jahren, wird mich zum Burchan Chaldun begleiten. Er ist der schönste Mongole, der mir auf meiner ganzen Reise begegnet ist, schlank und hoch gewachsen, mit schwarzen Augen und schulterlangen Haaren, die er mal als Pferdeschwanz trägt, dann wieder in einen oder zwei Zöpfe geflochten. In einem Indianerfilm könnte er den mutigen Sohn eines Apachenhäuptlings spielen. Das Chentij-Gebirge kenne er besser als seine Jurte, sagt Ganbaatar, er verbringe dort Wochen und Monate.

Bis Amra die Pferde gefunden hat, will ich Öglögeijn Cherem besuchen, einen geheimnisvollen Ort, wo Dschingis Khans vermutlich begraben liegt. Trotz teurer Forschung mit modernster technischer Ausrüstung bis zu aufwändigen Luftaufnahmen ist es bisher nicht gelungen, sein Grab zu entdecken. Vielleicht wird es für immer ein Geheimnis bleiben, und mongolischer Sitte entspricht diese Neugier sowieso nicht. Um den Leib eines Verstorbenen sollte kein Kult entstehen, denn er geht in den Kreislauf der Natur ein, Gras und Bäume mögen aus ihm wachsen. Der Körper eines Toten kann vergessen werden, seine Seele aber lebt und wirkt weiter.

Dennoch wurden über hundert Suchaktionen durchgeführt, die aufwändigsten von japanischen und amerikanischen Institutionen, dazu Hunderte Aufsätze und Forschungsberichte geschrieben, die zu abwegigen und kuriosen Ergebnissen kamen: Nicht nur im Altai, in der Gobi, im Changai- oder Chentij-Gebirge sei er begraben, auch in China, Russland oder Kasachstan. Die Japaner glauben gar, Dschingis Khan sei ein Japaner gewesen, und zwar der legendäre Samurai Minamoto Yoshitsune, der unter mysteriösen Umständen aus Japan verschwunden war. Inzwischen meinen auch Mongolen, es sei wichtig, die Begräbnisstätte zu finden, um sie vor Grabräubern zu schützen.

Ganbaatar hat einen alten, klapprigen Jeep, mit dem wir nach Öglögeijn Cherem fahren wollen, 40 Kilometer von Binder entfernt. Vorher handeln wir den Preis aus. Ganbaatar steht seinem Namensvetter im Altai nicht nach, ist vielleicht noch ein größeres Schlitzohr. Er will nicht nur einen Tageslohn, sondern außer dem Benzingeld auch die gefahrenen Kilometer extra bezahlt haben. Schmunzelnd setzt er sich hinters Lenkrad, reibt sich die Hände und – der Wagen springt nicht an. Orna muss draußen kurbeln, später wird das meine Aufgabe sein. Ganbaatar ist ein gesprächiger Mongole, unterhält mich mit Scherzen, Neckereien, Geschichten. Die Zeit verfliegt im Nu. Wir müssten längst da sein.

»Wohin fahren wir, Ganbaatar?

»Zum Friedhof der hundert Soldaten!«

»Aha! Warum?«

»Ich dachte, der könnte dich interessieren, oder nicht?«

Wir halten bei einem kuppelförmigen Felsen, der aus dem Steppengras herauszuwachsen scheint. Unterhalb dieses Felsens stehen in unregelmäßiger Anordnung meterhohe Steine, andere sind bereits umgefallen. Es sei überliefert, erzählt Ganbaatar, hundert Krieger hätten Dschingis Khan beerdigt, indem sie mit ihren Pferden so lange über dem Grab im Kreis geritten seien, bis der Boden völlig eingeebnet war. Damit sie den geheimen Ort nicht verraten konnten, habe man alle hundert danach getötet, hier begraben und ihnen zur Ehre die Steinmale aufgestellt.

Wahrscheinlich ist es wirklich ein Friedhof, aber ich bezweifle, dass sich die Geschichte so abgespielt hat. Bei den Alttürken und anderen vormongolischen Völkern war es tatsächlich üblich, die Gräber hoher Persönlichkeiten unkenntlich zu machen. Bei den Mongolen zu Dschingis Khans Zeiten dagegen war es Sitte, den Sohn zu Füßen des Vaters zu begraben.

Wir fahren weiter, manchmal weisen Fahrspuren die Richtung, dann wieder folgt Ganbaatar einem Weg, der nur in seinem Kopf existiert, und er fährt schnell, will wohl möglichst weite Strecken zurücklegen. Ich schaue ihn von der Seite an. Er spürt meinen Blick, errät, was ich denke, und klopft gegen den Kilometeranzeiger: »65 Kilometer sind wir schon gefahren!«, sagt er triumphierend. Ein listiger Fuchs, dieser Ganbaatar, der seine Gerissenheit ehrlich zugibt.

»Schau mal, sieht doch aus wie ein Schwan, oder nicht?«, macht er mich auf einen Berg aufmerksam. Mit einiger Phantasie könnte er einem Schwan ähneln, der mit ausgestrecktem Hals auf der Erde liegt. Das ist der Binder Uul. In der Chronik, die Dschingis Khans Leben und Herkunft beschreibt, heißt der Berg Chuntaj Binder und war ein bedeutender Opferplatz.

Nordwestlich des Berges stoßen wir auf eine Erhebung mit spitzen Felsklippen. Ganbaatar streckt theatralisch die Hand aus: »Öglögeijn Cherem!« Von weitem schon sehen wir die Mauer. Drei Kilometer lang umrundet sie den Gipfel, an einigen Stellen ist sie unterbrochen. Die erhaltenen Abschnitte der robusten Mauer sind über zwei Meter dick, aus unbehauenen Steinen ohne Bindemittel aufgeschichtet. Forscher haben nachgewiesen, dass sie 800 Jahre alt ist, also aus Dschingis Khans Zeit stammt. Der von der Mauer umfasste Raum heißt Ichsijn Gazar, »Platz der Großen«, weil da über 60 mongolische Clanfürsten begraben seien. Ob der Mongolenherrscher auch hier bei seinen Ahnen liege, zu Füßen seines Vaters Yesügei, frage ich Ganbaatar.

»Das weiß nur der Ewige Blaue Himmel«, antwortet er mir.

Temudschin starb mit 65 Jahren. Er fiel vom Pferd, eine unerwartete Todesart für einen Mongolen, der von Kindheit an das Reiten gewöhnt war. Seltsam auch, dass der große Eroberer, Krieger, Weltbeherrscher nicht im Kampf stürzte, sondern bei der Jagd. Mit der Jagdbeute sollte die Truppe versorgt werden, die gegen die Tanguten kämpfte. Wieder einmal ging es Temudschin um Gerechtigkeit, um das Recht, so wie er es verstand. Als er zum Großkhan gewählt worden war, hatte er die besiegten Tanguten zu seinen Vasallen gemacht, 20 Jahre später verweigerten sie ihm die Gefolgschaft. Nach seinem Rechtsempfinden war es Verrat. Recht und Ordnung forderten die Bestrafung der Verräter. Die Mongolen siegten, aber da war Temudschin vermutlich längst tot.

Auf der Rückfahrt kreuzt eine Reiterin unseren Weg. In ihrem von der Sonne braun gebrannten Gesicht glühen rote Wangen. Die Haare trägt sie gescheitelt und zu einem Zopf geflochten, der bis zu den Hüften reicht. Sie heiße Toja, stellt mir Ganbaatar seine Bekannte vor. Toja lässt nicht nach, bis wir einwilligen, ihre Gäste zu sein. Mit ihrem Falben reitet sie schneller, als unser Wagen über die Grasbuckel holpern kann, und sie reicht uns der Sitte gemäß heißen Milchtee, als wir in ihrer Jurte Platz genommen haben.

Die Schränkchen und Kommoden sind nicht wie üblich bunt bemalt, sondern braun gestrichen. Ziergefäße tibetanischen Stils schmücken den Altaraufsatz. Unsere Familie ist reich, sagt sie und zählt auf: 700 Ziegen, 300 Schafe, 200 Pferde, 300 Rinder und zehn Hunde.

Reich an Arbeit bei so vielen Tieren, denke ich und frage: »Warum gleich zehn Hunde?«

»Wegen der Wölfe. Sie kommen in Rudeln aus dem Chentij-Bergen und fallen über unser Vieh her.«

Inzwischen ist ihr Mann Bawoo eingetroffen und hat sich gleich darangemacht, eine Ziege zu schlachten. Sie ist weiß wie Schnee, und ich bedaure ihren Tod. Eben noch sprang sie jung und graziös durchs Gras, glich mit ihrem seidenweißen Fell einem feenhaften Wesen.

Flüsternd frage ich Ganbaatar: »Macht er das wegen uns?«

»Bawoo ist mein Freund«, sagt er in einem Ton, als gehöre es zur Freundespflicht, die schönste Ziege der ganzen Herde zu schlachten.

»Oh, bitte Ganbaatar, sag deinem Freund, dass ich kein Fleisch esse.«

»Macht nichts«, erwidert Ganbaatar gelassen. »Die Ziege ist tot. Wir essen sie auch ohne dich.«

Ich hatte ihm und Orna bereits vorgestern bei meiner Ankunft gestanden, dass ich kein gekochtes Fleisch vertrage, nur gebratenes. Bin ich mehrere Tage zu Gast, gewöhnen sich die Mongolen an mein seltsames Essverhalten und empfinden es hoffentlich nicht mehr als Beleidigung, doch bei jeder neuen Begegnung leide ich unter der Peinlichkeit, gegen die Gesetze der Gastfreundschaft verstoßen zu müssen. Toja und Bawoo wird es kränken, wenn ich mich weigere, mit ihnen zu essen. In meiner Not fällt mir nichts Besseres ein als zu verschwinden, bevor das Mahl beginnt.

»Mein Bauch ist krank«, entschuldige ich mich und setze mich draußen an die Sonne. Die zehn Hunde leisten mir Gesellschaft. Es sind schwarze Kerle, groß wie Kälber. Einer hebt ein Lid, blinzelt und döst weiter. Offenbar rieche ich nicht nach Wolf.

Ich lege mein Tagebuch auf die Knie, will meine Notizen vervollständigen, doch meine Gedanken schweifen ab. Wie sah er eigentlich aus, dieser Temudschin? Es gibt nur ein einziges Bild, das einen alten Mann zeigt. Sein Bart ist weiß und schütter, unter der Kappe hängen ein paar graue Haare in die Stirn. Das breite Gesicht scheint Gelassenheit auszudrücken, auch Entschlossenheit und Würde könnte man herauslesen. Ein stilisiertes Porträt, das wenig aussagt und nicht dazu beiträgt, sich den Menschen vorzustellen. Das Gemälde gehört zur Reihe von Kaiserbildern, die im Historischen Museum in Peking aufbewahrt werden. In Ermanglung anderer Darstellungen wird dieses Abbild inflationär verwendet: auf Geldscheinen, Briefmarken, Prospekten, Katalogen, Plakaten, als Werbung für Bier, Wodka und vieles mehr.

Der Verfasser der Familienchronik beschreibt seinen Helden mit einem einzigen Satz: »Er hatte Feuer in den Augen und Glanz im Gesicht.« Wer hat eigentlich diese Chronik geschrieben? Sicher ist, dass sie wenige Jahre nach Temudschins Tod, wahrscheinlich 1240, beendet wurde und von ihm selbst in Auftrag gegeben worden war. In seiner Palastjurte hatte er Gelehrte aus allen eroberten Gebieten versammelt. Einer war der Uigure Tatatunga, den er beauftragte, eine Schrift für die Mongolen zu entwickeln. Bisher waren Informationen, Botschaften und Befehle mündlich übermittelt worden. Lange Texte setzte man in Reime, damit der Überbringer sich den Inhalt leichter merken konnte. Als das Herrschaftsgebiet, in dem die verschiedensten Völker beheimatet waren, weit über das Stammland der Mongolen hinausgewachsen war, konnte es nicht mehr ohne Schrift verwaltet werden. Einheitliche

Gesetze waren nötig, Erlasse und Anordnungen mussten verfasst werden. Dass Dschingis Khan, der als skrupelloser Eroberer verrufen ist, auch ein weiser und vorausdenkender Staatenlenker war, der eine Gesetzesordnung, die Jassa, verfasste, ist nur wenigen bekannt.

Tatatunga nahm die uigurische Schrift als Grundlage. Die hatten die Uiguren einst von einem Volk im Iran entliehen, die wiederum hatten sie von den Aramäern übernommen. Aramäisch war die Muttersprache von Jesus. Wer hätte gedacht, dass sich ein Bogen schlagen ließe von Jesus zu Dschingis Khan?

Die aramäische Schrift wurde von rechts nach links geschrieben wie das heutige Arabisch. Tatatunga entschloss sich jedoch, seine von ihm erfundene Schrift von oben nach unten zu schreiben, in Anlehnung an chinesische Texte, denn mit den Chinesen war der Schriftverkehr besonders intensiv. Er modifizierte das uigurische Alphabet, passte es der mongolischen Aussprache an – und fertig war die neue Schrift. Das erste uns überlieferte Dokument in dieser Schreibweise ist jene Steinstele aus dem Jahr 1225, die den Bogenschützen Yisünke für seinen 335 Meter weiten Schuss rühmt. Der Khan blieb Analphabet, diktierte weiterhin seine Anordnungen, befahl aber, dass hochstehende Persönlichkeiten, auch seine Kinder und Enkel, die uighuro-mongolische Schrift lernen müssten.

Ganbaatar ruft meinen Namen, ich solle in die Jurte kommen. Der Kochdunst quillt in dicken Schwaden heraus. Ich will abwarten, bis sie gegessen haben, und antworte, ich müsse Tagebuch schreiben, später würde ich mich wieder zu ihnen setzen.

Die mongolische Literatur war reich an Sagen, Mythen, epischen Dichtungen, Liedern, Erzählungen, religiösen Texten. Wagenladungen voll wurden nach China gekarrt, denn der Mandschu-Kaiser Kienlung hatte den Befehl gegeben, alle Schriftstücke einzusammeln, um das mongolische Volk zu demütigen. Unersetzbare Werke sind für immer dahin, vernichtet, mutwillig zerstört, verrottet bei unsachgemäßer Lagerung oder verbrannt, als öffentliche und private Bibliotheken in Peking beim Boxeraufstand in Flammen aufgingen. Fast nichts ist erhalten geblieben, und kein einziges Exemplar der Chronik hat überlebt. Wir wüssten nichts vom Leben Dschingis Khans, nichts von seinen

Eltern, Gefährten und Freunden, seinen Rivalen und Feinden, von seinen Ängsten, Sorgen und Hoffnungen, wenn nicht eine dünne Kette von Zufällen uns diese Kenntnisse doch noch überliefert hätte.

Chinesische Schreiber hatten im 15. Jahrhundert das mongolische Original kopiert. Damals erhielt die Familienchronik auch ihren abschreckenden Titel »Geheime Geschichte der Mongolen«, weil die chinesischen Kaiser das Werk lieber unter Verschluss halten wollten. Noch immer fürchteten sie sich vor den kriegerischen Mongolen.

Lange Zeit lagerte die Kopie in den kaiserlichen Archiven. Im 19. Jahrhundert gründete die russisch-orthodoxe Kirche eine Missionsstation in Peking, der auch der Archimandrit Palladius angehörte, ein Gelehrter und Büchersammler. Der Zufall spielte Petr Iwanowitsch Kafarow, wie Palladius mit bürgerlichem Namen hieß, eine chinesische Handschrift zu. Er begriff rasch den geschichtlichen Wert des Materials, erkannte aber auch die Schwierigkeiten, die eine Übersetzung bereiten würde. Die chinesischen Kopisten hatten den mongolischen Text nämlich nicht ins Chinesische übertragen, sondern nur den phonetischen Klang der mongolischen Sprache mit chinesischen Zeichen umschrieben. Mühsam begann Palladius, daraus verständliche mongolische Wörter und Sätze zu formulieren. Sechs Jahre hatte er schon daran gearbeitet, als er nach Europa zurückkehren musste. In Marseille ereilte ihn 1878 der Tod, im Gepäck die »Geheime Geschichte der Mongolen«. Sie wurde dem russischen Mongolisten Aleksej Matwejewitsch Posdnejew übergeben. Jahrzehnte verbrachte er über der für ihn unlösbaren Aufgabe. In seiner Not behauptete er schließlich, das Manuskript sei gestohlen worden.

Währenddessen stieß der japanische Historiker Naito auf eine zweite chinesische Handschrift, die er 1906 drucken ließ, und nun stand das Werk den Gelehrten in aller Welt zur Verfügung. Erich Haenisch, Ordinarius für Sinologie an der Universität in Berlin, gelang schließlich die Übersetzung. Jahrzehnte waren über der Arbeit vergangen, inzwischen wütete der Zweite Weltkrieg in Europa. Gerade gedruckt, verbrannte die gesamte Auflage im Bombenhagel. Trotz des Krieges waren glücklicherweise einige Rezensionsexemplare verschickt worden, und bald gab es Übersetzungen in viele andere Sprachen, nicht zuletzt in modernes Mongolisch. Was für ein bewegtes und gefährliches Leben Bücher doch manchmal haben. Sie sind unser kostbarster Schatz. Ohne sie, was wüssten wir von der Welt?

Schon zum dritten Mal ruft mich Ganbaatar. Warum tut er mir diese Peinlichkeit an? Durch sein Rufen wird deutlich, dass ich mich abgesondert habe – vielleicht eine größere Kränkung, als wenn ich ihr Essen ablehne. Notgedrungen entschließe ich mich, hineinzugehen und ihnen wenigstens Gesellschaft zu leisten. Ganbaatar lächelt mich an und reicht mir ein riesiges Stück Fleisch auf einem Holzspieß. Er hat sich daran erinnert, dass ich gesagt habe, Gebratenes könne ich essen, und das Fleisch einfach in die Flammen gehalten. Erschrocken zucke ich zurück, denn es ist nicht gebraten, sondern schwarz verkohlt. Mit stolzem Lächeln gibt mir Ganbaatar sein Messer. Toja, Bawoo und zwei dazugekommene Nachbarn blicken mich erwartungsvoll an. Wird es dem fremden Gast auch munden? Ich darf sie nicht enttäuschen. Noch einen Verstoß gegen die Gastfreundschaft, das will ich ihnen nicht antun. Ich muss meinen Ekel vor dem verbrannten Fleisch überwinden. Entschlossen setze ich Ganbaatars Messer an und schneide mutig in die schwarze Masse hinein. Der köstliche Geruch von gebratenem Fleisch steigt mir in die Nase, und ich blicke in das zartrosa Innere. Mein Körper signalisiert Hunger! Mir wird plötzlich bewusst, dass ich außer einem mageren Frühstück noch nichts gegessen habe.

Das rosafarbene Fleisch schmeckt so gut, wie es riecht. Es ist zart und würzig. Meine Gastgeber schmunzeln zufrieden über meinen Appetit. Sie wenden sich wieder ihrem Essen zu, nehmen sich ganze Keulen aus dem Kessel, beißen hinein und schneiden den Bissen geschickt mit dem Messer knapp vor den Lippen ab. Der Duft meines gegrillten Fleisches überdeckt den Kochdunst, so dass ich mein Essen ungestört genießen kann.

Ich strahle Ganbaatar an. *»Bajarlaa!«* – danke!, rufe ich mit vollem Mund. Toja reicht mir als Gewürz eine grüne Paste: zerhackte, in Salz eingelegte Wildzwiebeln. Genüsslich verspeise ich das große Stück. Ganbaatar meint, es sei reichlich ein Kilo gewesen. »Nicht viel für einen Mongolen, aber für dich ganz ordentlich«, sagt er anerkennend. Erst Wochen später, als ich das Geschehen meiner mongolischen Familie in

Ulaanbaatar berichte, wird mir deutlich, dass ich das Fleisch der schönen, schneeweißen Ziege gegessen habe. Der Genuss hatte ihren Tod völlig aus meinem Bewusstsein verdrängt.

Amra hat die Pferde gebracht. »Warum vier, Ganbaatar? Ich habe nur drei bestellt. Ein Lasttier reicht, mein Gepäck wiegt nicht mehr als 30 Kilo.«

»Besser du nimmst noch ein weiteres als Ersatz mit. Du weißt nicht, was unterwegs alles passieren kann«, hält er dagegen. Mir gelingt es nicht, ihm das vierte Pferd auszureden. Ich denke, es geht ihm einfach um seinen Zusatzverdienst, und erkläre mich einverstanden. Ich sitze bereits auf dem Pferd, da sagt er zu mir wie nebenbei: »Übrigens, auf den Gipfel des Burchan Chaldun darfst du nicht hinauf.«

»Was? Das kann nicht wahr sein, Ganbaatar! Das ist doch der Zweck der ganzen Reise!«

»Du bist eine Frau! Für Frauen ist der Gipfel verboten, sonst wird der heilige Berg entweiht.«

»Aber Ganbaatar, warum sagst du mir das erst jetzt?«

»Sonst hättest du meine Pferde nicht gemietet«, antwortet der ehrliche Spitzbube. Die Hälfte habe ich schon gezahlt. Wie ich ihn kenne, rückt er das Geld niemals wieder heraus.

»Schamaninnen beten doch auf Berggipfeln zu ihren Geistern, nicht wahr Ganbaatar?«, sage ich. »Dann darf ich hinauf, ich bin nämlich eine Schamanin.« Er guckt mich zweifelnd an. »Du weißt, ich bin Schriftstellerin und reise wie die Schamanen in meiner Phantasie in andere Welten, Zeiten und Räume.«

»Das mag sein, du kannst auf so viele Berge steigen wie du willst, nur nicht auf den Burchan Chaldun, der duldet keine weiblichen Schamanen. Sein männlicher Geist ist zu mächtig, der verträgt sich nicht mit weiblicher Energie. Sei aber nicht traurig, auch wenn du nicht auf den Gipfel darfst, wirst du beim Reiten viel Spaß haben, meine Pferde sind die besten weit und breit«, versucht er mich zu trösten.

Ganbaatar hat Recht. Es sind robuste, widerstandfähige Tiere, gut genährt von der Sommerweide und gestählt durch das raue Klima. Mit diesen Pferden kann man die Welt erobern. Von Beginn an erlebe ich mit meinem Pferd eine gemeinsame Körpersprache und fühle mich sicher im Sattel wie niemals zuvor.

Mit Tieren ist es manchmal wie mit Menschen: Man begegnet sich und meint, sich schon lange zu kennen. Diese Art Seelenverwandtschaft verbindet mich mit meinem Pferd. Sein Fell gefällt mir besonders gut, es ist weiß mit zimtbraunen Einsprengseln. Die Farben erinnern mich an meine Lieblingsspeise als Kind: Grießbrei mit Zucker und Zimt. Spontan taufe ich ihn Zimtzucker.

Amra führt beide Handpferde, und so kann ich je nach Laune mit Zimtzucker traben, galoppieren oder im Schritt den Ausblick genießen und träumen. Es ist die Landschaft, durch die auch der neunjährige Temudschin mit seinem Vater Yesügei ritt. Zu Gast in einer Jurte erblickten sie die zehnjährige Börte. Wie Temudschin hatte sie »Feuer in den Augen und Glanz im Gesicht«, ein Zeichen, dass sie füreinander bestimmt waren. Von nun an sollte der Knabe bei seinem zukünftigen Schwiegervater bleiben, damit die Kinder sich anfreunden könnten.

Auf seinem Rückweg traf Yesügei auf Tataren, mit denen sein Clan seit Generationen verfeindet war. Diesmal aber luden sie Yesügei zu einem Festmahl ein. Heimlich vergifteten sie seine Speise, und Yesügei starb qualvoll. Ironie des Schicksals: Gerade mit dem Namen der Mörder von Temudschins Vater wurden die Mongolen identifiziert. Stets eilte den Reitern des Dschingis Khan der Schreckensruf voraus: »Die Tataren kommen!« Unholde, die aus dem Nichts auftauchten und wie die Teufel ritten, konnten nur der Hölle entsprungen sein – *ex tartaro*.

Den Onon mit seiner fruchtbaren Flussaue haben wir verlassen, folgen dem Nebenfluss Bayangol und biegen in das schmale Tal des Barh ein. Hier wachsen Weidenbüsche, hohes Gras und Birken mit silberweißen Stämmen, an den bewaldeten Hängen leuchtet violett das Feuerkraut. Es sieht aus, als lebten hier keine Menschen. Erst am zweiten Tag kommen wir an einer Jurte vorbei, sie ist aber verlassen.

Amra, der unterwegs sein Haar in zwei Zöpfe geflochten hat und ein Stirnband trägt, bewegt sich geschmeidig. Die Pferde gehorchen jedem Zeichen seiner Hände, und er weiß das Gepäck so zu befestigen, dass es kein einziges Mal verrutscht. In seiner Ausrüstung fehlt nichts, das man zum Überleben in der Wildnis braucht. Obwohl ich Lebensmittel für uns beide eingepackt habe, hat er sich seine eigene Verpflegung besorgt.

Vom Fluss Barh zweigt ein schmales Tal ab. Der Sayhen rauscht mit kristallklarem Wasser zwischen steilen Hängen. Hier ist der Eingang in die wilde Bergwelt des Chentij. Wir erreichen die Stelle am Abend des vierten Tages. Die herbstlich gefärbten Laubbäume flammen im Licht der untergehenden Sonne.

Der Fluss hat sich tief eingeschnitten, es ist unmöglich, einen ebenen Platz für die Zelte zu finden. Schließlich bauen wir sie am schrägen Hang auf und legen die Rucksäcke ans Fußende, um die Schieflage auszugleichen. Amra macht Feuer, ich steige zum Fluss hinunter und hole Wasser. Gebirgsstelzen mit zitronengelbem Gefieder flattern von Stein zu Stein und wippen mit ihren langen Schwänzen.

Auf dem Holzfeuer koche ich Spaghetti, Amra hat Ziegenfleisch dabei. Dann kramt er aus seinem Ledersack einige Holz- und Metallteile heraus und baut sie zu einem Gewehr zusammen. Er sei Jäger, sagt er, und wolle mal sehen, ob er ein Wildschwein erlegen könne. Wir waren zuvor an einer Stelle vorbeigekommen, wo Schweine die Erde nach Wurzeln und Würmern durchwühlt hatten. Ich lasse Amra gern ziehen, allein kann ich die Stimmung intensiver erleben. Wie ich es so gern mag, hocke ich mich zu den Pferden und beobachte sie beim Fressen. Zimtzucker kommt zielstrebig auf mich zu, stupst mit seinem samtigen Maul gegen meine Hand. Er weiß, dass ich einen Leckerbissen für ihn habe. Ich schnuppere an seinem Hals. Sein Geruch ist zart, er duftet nach Vanille.

Im Herbst wird es früh dunkel. Bald sehe ich die ersten Sterne blinken. Um neun Uhr hüllt die Nacht alles ein. Amra kommt zurück, und wir trinken am Lagerfeuer gemeinsam unseren Tee. Wildschweine hat er nicht gesehen, aber zwei Rehe, leider zu weit entfernt, um einen sicheren Schuss anzubringen. Beim Einschlafen höre ich den Sayhen. Sein Rauschen mischt sich mit dem der Baumwipfel, die sich im Wind wiegen. Hin und wieder dringt das Schnauben unserer Pferde an mein Ohr. Beruhigt strecke ich mich aus, fühle mich geborgen in dieser Bergeinsamkeit.

Am Morgen zeigt das Thermometer zwei Grad über null. Die Pferde dampfen in der Kälte und an ihren Nüstern hängen Tautropfen. Ich baue die Zelte ab, während Amra schon die Tiere sattelt und belädt. Es ist eine Freude, mit ihm zusammenzuarbeiten, er hat flinke Augen und Hände. Bevor ich ihm sagen kann, was zu tun ist, hat er es schon selbst in Angriff genommen. Gern bin ich allein in der Natur unterwegs, aber mit Amra würde mir auch eine längere gemeinsame Tour Spaß machen. Bei meiner Reise mit Mandach hatte das Packen zwei bis drei Stunden gedauert, mit Amras geschwinder Hilfe sitzen wir nach weniger als einer Stunde im Sattel.

Das Laub lodert in Gelb und Rot, dazwischen das dunkle Grün der Nadelbäume. Vereinzelt blühen sogar noch Bergblumen. Zimtzucker schreitet sicher aus. Einen Pfad gibt es nicht, und so folgen wir Wildwechseln, bahnen uns durch Weidengebüsch einen Weg, reiten nah am Ufer des Sayhen oder lassen die Tiere einen Steilhang erklimmen, genießen das Einssein mit den Pferden und das Eintauchen in die Natur.

Temudschin hatte damals anderes im Sinn. Er war auf der Flucht vor den Merkit, einem feindlichen Stamm, dem sein Vater einst eine Frau geraubt hatte, die dann Temudschins Mutter wurde. Als sich herumsprach, dass Temudschin geheiratet hatte, war für die Merkit nach 20 Jahren endlich der Tag der Rache gekommen, um nun ihrerseits seine junge Frau Börte zu rauben.

Eine Alte, die mit ihrer Matte auf dem Boden lag, hörte Pferdegetrappel und weckte die Schläfer. Temudschin und seine Familie flüchteten auf ihren Pferden. Börte aber, seine Frau, versteckte sich in einem Karren, wurde aber bald entdeckt und von den Merkit entführt. Um nicht selbst Opfer von Temudschins Rache zu werden, mussten die Räuber auch ihn verfolgen und zu töten versuchen. Temudschin ritt immer tiefer in die Berge hinein und entkam seinen Häschern.

Amra verschwindet samt Pferd im Weidengestrüpp. Nur sein Stirnband leuchtet ab und zu auf und weist mir die Richtung. Einmal versinkt er mit seinem Pferd bis zum Bauch in dem von Moosen überdeckten

Morast. Glucksend steigen Sumpfgase nach oben. Nachdem er abgestiegen ist, gelingt es seinem Pferd, sich aus dem Schlick zu befreien.

Zimtzucker bewährt sich, weicht gefährlichen Stellen aus und watet furchtlos auch durch tiefes Wasser, während Amras Pferd sich eher störrisch verhält. Einen einzigen Fehler hat mein Zimtzucker: Er ist unglaublich verfressen! Sogar während des Reitens rafft er immer wieder ein Maul voll saftiger Binsen und Gräser.

Durch dunklen Wald reiten wir bergauf. Einmal huscht ein schwarzes Eichhörnchen in Spiralen einen Stamm hinauf und keckert aus sicherer Höhe schimpfend zu uns herab. Dann wieder wird die Stille von den Rufen eines Spechts gestört. Von der Kuppe des Berges sehen wir den Herlen im Sonnenlicht glitzern. Er entspringt zu Füßen des Burchan Chaldun, hat hier schon viele Bäche ringsum gesammelt, wird sich später als mächtiger Strom ostwärts schwingen und nach 1090 Kilometern in China den See Dalaj nuur mit seinem Wasser füllen.

Verkohlte Baumriesen künden von einem Waldbrand. Eine gewaltige Feuersbrunst hat vor Jahren in den Bergwäldern gewütet. Der Wind fachte die Flammen an, trug das Feuer über die Berge von Tal zu Tal. Zwischen den ausgeglühten Stämmen gedeiht nun das Leben, artenreicher und bunter als zuvor. Wo früher das Dunkel der Nadelbäume bestimmend war, wachsen jetzt lichte Birkenhaine und Ulmen, Farne, Büsche und Kräuter. Vom Tod der alten Baumriesen profitiert das neue Leben.

An einem Hang mit Blick über das Herlental errichten wir unser fünftes Nachtlager. Als wir am Lagerfeuer sitzen, kreist eine Eule lautlos über unseren Köpfen. In der Nacht wache ich auf und glaube, in einem Sarg aus Eis zu liegen. Schlotternd vor Kälte ziehe ich Pullover, Tageshose und Anorak über meine Fleecehose und Schlafjacke, dabei stoße ich mit dem Kopf an die Zeltwand – Eisstücke rieseln mir ins Gesicht. Aber ich bin zu müde, um mir weitere Gedanken zu machen, und schlafe gleich wieder ein.

Am Morgen blicke ich aufs Thermometer: minus 15 Grad im Zelt! Die Welt ist verwandelt. Der Eispanzer hat das flammende Rot und Gelb ausgelöscht, kalt, weiß und glitzernd, als sei die Eiskönigin mit ihrem Rentiergespann vorbeigefahren und habe mit ihrem Hauch alles Leben zum Erstarren gebracht. Das Wasser zum Waschen und Teekochen ist mit einer zwei Zentimeter dicken Eisschicht bedeckt. Mit Hilfe einer Kerze gelingt es mir, das klamme Holz zu entzünden. Wie haben unsere Pferde nur den Kälteschock überstanden? Mit hängenden Köpfen stehen sie da, in sich zusammengesunken, um dem Frost möglich wenig Oberfläche zu bieten, und zittern.

»Wie können sie ohne Schutz im Winter überleben, Amra?«

»Was sollen sie schon tun? Sie zittern – das hält sie am Leben. Geht aber nur, wenn sie genug zu fressen haben.«

Mittags brennt die Septembersonne noch immer kraftvoll, und bald ist die weiße Pracht geschmolzen, aber die bunten Blätter sind unansehnlich braun geworden. Ein herber, bitterer Geruch liegt in der Luft. Wir überqueren einen bewaldeten Bergrücken, rote Preiselbeeren und Blaubeeren leuchten am Boden. Wir steigen ab und naschen, bis wir satt sind.

Womit hat wohl Temudschin seinen Hunger gestillt? Bei der überhasteten Flucht konnte er sicherlich keine Vorräte mitnehmen. Wie ein wildes Tier wird er sich durchgeschlagen haben, hungernd und frierend.

Wir haben das Vorgebirge hinter uns gelassen und sehen ihn zum ersten Mal vor uns, den Burchan Chaldun, mit 2400 Meter der höchste Berg im Chentij-Gebirge. Ich bin überrascht. Aus irgendeinem Grund hatte ich mir einen kegelförmigen Berg mit spitzem Felsgipfel vorgestellt. Doch der Burchan Chaldun ragt nicht in die Höhe, er liegt da, gewaltig, riesig, dunkel, die Flanken leicht schräg. Diese Form, woran erinnert sie mich? Ja, das ist ein Sarg, denke ich, ein Sarkophag aus Stein und Fels. Auf dem Sargdeckel erhebt sich ein Aufsatz von gleicher Gestalt, ein kleiner Sarg für Dschingis Khan auf dem großen Sarg des Berggottes. Andere Herrscher haben sich Denkmäler errichten lassen, gigantische Statuen, Festungen, Schlösser, Marmorpaläste, prunkvolle Mausoleen. Nichts von alledem hat Dschingis Khan hinterlassen. Die Länder, die er erobert hat, sind längst wieder verloren. Nichts hat überdauert außer der Erinnerung an ihn, die hier in der Einsamkeit der Bergwelt des Chentij bewahrt wird. Die Form des Berges ist nicht von Menschen geschaffen, aber wer nach Symbolen sucht, fühlt sich bestätigt.

Auf einer Wiese unter Pinienbäumen am Fuß des Berges schlagen wir unser Lager auf. Gierig stürzen sich die Pferde auf das frische Gras. Wir haben gerade noch Zeit zu kochen, da wird es schon dunkel. Im Einschlafen höre ich ein Geräusch, das mich alarmiert: Tropfen fallen erst sachte, dann stärker auf die Zelthaut. Was ist deprimierender, als im Zelt zu liegen und dem Geräusch des Regens zu lauschen?

Beim Aufwachen erlischt meine Hoffnung auf einen sonnigen Tag. Es tropft noch immer! Ein feiner Sprühregen erfrischt die Erde. Das Brennholz hatten wir mit ins Zelt genommen, so lodert bald ein Feuer.

»Wollen wir trotzdem auf den Gipfel?«, frage ich Amra.

»Im Wald spüren wir den Regen nicht so sehr, und weiter als bis zum zweiten *owoo* darfst du sowieso nicht«, ist seine Antwort.

Na, mal sehen, denke ich und schweige. Der erste *owoo,* dünne Stangen mit blauen Seidenschals umwunden, steht wenige Meter vom Lagerplatz entfernt, der zweite in halber Höhe im Wald, der dritte und heiligste auf dem Gipfel.

Wir satteln Zimtzucker und Amras Rappen, die Sättel sind trocken, weil wir sie im Zelt hatten. Unsere Ausrüstung und die zwei anderen Pferde übergeben wir der Obhut der Berggötter und lassen sie zurück. Niemand wird es wagen, die heilige Stätte durch einen Diebstahl zu entweihen.

Der Boden im Wald hat sich mit Wasser vollgesogen, der Pfad ist steil und glitschig. Wir steigen ab, gehen unseren Pferden voran. Ich mag es, wenn ich Zimtzucker führe, in Augenhöhe mit ihm bin. Schwitzend und schnaufend erreichen wir den zweiten *owoo,* gewaltiger noch als der erste. Vor ihm steht, einen Meter tief im Boden versenkt, ein riesiger, randvoll mit Regenwasser gefüllter Opferkessel. Dreimal umrunden wir die hölzerne Pyramide. Amra opfert ein paar Kekse und Bonbons.

»Jetzt auf zum Gipfel!«, rufe ich Amra zu.

Amra sieht mir prüfend in die Augen. Nach einer Weile legt er einen Finger an die Lippen, wortlos nicken wir uns zu und steigen auf die Pferde. Als wir die Waldgrenze erreichen, empfängt uns Schneetreiben. Der Höhensturm fegt mir Eiskristalle schmerzhaft ins Gesicht, sticht in die Augen. Immer höher geht es hinauf. Ohne Sicht, vom Sturm gebeutelt und starr vor Kälte schwinden meine Kräfte. Wäre ich allein, würde ich umkehren. Doch Amra zweifelt offenbar nicht an meinem Durchhaltevermögen, er hat mich bisher kraftvoll und willensstark erlebt. Wenn er morgens aufwachte, brannte immer schon ein Feuer. Meinem

Ehrgeiz war ich es schuldig, ihm einen Becher mit heißem Tee reichen zu können.

Längst sind wir wieder abgestiegen, damit es die Pferde leichter haben, und endlich erreichen wir das Plateau, den Sargdeckel. Hier wächst kein Strauch mehr. In der Mitte der Ebene thront der Aufsatz, eine Blockhalde aus lockerem Gestein. Trittsicher wie eine Gämse klettert Amra die Schräge auf den von Eis überzogenen Blöcken hinauf. Ich muss oft die Hände zu Hilfe nehmen. Plötzlich stehe ich oben – mir stockt der Atem. Vom Schneegestöber gespenstisch verhüllt tauchen Steinmänner auf. Viele! So weit ich bei diesem Wetter sehen kann, bevölkern sie den ganzen Gipfel. Ich schlängle mich durch die Parade steinerner Männer. Aus dem Weiß taucht ein ungeheurer *owoo* auf. Dicke, gewaltige Stämme stehen aufrecht auf einem Steinhaufen. Ein unheimliches, urweltliches Denkmal, verkrustet von Eis und Schnee. Einen Stein aus dem Flussbett des Herlen lege ich zu den anderen Opfergaben, kostbare Dinge, die für immer hier oben bleiben werden. Niemand darf etwas wegnehmen von diesem heiligen Platz. Amra opfert drei Patronen. Wir hocken uns in den Windschutz des Heiligtums, stärken uns mit Traubenzucker und Schokolade.

Vor 800 Jahren stand Temudschin an dieser Stelle, schlug sich an die Brust und sprach: »Auf einem lahmenden Pferd folgte ich der Spur des Hirschen, aus Zweigen baute ich mir einen Unterschlupf, so stieg ich zum Burchan Chaldun hinauf. Durch den Burchan Chaldun wurde mein Leben gerettet, so viel Wert wie eine Laus. Durch den Burchan Chaldun wurde mein Leben beschirmt, so viel Wert wie ein Grashüpfer. Jeden Morgen will ich ihm opfern, jeden Tag will ich ihn anbeten. Noch die Kinder meiner Kinder sollen sich daran erinnern.« Mit diesen Worten legte er seinen Gürtel ab, nahm die Mütze in die Hand, wandte sich der Sonne zu und huldigte Berggott, Sonne und Himmel mit neunmaligem Kniefall.

Drei Flüsse entspringen hier. Alle drei verlassen das Gebirge in verschiedene Richtungen. Welchem sollte Temudschin folgen? Jeder würde ihm einen anderen Lebensweg eröffnen. Sollte er den Herlen wählen? Er fließt nach Südosten; an seinen Ufern hatte er mit seiner Frau Börte und den wenigen Anhängern gelebt. Die Gefahr, hier wieder überfallen und beraubt zu werden, ist nicht gebannt. Nach Nordosten verlässt der Onon das Gebirge. An seiner Flussaue wurde er geboren, verbrachte dort seine Kindheit. Im Uferdickicht und den Wäldern könnte er sich verstecken, sein Leben mit Fischfang und dem Erlegen kleiner Tiere fristen, eine kümmerliche Existenz. Eine dritte Möglichkeit eröffnet ihm der Fluss Tuul. Für ihn entschied er sich und folgte ihm nach Südwesten. Dort lebte der mächtige Ong Khan, vom Stamm der Kereit, einst Blutsbruder seines Vaters. Ihm huldigte er und unterwarf sich seiner Autorität. Mit Hilfe von Ong Khan überfiel er die Merkit und holte seine Frau Börte zurück, besiegte einen Rivalen nach dem anderen und, als er sich stark genug fühlte, selbst den Ong Khan.

Das Wetter erlaubt uns kein langes Verweilen, trotzdem finde ich den Schneesturm hier oben passend. Eindringlicher hätte mir der Burchan Chaldun seine Kraft, seine Einsamkeit und Stärke nicht zeigen können. In Sturm, Eis und Schnee folgt unser Abstieg. Ohne Amra hätte ich unsere Pferde nicht wiedergefunden. Zielstrebig geht er zu der Stelle, wo wir sie an großen Steinen festgebunden haben, ich sehe die beiden erst, als ich dicht vor ihnen stehe. Amra scheint durch das milchige Weiß hindurchsehen zu können und findet ohne Mühe die Abstiegsroute zu den Zelten.

Dann, als würde ein Vorhang beiseitegezogen, bricht die Sonne durch die Wolken. Da liegt es, das Land, in seiner ganzen wilden Schönheit. Wir halten an, schauen und trinken uns mit den Augen satt.

Bevor wir wieder auf die Pferde steigen, schenke ich Amra als Dank mein Taschenmesser. Ich hatte bemerkt, wie gut es ihm gefällt. »Was meinst du, Amra, wenn ich in einem Jahr zurückkomme, würdest du mich wieder begleiten?«

»Na klar! Bleib doch gleich da, dann können wir im Winter auf Wolfsjagd gehen.«

»Wölfe? Das würde mir leidtun. Ich fühle mich ihnen verwandt.«

»Es gibt doch so viele von ihnen. Mit allen kannst du gar nicht verwandt sein. Na gut, sollten wir Wölfen begegnen, schaust du zuerst, ob sie zu deiner Sippe gehören, wenn ja, dann verspreche ich dir, nicht zu schießen.«

ANHANG

Land

Die Mongolei liegt in Zentralasien, grenzt an China und Russland und hat keinen Zugang zum Meer. Es ist ein typisches Hochland mit durchschnittlich 1580 Meter ü. d. M. 80 % sind Weideland, 10 % Wüste. Nur 1 % eignen sich zum Ackerbau.

Die Fläche der Mongolei beträgt 1,565 Millionen km², ist größer als Deutschland, Frankreich, Italien und Spanien zusammen, hat jedoch nur 2,4 Millionen Einwohner, von denen mehr als ein Drittel in der Hauptstadt leben. Das Land ist in 21 *aimak* (Provinzen) gegliedert, die in *sum* (Gemeinden) und weiter in *bag* (Siedlungen) unterteilt sind.

Die Entfernungen sind riesig. Die Ost-West-Ausdehnung beträgt ca. 2400 km. Von Nord nach Süden sind es ungefähr 1200 km, dabei gibt es nur etwa 1000 km asphaltierte Straßen, die meisten mit unzähligen Schlaglöchern. Autofahrten sind strapaziös und abenteuerlich. Starker Regen oder plötzlicher Schneefall, auch im Sommer, machen Routen immer wieder unpassierbar und Nachtquartiere unerreichbar.

Die Mongolei ist kein Land, das sich dem Reisenden im »Vorbeigehen« erschließt. Erwarten Sie nicht, dass sich Pläne wie gewünscht umsetzen lassen, sondern stellen Sie sich auf Überraschungen ein. Vielleicht ergeben sich gerade aus misslichen Situationen, wenn Sie im Schlamm stecken bleiben, das Auto kaputtgeht, Pässe nicht überwunden werden können, Ihre schönsten Urlaubserlebnisse durch die überwältigende Gastfreundschaft der Nomaden.

Klima

Die beste Reisezeit ist von Juni bis Oktober. Die Mongolei hat kontinentales Klima, das durch große Temperaturunterschiede zwischen Sommer und Winter sowie Tag und Nacht gekennzeichnet ist. Die Winter sind eisig, bis -50 °C, normalerweise mit wenig Schnee. In den zwei Sommermonaten Juli und August fallen die meisten Niederschläge. Am Tag kann es 35 °C heiß sein, während in der Nacht die Temperatur auf

5 °C absinken kann. Heftige Gewitter sind häufig, auch Schnee und Hagel im Sommer. Trotz dieser Extreme zählt die Mongolei zu den sonnenreichsten Ländern der nördlichen Hemisphäre; an etwa 260 Tagen im Jahr ist der Himmel wolkenlos. Sooo schön sonnig war mein subjektiver Eindruck nicht, wahrscheinlich weil sich mir die dramatischen Wetterverhältnisse stärker einprägten. Nachts sieht man den Sternenhimmel von großer Klarheit, keine Luftverschmutzung trübt die Sicht.

Die Mongolei hat die nördlichste Wüste der Welt und den südlichsten Permafrost, Boden, der selbst im Sommer nur an der Oberfläche auftaut.

Durchschnittstemperaturen von Ulaanbaatar: Im Januar -23 °C, im Juli 22 °C.

Einreise

Wer seine Reise über eine deutsche Reiseagentur bucht, braucht sich nicht selbst um die Einreisebestimmungen zu kümmern. Doch wer die Reise selber organisiert, muss sein Visum bei der mongolischen Botschaft beantragen, dazu braucht er die Einladung einer mongolischen Familie. Allerdings ändern sich die Visabestimmungen häufig, deshalb informieren Sie sich bitte aktuell. Das Visum berechtigt zu einem Aufenthalt von 30 Tagen und kostet eine Ausstellungsgebühr. Antragsformular anfordern oder aus dem Internet ausdrucken. Passbild nicht vergessen!

Botschaft der Mongolei in Deutschland
Dietzgenstraße 31
13 156 Berlin
Tel. 030 – 474 80 60
www.botschaft-mongolei.de / Mongolbot@aol.com

in Österreich
Teinfaltstraße 3 / 6
A 10 10 Wien
Tel. 00 43 (0) 1 – 535 28 07
www.embassymn.at / office@embassymon.at

in der Schweiz
Chemin des mollies
CH-1293 Bellevue (Genf)
Tel. 0041 (0)22 774 19 74
mission.mongolia@itu.ch

Anreise mit dem Flugzeug

Es gibt zwei Fluglinien. Obwohl die russische Aeroflot mitunter preislich etwas günstigere Tickets anbietet, empfehle ich aus eigener Erfahrung die mongolische Fluglinie MIAT. Das Personal achtet allerdings beim Einchecken darauf, dass die Freigepäckgrenze von 20 Kilo nicht überschritten wird. MIAT startet von Berlin zweimal wöchentlich mit Stopp in Moskau. Im Sommer gibt es zusätzlich am Sonntag einen Non-stop-Flug.

MIAT, Mongolian Airlines
Berlin Branch Office
Chausseestraße 84
10 115 Berlin
Tel. 030 – 284 981 – 41 / 42Fax 030 – 284 981 – 40
berlin@miat.com

Die Zeitverschiebung zwischen Deutschland und Ulaanbaatar beträgt 7, im Sommer 6 Stunden (wegen unserer Sommerzeit).

Anreise mit der Bahn

Die Transsibirische Eisenbahn fährt dreimal wöchentlich ab Moskau über Irkutsk am Baikalsee entlang. Die 6306 km lange Strecke legt die Transsib in 5 Tagen zurück. Zeit für Zwischenstopps einzuplanen wäre sinnvoll, zum Beispiel am Baikalsee. Von Ulaanbaatar fährt der Zug weiter bis Peking.

Gesundheit

Die extremen Temperaturschwankungen und der heftige Wind beanspruchen die Abwehrkräfte des Körpers. Mit der richtigen Kleidung ist schon viel getan, richten Sie sich darauf ein, dass man Sommer und

Winter am gleichen Tag erleben kann. Deshalb sowohl leichte Sommerkleidung, Sonnencreme, Sonnenhut und Sonnenbrille einpacken, aber auch Stirnband, Wollmütze, Schal und Handschuhe. Statt einer leichten Windjacke besser einen wasserdichten Anorak mitnehmen oder gleich einen *deel* besorgen, den wattierten Nomadenmantel. Er ist nicht ohne Grund das universelle Kleidungsstück der Nomaden und in Ulaanbaatar erhältlich.

Die Basisimpfungen sollte jeder, nicht nur vor einer Reise, regelmäßig auffrischen lassen: Tetanus, Polio, Diphtherie und Hepatitis A.

In der Mongolei wird Milch zur Sicherheit immer abgekocht und auch kein rohes Fleisch verzehrt. Wenn Sie sich selbst versorgen, achten Sie darauf, keine unabgekochte Milch zu trinken: Brucellose- und/oder Tuberkulose-Erreger könnten darin sein.

Immer wieder erkranken Murmeltiere an der Pest, vor allem in den westlichen Gebirgsregionen, die dann sofort für Reisende gesperrt werden. Meines Wissens sind Touristen bisher nicht Opfer dieser Krankheit geworden. Nur wenn Sie engen Kontakt zu toten Murmeltieren haben, so dass deren infizierte Flöhe auf Sie überspringen, könnten Sie sich anstecken.

Die Kosten für ärztliche Behandlungen und Krankenhausaufenthalt werden von unserer gesetzlichen Krankenkasse nicht übernommen. Sie müssen selbst entscheiden, ob Sie eine private Zusatzversicherung abschließen wollen. Bei einer ernsthaften Erkrankung wird sowieso geraten, so schnell wie möglich nach Hause zu fliegen.

Ausreichend Medikamente mitnehmen! Hausärzte oder auch Apotheker stellen Ihnen Listen für eine Reiseapotheke zusammen. Lieber mehr als zu wenig, dann können Sie unterwegs vielleicht auch einer Nomadenfamilie bei einer akuten Erkrankung helfen oder, wenn Sie wollen, nach der Reise die Medikamente der Ärztin Enkhmaa geben zur Behandlung ihrer Straßenkinder. Kontakt siehe unter: Adressen von Reiseveranstaltern.

Sicherheit

Die Mongolei ist das sicherste Reiseland, das ich aus persönlicher Erfahrung kenne. Die Menschen sind von natürlicher Herzlichkeit und

Hilfsbereitschaft. Selbstverständlich muss man wie überall bei größeren Menschenansammlungen, etwa auf Märkten, in Bussen und beim Naadam-Fest, auf seine Sachen aufpassen. Beliebte Methoden von Taschendieben: Während man von einer Person angerempelt und abgelenkt wird, entreißt einem eine andere die Tasche. Niemals etwas in die Außentasche des Rucksacks stecken!

Richtiges Verhalten

Mongolen bitten Fremde gern in ihre Jurte. Für solche Einladungen müssen Sie allerdings viel Zeit einplanen. Eile gilt als unhöflich. Nehmen Sie Essen und Getränke mit beiden Händen an oder mit der Rechten, wobei Sie mit der Linken stützend den rechten Ellenbogen halten. Kosten Sie von allem, und sei es nur symbolisch. Angebotenes rundheraus abzulehnen gilt als sehr beleidigend. Wenn zum Beispiel eine Schale mit Wodka gereicht wird, Sie aber keinen Alkohol mögen, führen Sie das Getränk trotzdem zum Mund, als würden Sie einen Schluck nehmen. Werden Schnupftabakdöschen herumgereicht, riechen Sie kurz daran. Es wird nicht erwartet, dass Sie den Tabak tatsächlich schnupfen.

Niemals Abfall, wie zum Beispiel Zigarettenkippen, in den Herd werfen! Das Feuer gilt als heilig.

Beim Übernachten sich nicht mit den Füßen Richtung Hausaltar auf den Boden legen. Beim Sitzen sollen die Fußsohlen nicht zum Feuer oder auf andere Personen weisen. Am besten man sitzt mit untergeschlagenen Beinen im Schneidersitz. Die Schuhe zieht man nicht aus.

Die Gastfreundschaft der Nomaden ist in keiner Weise berechnend. Es ist aber üblich, dass man als Gast eine kleine Aufmerksamkeit mitbringt. Wenn Mongolen sich gegenseitig besuchen, kommen sie nie mit leeren Händen. Sie können die Geschenke bei der Ankunft oder beim Abschied überreichen. Eine schöne Verpackung mit Geschenkpapier und Schleife ist in der Mongolei unbekannt. Die Geschenke müssen mit beiden Händen überreicht werden. Mit einer Hand bedeutet: Bitte zurückgeben! Die Unterarme sollten beim Schenken bis zum Handgelenk bedeckt sein, also immer ein T-Shirt mit langen Ärmeln anziehen, die man dann schnell herunterkrempelt.

Geeignete Geschenke für einen Kurzbesuch können sein: Kekse, Plätzchen, Bonbons, Obst, Tee. Bleibt man länger zu Gast, freuen Männer sich bestimmt über ein Feuerzeug, Taschenmesser, Fernglas oder eine Taschenlampe. Die Frauen, besonders die jüngeren, schminken sich gern: Make-up, Lippenstift, Wimperntusche, Nagellack, Hautcreme, aber auch schöne Tücher, Nähzeug und Kerzen erfreuen die Beschenkten. Kindern kann man mit Luftballons, Malstiften, Schreibheften, Äpfeln oder Apfelsinen eine Freude machen. Am besten schon zu Hause eine kleine Palette von Geschenken zusammenstellen, denn ohne bei Nomaden Gast gewesen zu sein, kehrt keiner wieder heim. Schenken Sie aber nur, was Ihnen selbst gefallen würde, nicht irgendwelchen Ramsch. Die Mongolei mag zwar wirtschaftlich rückständig sein, die Menschen sind es nicht. Sie wissen sehr gut den Wert der Dinge einzuschätzen.

Schreibweise mongolischer Wörter

In den verschiedenen Publikationen findet man die unterschiedlichsten Schreibweisen, denn leider haben sich keine einheitlichen Regelungen durchgesetzt. Sehr irritierend ist das beim Kartenstudium, weil Begriffe derart verschieden geschrieben werden, dass man sie manchmal nur schwer identifizieren kann. Vom See Chuwsgul fand ich zum Beispiel acht Varianten: Hovsgol, Khuvsgol, Chöwsgöl, Khuvsguul, Hubsgul, Khövsgöl, Chöwscool. Orientiert habe ich mich am Know-How-Reiseführer und die dort verwendete Schreibweise meinem Text zugrunde gelegt.

Im Mongolischen unterscheidet sich zudem die Aussprache häufig vom geschriebenen Wort, was vor allem die Vokale betrifft. Kurze Vokale werden meist gar nicht gesprochen, zudem geben unsere Vokale ö, o, u, ü, i, j die lautliche Qualität in mongolischer Aussprache nur ungenau wieder. Fragepartikel werden mit dem Verb zusammengezogen, zum Beispiel die Begrüßungsformel »Guten Tag« – *Sajn baina uu?* – wird *Saim bainu* gesprochen.

Mongolische Namen

In der Mongolei existieren keine Familiennamen. Der persönliche Name steht an zweiter Stelle, an erster der Vorname des Vaters. Die mongolischen Namen haben alle eine Bedeutung. Gern werden aber auch Namen tibetischen Ursprungs verwendet, deren Bedeutung sich den Mongolen nicht erschließt. Diese tibetischen Namen sind mit der lamaistischen Religion verbunden, gelten als heilig und glückbringend.

Wegen der Furcht, böse Geister könnten Einfluss auf das Neugeborene nehmen, wählen Eltern oft Namen, welche die Geister verwirren sollen. Nergüj – Ohne Namen, Enebisch – Das ist nicht dieser, Terbisch – Das ist nicht jener.

Adressen von Reiseveranstaltern

Extratour
Vait Scholz und Zolzaya Mikhlan
Jamiyan Gun 9
P.O. Box 1437
Ulaanbaatar, Mongolei
Tel. 00976 – 11 – 31 88 32
Zoloo@extratour-erlebnisreisen.de / info@mongolei.com

Spezialisiert auf Reisen mit Jeep und Motorrad, auch Pferde- und Kameltouren. Der Veranstalter stellt sich auf Ihre individuellen Wünsche ein, wobei Sie die Reise nach dem Baukastenprinzip organisieren können. Hilfe bei der Zollabwicklung, wenn man mit eigenem Fahrzeug reist.

Zolzaya (Zola), die mich und die Schweizer Freunde begleitet hatte, vermittelt auch Au-Pair-Mädchen nach Deutschland, die zuvor eine gründliche Ausbildung in deutscher Sprache erhalten haben.

Mongolian Ways: Cultural Eco Adventures
Ron Oren
Aeroflot Bldg. Seoul St. 15
21 04 44 Ulaanbaatar, Mongolei
Tel. 00976 – 11 – 33 03 51 Fax 00976 – 11 – 33 03 50
ron@mongolian-ways.com / www.mongolian-ways.com

Kulturelle Touren zu den Klöstern und klassische nach Karakorum, in die Wüste Gobi und zu den Seen. Auch Trekking unterschiedlicher

Schwierigkeitsgrade, Organisation von Reittouren, Besuch der Nationalparks und des Adlerfestivals. Anmeldung und Nachfragen nur auf Englisch möglich.

Wer den Straßenkindern helfen und die Ärztin Enkhmaa unterstützen möchte, ist bei Ron an der richtigen Adresse.

Ger to Ger Project
Zanjan Fromer
Jamyan gunii Street 5
Building Marco Polo Place – 3rd Floor
Ulaanbaatar, Mongolei
Tel. 00976 – 11 – 31 33 36
Zanjan@Gerto.Ger.org / www.GertoGer.org

Meiner Meinung nach die ideale Kombination. Hier erlebt der Reisende das Nomadenleben hautnah und tut zugleich etwas dafür, dass diese Lebensform erhalten bleibt. Sie können zum Beispiel eine Woche »Ger to Ger« in ihr übriges Reiseprogramm einbauen. Anfragen nur in Englisch.

Hustai-Nationalpark
P.O. Box 1160, Central Post Office
Ulaanbaatar 13, Mongolei
Tel. 00976 – 21 – 94 50 87 Fax 00976 – 21 – 94 58 81
takhi@hustai.mn / macne@magnicnet.mn / www.hustai.mn

Freunde der Mongolei e.V.
Johann-Werth-Str. 1
80639 München
Tel. 0700 – 66 65 34 Fax 089 – 16 59 51
www.freunde-der-mongolei.de

Vereinigung zur Förderung der deutsch-mongolischen Beziehungen. Auf der Grundlage privater Initiative Vermittlung von Wissenswertem über die Mongolei, ihre Geschichte und Kultur. Erfahrungsaustausch und Unterstützung verschiedener Hilfsprojekte.

Literatur

Fred Forkert, Barbara Stelling: *Mongolei*. Reise Know-How Verlag Peter Rump, Bielefeld 2003
Bislang der einzige deutschsprachige Reiseführer. Mit Tipps auch für Individualreisende, die mit eigenem Fahrzeug unterwegs sein wollen.

Arno Günther: *Mongolisch Wort für Wort*. Kauderwelsch Bd. 68. Reise Know-How Verlag Peter Rump, Bielefeld 2001
Den mongolischen Sprachführer der verdienstvollen Reihe sollten Sie unbedingt einstecken, auch wenn Sie an einer Gruppenreise teilnehmen. Er ist klein und handlich und ermöglicht Ihnen, sich sofort in der fremden Sprache verständlich zu machen.

Walther Heissig: *Die Mongolen. Ein Volk sucht seine Geschichte.* Gondrom Verlag, Bindlach 1989
Der bekannte deutsche Mongolist erzählt spannend über die Ergebnisse der Mongolei-Forschung.

Dschingis Khan und seine Erbe. Katalog. Hirmer Verlag, München 2005
Prächtig illustrierter Katalog zur archäologischen Mongoleiausstellung in Bonn und München im Jahr 2005. Zu empfehlen, wer sich tiefer mit der Geschichte der Mongolei befassen will.

Wolfgang Luck: *Mongolei verstehen*. Sympathiemagazin Nr. 46. Studienkreis für Tourismus und Entwicklung, Ammerland 2000
Eine Reihe mit stimmigem Konzept, die man kennen sollte. Die Themen werden auf ein bis zwei Seiten kurz und knapp, aber informativ dargestellt.

Fritz Mühlenweg: *In geheimer Mission durch die Wüste*. Libelle Verlag, CH Lengwil 1993
Einer der schönsten Abenteuerromane der Weltliteratur. Mühlenwegs unverwechselbarer Stil ermöglicht dem Leser eine Annäherung an eine fremde Welt.

Silvia Di Natale: *Kuraj*. Claassen Verlag, München 2002
Eines meiner Lieblingsbücher. Ein Roman, der die wahre und ungewöhnliche, fast unglaubliche Lebensgeschichte einer Mongolin erzählt. »Kuraj« ist ein kirgisisches Wort und bezeichnet jene entwurzelten Büsche, die der Wind über die Steppe treibt.

Wilhelm von Rubruk: *Beim Großkhan der Mongolen*. Edition Erdmann, Lenningen 2003
Der Reisebericht des Franziskanermönchs nach Karakorum von 1253 bis 1255 vermittelt einen faszinierenden Lesegenuss wegen seiner ungewöhnlichen Erlebnisse und Einblicke in fremde Völker und Länder im Mittelalter. Sachlich und zugleich spannend zu lesen.

Amélie Schenk: *Mongolei*. Verlag C. H. Beck, München 2006
Fundierte ethnologische, kulturelle und wirtschaftliche Länderkunde über tibetischen Buddhismus und Schamanismus, ebenso über die Probleme einer forcierten Industrialisierung und der Suche nach nationaler Identität zwischen Russland, China und dem Westen.

Stanley Stewart: *Auf den Spuren von Dschingis Khan. Zu Pferd durch die Mongolei*. Frederking & Thaler Verlag, München 2003
Der Autor erfüllt sich einen Jugendtraum, reist mit wechselnden Begleitern und Pferden 1600 Kilometer durch die Mongolei. Ein unterhaltsamer Bericht, gewürzt mit trockenem Humor und sanfter Ironie.

Manfred Taube: *Geheime Geschichte der Mongolen. Herkunft, Leben und Aufstieg Dschingis Khans*. Verlag C.H. Beck, München 2005
Auch wenn Sie am Leben von Dschingis Khan nicht übermäßig interessiert sind, wird das Buch für Sie ein Gewinn sein. In dieser Familienchronik ist ein Schatz an Informationen über das Leben in der Mongolei verborgen, so wie es vor 800 Jahren war. Mit Kenntnis der Wurzeln werden Sie die heutige Mongolei besser verstehen. Die meisterhafte Übersetzung lässt den Leser staunen über die hohe poetische und künstlerische Qualität altmongolischer Literatur.

Dank

Die Mongolei ist wie eine Heimat für mich geworden. Dafür danke ich den Menschen, denen ich dort begegnet bin, die mich in ihre Familien aufnahmen und an ihrem Leben teilnehmen ließen. Allen voran gilt der Dank meiner Freundin Chimeddorj Enkhjargal, ihrer Mutter Njamsuren und allen ihren Angehörigen, denen ich für immer verbunden bleiben werde. Dank gebührt meinen Begleitern bei den Pferdetouren: Mandach und Amra und den gastfreundlichen Nomaden unterwegs.

Dr. Thomas Schrapel, der Leiter der Konrad-Adenauer-Stiftung, hat mir wertvolle Informationen geliefert und mir ermöglicht, an der Jahrestagung der Stiftung teilzunehmen. Dafür bedanke ich mich sehr. Verbunden bin ich Zanjan Fromer, Projektleiter von »Ger to Ger«, und Ron Oren, Reiseveranstalter, für ihre hilfsbereite Unterstützung und Freundschaft. Schamsran Enkhmaa, Ärztin, ermöglichte mir den Kontakt zu den Straßenkindern und berichtete offen über ihre Arbeit.

Zolzaya Mikhlan wusste auf jede meiner Fragen eine Antwort und hatte für alle meine Wünsche eine Lösung. Der Besuch bei der Schamanin in Ulaanbaatar, zu der sie mich führte, fand im Buch leider keinen Platz mehr, war aber ein eindringliches Erlebnis, ebenso das von ihr vermittelte Gespräch mit dem 94-jährigen Dalam Daschrentschin, Abt im berühmten Kloster Dambadardshaalin.

Die mongolische Fluglinie MIAT ermöglichte mir die Mitnahme von mehr Gepäck als üblich. Und zuletzt gilt mein besonderer Dank Sodnomtseren Ganbold, Konsul der mongolischen Botschaft in Berlin, für seine tatkräftige Hilfe, Vermittlung und wohlwollende Unterstützung. Seine wertvollen Informationen und Empfehlungen haben manches erleichtert und anderes erst möglich gemacht.

Die Deutsche Bibliothek verzeichnet diese Publikation in Der Deutschen Nationalbibliografie; detaillierte bibliografische Daten sind im Internet über http://dnb.ddb.de abrufbar.

2. Auflage 2007

www.frederking-thaler.de

Text und Fotos: Carmen Rohrbach
Lektorat: Susanne Härtel, München
Kartografie: Anneli Nau, München
Herstellung und Satz: Büro Sieveking, München
Umschlaggestaltung: Dorkenwald Grafik-Design & Artwork,
P. Dorkenwald, München
Reproduktion: Lorenz & Zeller, Inning am Ammersee
Druck und Bindung: Clausen & Bosse, Leck

Printed in Germany

ISBN 978-3-89405-668-1

CARMEN ROHRBACH
IM REICH DER KÖNIGIN VON SABA
AUF KARAWANENWEGEN IM JEMEN
FREDERKING & THALER

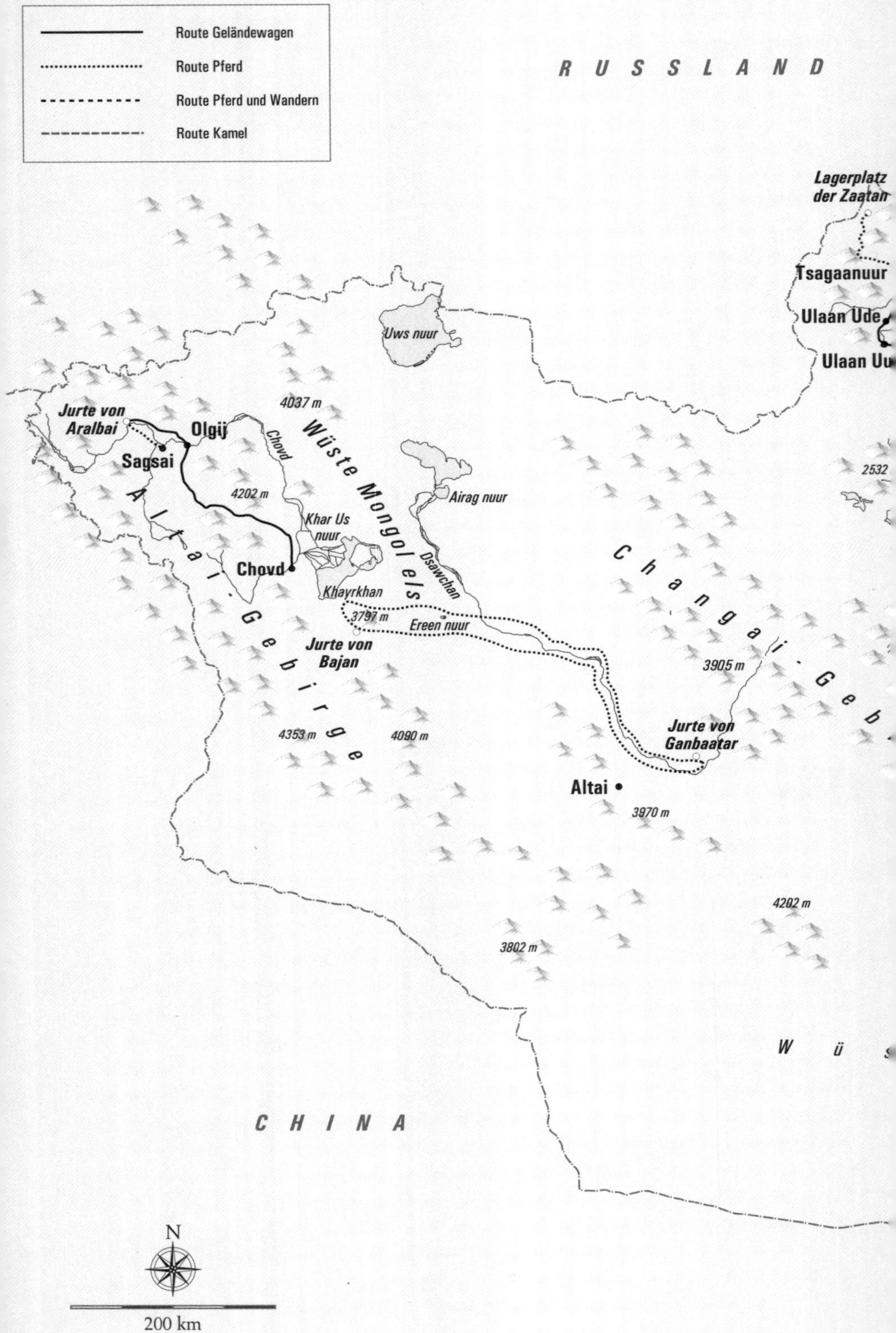

Route Geländewagen
Route Pferd
Route Pferd und Wandern
Route Kamel
RUSSLAND
Lagerplatz der Zaatan
Tsagaanuur
Ulaan Ude
Ulaan Uu
Uws nuur
4037 m
Jurte von Aralbai
Olgij
Sagsai
Chovd
Wüste Mongol els
2532
Airag nuur
4202 m
Altai-Gebirge
Khar Us nuur
Chovd
Dsawchan
Changai-Geb
Khayrkhan
3797 m
Ereen nuur
Jurte von Bajan
3905 m
Jurte von Ganbaatar
4353 m
4090 m
Altai
3970 m
4202 m
3802 m
W ü
CHINA
N
200 km